暨南大学人文学院人文社科文库

我国出版物市场体系建设研究

秦洁雯 著

厦门大学出版社
XIAMEN UNIVERSITY PRESS
国家一级出版社
全国百佳图书出版单位

目 录

第一章　引言 ·· 1
　第一节　研究背景与意义 ·· 1
　第二节　研究综述与研究内容 ·· 7
　第三节　研究思路 ··· 16

第二章　出版物市场体系基础理论 ·· 22
　第一节　出版物市场体系的内涵 ··· 22
　第二节　出版物市场体系的分类 ··· 26
　第三节　出版物市场体系的特征 ··· 30
　第四节　出版物市场体系建设的意义 ··· 36

第三章　我国出版物市场体系建设现状分析 ·· 39
　第一节　我国出版物市场体系建设的基本情况 ··· 39
　第二节　我国出版物市场体系建设存在的主要问题 ······································· 72

第四章　我国出版物市场体系建设目标及其运作模式 ···································· 88
　第一节　我国出版物市场体系的评价体系 ··· 88
　第二节　我国出版物市场体系建设目标及其运作模式构建 ······························ 94
　第三节　实现我国出版物市场体系建设目标的原则 ······································ 105

第五章　加强我国出版物市场体系建设的思路 ·· 114
　第一节　大力加强现代出版要素市场建设 ··· 114
　第二节　优化出版物市场体系的资源配置 ··· 123
　第三节　改善出版物市场体系的发展环境 ··· 130

第六章　结论与展望 ·· 145
　第一节　主要结论 ··· 145
　第二节　研究的不足与展望 ·· 147

参考文献 ·· 149

第一章

引 言

第一节 研究背景与意义

出版物市场体系是由相互联系的各类出版物子市场组成的有机统一体,是与"市场机制"和"出版产业"密切联系的一个概念,是市场机制作用于出版产业发展的重要保障。出版物市场体系是出版产业发展的载体,是市场机制在出版产业中发生作用的结果,出版物市场体系和出版产业的客体同是出版物,缺乏出版物市场体系的保障与支撑,市场机制就难以在出版产业中发挥作用,出版产业的发展就是一句空话。而大力发展出版产业,对于建设我国出版物市场体系,形成出版资源的合理配置、出版物科学生产、流通、消费及广泛参与出版国际合作具有重大且深远的意义与价值。

改革开放以来,特别是党的十六大以来,党中央、国务院高度重视文化市场体系建设,出版物市场体系作为文化市场体系的重要组成部分,各地区、各部门在建设过程中做了许多积极探索。出版产业多元化投资格局开始形成,现代出版物流通组织形式初具规模,条块分割、地区封锁、城乡分离的传统出版物市场格局被初步打破。资本、技术、人才等出版要素市场的旧有格局被初步打破。但是相对于出版产业的巨大潜力来说,这些都是微不足道的。相对于行政部门提出的文化大发展、大繁荣的要求,作为子市场的出版物市场体系的建设水平整体上还不够高,出版物市场体系结构尚不够健全,出版物市场体系功能欠完善,还不能完全适应出版产业大发展大繁荣的要求。因此,如何建设我国出版物市场体系,助力出版产业发展,满足人民群众日益增长的文化需求,就成了本书探讨的核心内容。

一、研究的背景

本研究的提出主要基于以下三个背景:第一,社会主义市场经济体制是本书的宏观经济背景;第二,《新闻出版业"十二五"时期发展规划》和《关于进一步推进新闻出版体制改革的意见》提出的"加快推进现代出版物市场体系建设"是本书的政策背景;第三,当前我国出版物市场体系建设中存在的诸多问题与不足是本书的现实背景。

(一)社会主义市场经济体制是发展我国出版产业与建立我国出版物市场体系的体制保障,是本书的宏观经济背景

在计划经济体制时代,我国的文化建设与发展实行的是事业体制,所有文化组织均为事业单位,依靠政府主导发展文化事业是我国文化建设与发展的基本思路。政府是文化建设与发展的主导力量,市场仅处于从属地位。在这种背景下,文化建设和发展单纯地依靠政府力量。

党的十一届三中全会以后,国民从"左"的路线和思想束缚中逐步解放出来,开始了以经济建设为中心的伟大探索。从十二大提出"计划经济为主,市场调节为辅"(1982年),到十三大的"国家调节市场,市场引导企业"(1987年),到十四大明确了"建立社会主义市场经济体制"(1992年),一直到十六届三中全会明确提出建立一个统一、开放、竞争、有序的市场体系(2003年),社会主义市场经济体制在我国逐步确立。经过改革开放30多年来的实践与探索,目前,除少数垄断性行业和重要领域外,市场机制在我国经济运行中基本取得主导地位。无论是国民经济的总体市场上,产品市场上,服务市场上,还是在要素市场上,都有了相当程度的提高。市场在国民经济各主要领域顺畅运行,并发挥着配置社会资源的基础作用。这是我国出版产业发展的宏观经济背景。

改革开放以来,特别是党的十六大以来,随着社会主义市场经济体制的确立,我国文化建设与发展逐步走上了产业化发展的道路。从1999年,国家发展计划委员会主任曾培炎在《关于1998年国民经济和社会发展计划执行情况与1999年国民经济和社会发展计划草案报告》中,明确提出要"推进文化、教育、非义务教育和基本医疗保健的产业化",文化产业第一次被正式纳入国家发展计划的政策视野。2000年10月,中共中央十五届五中全会通过的《中共中央关于"十五"规划的建议》提出要"完善文化产业政策、加强文化市场建设"。作为文化产业的重要组成部分,出版产业的发展和出版市场的建设也受到重视。随即,在2001年7月,中共中央办公厅、国务院办公厅下发的《关于深化新闻出版广播影视业改革的若干意见》明确提出出版具有产业属性,是国民经济的重要产业。2003年开始的出版体制改革提出要充分运用财政、税收、金融等手段支持出版产业。2004年的《出版物市场管理规定》在第一章总则的第1条即提出"为规范出版物发行活动及其监督管理,建立全国统一、开放、竞争、有序的出版物市场体系,发展社会主义出版产业,根据《出版管理条例》和有关法律、行政法规,制定本规定。"2005年国务院新闻办公室、新闻出版总署印发了《"中国图书对外推广计划"实施办法》,以资助翻译费的形式鼓励各国出版机构出版中国的图书。2009年《关于进一步推进新闻出版体制改革的指导意见》将建立现代出版物市场体系作为新闻出版体制改革的目标任务之一。《关于促进我国音像业健康有序发展的若干意见》将完善市场体系作为促进音像业健康有序发展的原则要求。2010年1月6日的《新闻出版总署关于进一步推动新闻出版产业发展的指导意见》将建立现代出版物市场体系作为推动新闻出版产业发展的主要目标之一。2011年《新闻出版业"十二五"时期发展规划》将基本建立起统一开放、竞争有序、健康繁荣的现代出版物市场体系作为"十二五"时期新闻出版业发展的主要目标之一,并提出"加强市场体系建设,创造良好的市场秩序"的具体要求。2012年2月27日,新闻出版总署印发了《关于加快出版传媒集团改革发展的指导意见》,提出要加强市场体系建设,加快出版传媒集团改革发展。《2013年新闻出版改革发展工作要点》的通知指出"健全现代出版物市场体系,建设统一开放、竞争有序的出版物大市场"。2013年2月18日,新闻出版总署关于印发《2013年新闻出版改革发展工作要点》的通知,指出"健全现代出版物市场体系,建设统一开放、竞争有序的出版物大市场"并提出建设的具体建议。

出版业的发展离不开市场,市场机制是推动出版产业繁荣发展的保障。作为市场机制核心要素和重要载体的市场体系,是出版产业大发展、大繁荣的前提条件。而没有建立现代市场体系,市场机制难以有效发挥作用,出版产业的发展就会面临瓶颈。只有建立完善的技术、资本、人才等出版要素市场,才有利于出版资源的合理配置;只有建立科学的图书、报纸、期刊、电子音像及网络出版商品市场,才有利于充分满足出版物市场需求;只有建立畅通便利的现代出版物流通组织和流通形式,才有利于出版物价值的实现;只有建立功能完备的出版物行业组织与文化中介机构,才有利于更好地服务于出版物市场主体,提高出版生产力。可见,社会主义市场经济体制是发展我国出版产业与健全现代出版物市场体系的体制保障,是本书提出的宏观经济背景。

(二)《新闻出版业"十二五"时期发展规划》和《关于进一步推进新闻出版体制改革的意见》提出的"加快推进现代出版物市场体系建设"是本书的政策背景

《新闻出版业"十二五"时期发展规划》(下称《规划》)提出:"到'十二五'期末,新闻出版业发展方式转变基本到位,新兴业态蓬勃发展,数字出版等战略性新兴产业领域的发展达到世界先进水平。基本建立起统一开放、竞争有序、健康繁荣的现代出版物市场体系的主要目标。"同时,《规划》将加强市场体系建设,创造良好的市场秩序列为"十二五"时期新闻出版业发展的七项重点任务之一。《关于进一步推进新闻出版体制改革的意见》(下称《意见》)将加快推进现代出版物市场体系建设列为进一步推进新闻出版体制改革的主要任务之一,并在《2013年新闻出版改革发展工作要点》的通知中指出要"健全现代出版物市场体系,建设统一开放、竞争有序的出版物大市场"。

《规划》明确指出"加快出版物市场和资本市场、技术市场、信息市场等要素市场建设,形成统一开放、竞争有序、健康繁荣的现代新闻出版市场体系。加快推进新闻出版诚信体系建设,建立新闻出版业社会信用体系的基本框架和运行机制,完善新闻出版企业评价体系,规范市场竞争行为。加大版权保护力度,保护原创作品,保护权利人的权益,保护文化创新精神。深入开展'扫黄打非'、打击侵权盗版和非法出版活动,整治市场环境。充分发挥政府的管理职能、行业的自律功能、社会的监督作用,形成良好的市场环境秩序"的具体措施,并将加强市场体系建设,创造良好的市场秩序列为"十二五"时期新闻出版业发展的七项重点任务之一。

《意见》提出"加快推进现代出版物市场体系建设。打破按部门、按行政区划和行政级次分配新闻出版资源和产品的传统体制,打破条块分割、地区封锁、城乡分离的市场格局,加强资本、产权、信息、技术、人才等新闻出版生产要素市场建设,实现生产要素合理流动和资源优化配置。在充分利用系统内国有资本的同时,开辟安全有效的新闻出版业融资渠道,有效地吸纳系统外社会资本和境外资本,实现以资本扩张带动业务扩张、规模扩张和效益扩张。加快建立信用监管制度和失信惩戒制度,运用行政的、经济的等多种手段,形成以道德为支撑、以产权为基础、以法律为保障的诚信体系"的促进现代出版物市场体系建设的措施。

建立现代出版物市场体系是我国发展新闻出版产业的重大战略需求。针对这一需求展开现代出版物市场体系建设思路的研究也是本书的出发点。

(三)当前我国出版物市场体系建设中存在的诸多问题与不足,以及建设出版物市场体系的迫切需求是本书的现实动因

我国出版领域的市场化改革起步比较晚。从 1999 年,国家发展计划委员会主任曾培炎在《关于 1998 年国民经济和社会发展计划执行情况与 1999 年国民经济和社会发展计划草案报告》中,明确提出要"推进文化、教育、非义务教育和基本医疗保健的产业化",文化产业第一次被正式纳入国家发展计划的政策视野以来,也不过短短十八年时间。而关注到出版业的产业性质则始于 2001 年 7 月。中共中央办公厅、国务院办公厅下发的《关于深化新闻出版广播影视业改革的若干意见》指出:新闻出版业既有一般产业属性,又有明显的意识形态特征和特殊行业的属性;既是党的宣传思想阵地,又是先进文化的基本载体之一,也是国民经济的重要产业。经过这些年的探索,虽然出版单位的转企改制、出版物的生产与流通、出版要素市场建设等方面业已取得一些成就,但是,其与建立现代出版物市场体系的要求还相距甚远。目前,我国出版物市场体系结构欠完善,出版要素市场中的产权、版权市场欠发达,出版技术市场创新不足,出版信息市场欠发达,出版物市场体系功能尚不健全,市场机制反应不够灵敏,市场配置出版资源的功能依然有限;出版物生产与流通脱节,供求失衡矛盾突出;出版行业协会职能错位,出版中介机构数量少;出版市场监管体系不完备,市场法律体系尚不健全,出版企业诚信度低,出版经营活动失范问题迭出;等等。当前出版物市场体系建设中的这些问题与不足严重阻碍了我国出版产业的科学发展。将建设现代出版物市场体系作为"十二五"时期新闻出版业发展的主要目标之一有利于上述问题的解决,更有利于促进出版产业的发展。为此,有必要继续推进出版体制改革的深化。

建立现代出版物市场体系是一项复杂的系统工程,既要有深入系统的理论作为指导,又要有应用对策、目标制度设计与相关政策诉求的支持。当前出版物市场体系建设中存在的问题与不足,以及建立现代出版物市场体系的迫切要求是本研究提出的现实动因。

二、本研究的意义

目前对如何发挥市场机制在出版物市场中的作用,推进出版物市场体系形成的相关研究比较贫乏,少有系统性、总括性的对出版物市场体系的研究。一方面,关于出版物市场体系建设的研究成果比较少。尤其是直接以"出版物市场体系"为对象的研究极为缺乏。以"出版物市场体系"为主题词在中文期刊全文数据库中进行检索,仅有两篇直接研究"出版物市场体系"的论文,即文心的《如何构建统一开放的出版物市场体系》[①]和宋富盛的《培育和建立出版市场体系的战略思索》[②]。以"出版物市场体系"为书名在各大网站及全国书刊目录中检索,还没有直接对"出版物市场体系"进行研究的图书,仅有张新华的《转型期中国出版业制度分析》[③]中有一章内容对出版物市场体系进行了较为完整的研究。另一方面,对"出版物市场体系"研究的重视程度不够。我国出版产业正处在迅速发展和变化的阶段,要把握其载体——出版物市场体系的发展规律确实存在难度,但是极少的研究成果也说明学界对这种宏观问题的重视程度不够。多数研究将出版物市场体系作为发展出版产业、建设出版物市场的必要路径来简单提及,或将研究限定在出版商品市场领域,鲜有对出版要素市场的研究。而关于出版物市场体系的特点也仅限于政策提出的一般出版物市场体系所具有的"统一、开放、竞争、有序"性,缺乏具有出版物市场体系自身特性的概念、结构、特点等理论研究。

在计划经济时期,全国出版物市场的生产、交易、消费都是处在计划模式之下。自十一届三中全会以来,特别是到20世纪80年代后期,我国出版物市场开始转向市场经济,出版物生产、经营机构的数量和出版物品种、形式都迅猛增加,出版业从业人员的结构和素质、出版设备和技术条件、出版市场管理和运行机制等方面都随着市场的发展而不断改观。作为文化市场体系的重要组成部分,出版物市场体系面临重大的发展机遇期,推进出版业转企改制的深入,发挥市场机制在出版物市场上的作用,对出版产业的发展具有现实合理性。建设我国出版物市场体系,科学总结和预测出版物市场体系形成的规律,既是一个理论课题,也是一个实践性课题,在出版产业的发展过程中有着很重要的意义。

(一)实践意义

出版物市场体系是出版产业发展的核心要素和载体,出版物市场体系是否完善关系到出版活动生产目的能否实现,关系到市场机制的作用能否发挥,还关系到提高我国出版产业国际竞争力的需要。无论是从市场层面,还是从新闻出版产业改革的战略高度来看,建设完善的出版物市场体系显得尤为迫切和必要,具有重要的实践意义。

第一,出版物市场体系建设研究是推动出版产业发展的需要。经过改革开放后30多年的发展,我国出版物市场体系的建设有了一定的积累。出版产品市场有了极大的发展,我国已经是名副其实的出版大国。民营工作室、民营出版公司的蓬勃发展,出版物市场发行权的放开,以及资本的进入,出版要素市场也开始发挥作用。但是,由于出版业转企改制刚刚完成,效果还未显现。加之出版物市场放开的时间比较短,还处于摸索阶段。如何合理发挥政府和市场这两种机制在出版产业发展中的作用,如何建立出版流通体系促进出版商品市场的发展,如何发挥要素市场尤其是无形要素市场

---

① 文心.如何构建统一开放的出版物市场体系[J].出版参考,2009,8(下旬刊):1.
② 宋富盛.培育和建立出版市场体系的战略思索[J].编辑之友,1997(2):5-8.
③ 张新华.转型期中国出版业制度分析[M].北京:中国传媒大学出版社,2010:112-141.

的作用助力出版产业发展等问题都是在出版物市场体系建设研究过程中要思考的。

第二,出版物市场体系建设研究是出版体制改革向纵深发展的需要。自2003年提出出版体制改革以来,已有10余年时间,各出版企业完成了转企改制,企业员工也实现了"新老划断",但在出版企业的运营机制等方面还存在很多需要解决的问题,其中既有需要体制解决的问题,如出版企业设立的审批、出版企业与主办、主管机构的关系,出版企业领导的任免,出版企业选题计划、书号、期刊号的审批等等;也有需要企业内部消化的问题,如出版企业的运行机制、出版企业的组织结构、出版企业投融资问题等。研究出版物市场体系建设有利于将存在的问题透明化并予以解决。其中,有些制度是有利于出版物市场体系形成的,需要继承,而有些制度虽在特定时期内发挥过作用,但随着时间的推移、市场的发展,已不符合现实需要,甚至限制了出版物市场体系的发展,就需要废除。建设出版物市场体系有利于明确存在的现实问题,推进出版体制改革纵深发展。

第三,出版物市场体系建设研究是应对全球出版物市场竞争的需要。经济全球化是当今世界经济发展的重要趋势,是生产力和国际分工向高级阶段发展的必然结果。20世纪90年代以来,伴随着世界经济全球化进程加快、知识经济的发展及信息技术的推进,出版产业全球竞争越发激烈。特别是随着我国加入WTO时承诺的开放出版物市场时间接近尾声,发行领域已经实现对外全面开放,在出版领域也有外资企业及部分民营出版公司进行合作,不断渗入,只待政策放开,从而名正言顺地进入出版市场。外资进入出版业,必将追求规模经营,加之其具有的先进的管理技术、经营理念及成熟的出版经验,对我国出版业构成巨大的挑战。建立出版物市场体系,既是增强我国出版企业的素质,迎接外企挑战的过程,也是我国出版业融入国际出版大市场的过程。研究出版物市场体系建设也是应对全球出版物市场竞争的需要。

(二)理论意义

出版物市场体系是市场机制作用于出版产业的基本载体。正如中国市场学会理事长高铁生所说,"没有完整的市场体系,就不可能存在完善的市场机制"。任何研究都是一个发现问题,然后从理论高度剖析问题,进而提出方案解决问题的过程。本书也遵循此程序。建立现代出版物市场体系,既是对推动社会主义出版业繁荣发展实践的指导,又具有理论指导意义,是对出版产业理论的丰富,对市场体系理论的充实。

第一,出版物市场体系建设研究是对出版产业理论的丰富。近年来,随着出版产业蓬勃发展,学界对出版产业的研究文献数量也不断增长,其内容涉及出版产业的方方面面。作为出版产业的载体,出版物市场体系的相关研究却不是很多,这种研究现状与出版物市场体系在出版产业中的核心要素地位极不相称。本书从理论和实践两个层面入手对出版物市场体系的基础理论、影响因素、建设意义、运作模式与思路等进行了较为系统的探索,充实了出版产业理论。

第二,出版物市场体系建设研究是对市场体系理论的充实。市场体系是指相互联系的各类市场组成的有机统一体,是市场机制作用于产业发展的重要支撑和保障。经济学中关于市场体系的概念、功能、属性等基本理论问题已达成广泛共识。形成一批专门研究市场体系理论的著作,如薛仲章的《市场体系及其运作》[①],张经的《论现代市场体系若干问题》[②],温孝卿的《市场体系形成与发展》[③],任兴洲的《建立市场体系》[④]和顾钰民的《健全现代市场体系》[⑤]等。但是关于出版物市场体系的研究还不是很多,缺乏较为系统的、深入的、全面的对出版物市场体系的研究成果。已有的关于出版物市场体系的研究主要包括张新华的《转型期中国出版业制度分析》中关于"出版物市场体系的构建和完善"一章,文心的《如何构建统一开放的出版物市场体系》以及宋富盛的《培育和建立出版市场体系的战略思索》。从这个意义上讲,本书关于出版物市场体系的研究无疑是对市场体系理论的有效补充。

第二节 研究综述与研究内容

一、研究综述

西方经济发达国家的出版产业发展得早,出版物市场比较成熟。由于西方国家大都实行市场经济,出版业同一般经济产业并没有太多不同,在出版业的发展过程中,主要由市场机制发挥作用,政府多是利用各种经济手段进行扶持,出版物市场体系建设也较为完善;同时,出版活动通常是作为大型传媒集团的业务之一而进行。因此,单独将出版物市场体系作为研究对象的情况比较少见。目前,国外关于出版产业的研究主要有以下几种类型:一是作者根据自身经验针对各出版流程所做的研究。比较经典的著作如格瑞克(Albert N. Greco)1997年出版的著作《图书出版产业》(*The Book Publishing Industry*)[⑥]、汉斯—赫尔穆特·勒林的《现代图书出版导论》[⑦]、理查德(Richard Guthrie)《出版业》(*Publishing*)[⑧]、D.史密斯的《图书出版指南》[⑨]、托马斯·沃尔(Thomas Woll)的《为赢利而出版》(*Publishing For Profit*)[⑩]等。二是在数字技术的推动下,出版企业的变化及对数字技术的应用性研究。比较重要的研究成果如贾森·爱泼斯坦的《图书业》[⑪]、D. M. 艾森哈特(Douglas M. Eisenhart)的著作《信息时代

---

① 薛仲章. 市场体系及其运作[M]. 天津:天津大学出版社,1995:6.
② 张经. 论现代市场体系若干问题[M]. 北京:中国工商出版社,2003:11.
③ 温孝卿. 市场体系形成与发展[M]. 天津:天津大学出版社,2004.
④ 任兴洲. 建立市场体系[M]. 北京:中国发展出版社,2008:11.
⑤ 顾钰民. 健全现代市场体系[M]. 重庆:重庆出版社,2009:9.
⑥ ALBERT N. GRECO, JIM MILLIOT, ROBERT M. WHARTON. Book Publishing Industry[M], Routledge; 3rd Revised edition ,2013:7.
⑦ 汉斯-赫尔穆特·勒林. 现代图书出版导论[M]. 邓西录,等译. 北京:商务印书馆,1998:9.
⑧ RICHARD GUTHRIE. Publishing[M]. London:SAGE Publication Ltd,2011.
⑨ 达塔斯·斯密斯. 图书出版指南[M]. 北京:北京大学出版社,1994:4.
⑩ 托马斯·沃尔. 为赢利而出版(第二版)[M]. 杨贵山,译. 北京:中国人民大学出版社,2005:6.
⑪ 贾森·爱泼斯坦. 图书业[M]. 杨贵山,译. 北京:中国人民大学出版社,2006:12.

的出版——数字时代的新管理范式》(Publishing in the Information Age)①、比尔科普(Bill Cope)等的《数字图书生产与供应链管理》(Digital Book Production and Supply Chain Management)②等。三是对出版物消费者及消费市场的研究。如马赫夫德·伽洛的《欧洲的出版趋势》③、泰迪(Ted Striphas)的《印刷时代晚期：从消费主义到控制的书籍文化》(The Late Age of Print：Everday Book Culture from Consumerism to Control)④等。国外直接关于出版产业、出版物市场体系的宏观研究以及对我国出版物市场体系的研究是比较少的。其中，有代表性的如罗伯特·本奇(Robert E. Baensch)的《中国出版产业》(The Publishing Industry in China)是对杂志出版的数字化变革、出版产业面临的经济形势、翻译权等进行概述，并对专业出版、科技出版等出版市场需求进行了分析，为出版产业的发展提供可用材料。⑤ 比较有借鉴意义的如小林一博的《出版大崩溃》⑥，这本著作是对日本自20世纪末开始的出版产业的崩溃现象的翔实记录及评述，其中讲述的日本出版业中刊高书低、图书出版大量退货、库存量大、出版企业大批倒闭等现象在我国的图书出版业中也部分存在。该著作中对日本出版崩溃现象产生原因的分析为我国出版产业的发展起到了警醒作用，而其中出版企业所采取的积极措施又对我国图书出版市场的发展有着很重要的借鉴意义。

自2001年7月，中共中央办公厅、国务院办公厅下发的《关于深化新闻出版广播影视业改革的若干意见》明确提出，出版具有产业属性，是国民经济的重要产业，到2003年出版体制改革，提出要充分运用财政、税收、金融等手段支持出版产业；2010年1月6日的《新闻出版总署关于进一步推动新闻出版产业发展的指导意见》将建立现代出版物市场体系作为推动新闻出版产业发展的主要目标之一；2011年《新闻出版业"十二五"时期发展规划》将基本建立起统一开放、竞争有序、健康繁荣的现代出版物市场体系作为"十二五"时期新闻出版业发展的主要目标之一；《2013年新闻出版改革发展工作要点》的通知指出"健全现代出版物市场体系，建设统一开放、竞争有序的出版物大市场"。以上出版产业及出版物市场体系的政策演变过程反映出，自出版业的产业属性被发掘开始，政府对出版物市场的监管工作也就开始了。而出版业界及学术界对建设出版物市场体系的关注度也随之上升，出版物市场体系建设成为研究的热题，

---

① DOUGLAS M. EISENHART. Publishing in the Information Age：A New Management Framework for the Digital Era[M]，Westport：Praeger Publishers，1996.

② BILL COPE，DEAN MASON. Digital book production and supply chain management[M]. Altona Vic：Common Ground Publishing Pty Ltd，2001.

③ 马赫夫德. 伽洛. 欧洲的出版趋势[EB/OL]. 罗雁，译. 人民网电子出版，2000-8-17. http：//www.people.com.cn/electric/200817/h10.html.

④ TED STRIPHAS. The Late Age of Print：Everyday Book Culture from Consumerism to Control[M]. New York：Columbia University Press，2011.

⑤ ROBERT E. BAENSCH. The Publishing Industry in China [M]. New Brunswick：Transaction Publishers，2003.

⑥ 小林一博. 出版大崩溃[M]. 甄西，译. 上海：三联书店上海分店，2004：6.

多个项目已经立项。如 2005 年北京印刷学院葛存山的"电子和网络出版市场分析与对策研究"获得了教育部人文社科项目。2012 年,武汉大学方卿教授的"健全现代文化市场体系的理论与实践研究"成功获批"十二五"国家社会科学基金重大项目。根据文献调研发现,近些年来,关于出版物市场体系的相关研究主要集中在以下几个方面:

(一)关于出版物市场体系基本理论问题的研究

经济学中,市场体系是指相互联系的各类市场的有机统一体,是市场机制作用于产业发展的重要支撑与保障体系。关于市场体系的概念、功能、属性等基本理论问题,经济学上已达成广泛共识。而从将市场体系理论具体运用到出版领域的成果来看,近年来,全面系统的出版物市场体系基本理论问题研究很少。已有研究包括武汉大学罗紫初教授曾在《运行机制市场化:我国出版业跨世纪发展的必由之路》中预测"出版业市场运行向完整化、体系化方向发展,也就成了我国出版业未来发展的重要趋势","各种出版要素都将逐渐进入市场,出版业市场将会逐步形成完整的体系"是这一趋势的表现之一。① 文心的《如何构建统一开放的出版物市场体系》一文对此有所涉及,认为现代出版物市场体系应该具备五个条件,即"第一,要有遍布全国的发行网络;第二,要有高速快捷的物流;第三,要有互联网等高新技术的支撑;第四,要有低成本、高效益、充满活力的运行机制;第五,要有优质的服务与良好的结算信用"。宋富盛在《培育和建立出版市场体系的战略思索》一文中系统分析了我国出版物市场体系建设中存在的突出问题,并提出建设我国现代出版市场体系的思路与对策:"一、改变现有出版机构模式,对出版单位进行分类管理,实施不同政策。二、深化内部改革,按现代企业组织管理制度改造出版单位。三、完善出版物流通市场体系,规范出版物流通渠道及方式。四、组建市场经济下的行业性组织,实现行业的内部协调与自律。五、提高出版队伍素质,建立本行业特殊的用人制度和人才培养机制。六、建立出版的社会化服务体系,保证出版业的繁荣发展。"其他关于出版物市场体系基本理论问题的研究主要集中在以下两个方面:

第一,市场与政府(或计划)在文化市场体系中的作用机制问题。我国出版产业的发展特别表现出制度性启动的特点。二十多年的经济持续增长、收入水平的提高、需求结构的变化、科学技术革命的推动、全球化浪潮的拉动,为我国出版产业发展输入了大量"动能",同时,也促进了制度进行创新和改革,是我国出版产业发展"闸门"的开关。学界对这一关键问题讨论的关注点主要集中在如何厘清政府与市场的纽带关系,发挥其现实作用。有的学者强调市场的作用。如王建辉[②]认为出版企业"造大船"有一定的行为原则,即"造大船"是市场行为主体在出版经济体系建立中的自觉行为,而

---

① 罗紫初.运行机制市场化:我国出版业跨世纪发展的必由之路[C]//黄凯卿,熊玉莲,主编.跨世纪出版业发展研究."21 世纪出版业发展及人才培养"学术研讨会论文集.武汉:武汉大学出版社,2000:6-15.

② 王建辉.出版业:面向新世纪的八大关系[C]//王益,刘杲,陈昕,等.中国书业思考.沈阳:辽宁人民出版社,2002:136.

非政府行为的结果。对于出版市场中存在的行政壁垒问题,有学者提出运用行政力量去除,而艾立民①持反对意见,认为去除行政壁垒只能是市场发展的结果。更有学者强调出版物市场体系建设中要强化政府的作用,周蔚华②、黄先蓉③等学者都认为发挥政府力量,是建立全国统一、开放、竞争、有序的出版物大市场的重要保证。胡守文④针对中国出版集团化的发展提出:"在特定范围内,利用行政力量重组资产,或者以某些政府机构作为资产重组主体,具有现实可能性。但在实际运作中,怎样处理这种行政力量与经济纽带的关系,是一个需要重新研究和认识的课题。"相关研究解决了政府与市场在出版物市场体系建设中的必要性,但是两者各自发挥作用的机制与机理并未得到彻底研究,尤其是在现实中如何操作更是面临困境。同时,这也是当前出版物市场体系建设面临的棘手问题。

第二,出版物市场体系的特点。把握现代出版物市场体系的基本特征是构建现代出版物市场体系的理论前提。刘杲⑤提出培育统一开放竞争有序的出版市场,是出版单位和发行单位的共同需要。已有的对出版物市场体系的特征研究主要是基于一般市场体系的统一、开放、竞争、有序性特点展开的。关于出版物市场体系的统一性问题,相关研究的关注点集中于我国出版物市场体系中存在严重的行业保护、地区保护壁垒,并且认为这些都是由行政权力导致的。如周蔚华⑥提出,行业保护主义、地区保护主义在某些方面有所加强,极大地阻碍了全国统一、开放、竞争、有序的大市场的形成。关于出版物市场体系开放性问题的研究,大多是与出版物市场准入研究联系在一起的。在国内市场准入方面,刘杲⑦在《对当前书业界若干热点问题的看法》中举例:"一个国外出版集团在中国创办了合资的图书俱乐部。图书俱乐部是销售图书的商业机构。这个图书俱乐部现在有了租型造货权,可是好多新华书店在争取租型造货权,迄今未能批准。眼前这种准入,显然有失公平。"在国外市场准入方面,2009年8月,中美出版物市场准入案中,世贸争端解决机构的裁定结果是:支持美方主张,认定中国在图书、音像进口以及外商分销等领域存在限制,违反了中国入世承诺与WTO有关规则。这一事件将我国出版物市场开放问题推向了风口浪尖。不少研究者认为,"入世"对我国出版物市场的开放起到了一定的促进作用,我国出版物市场总体呈开放态势。但也有学者认为,从严格意义上讲,我国出版物市场的开放性仍然不够,与出版产

---

① 艾立民.中国书业改革不能回避的深层次矛盾[C]//王益,刘杲,陈昕,等.中国书业思考.沈阳:辽宁人民出版社,2002:15.
② 周蔚华.建立有效的出版竞争机制[J].编辑学刊,2002(4):6-13.
③ 黄先蓉.出版物市场管理概论[M].武汉:武汉大学出版社,2005.
④ 胡守文.中国出版业集团化问题初探[C]//王益,刘杲,陈昕,等.中国书业思考.沈阳:辽宁人民出版社,2002:18.
⑤ 刘杲.始终坚持解放思想、实事求是的思想路线[C]//本书编写组编.中国出版业变革三十年.北京:人民出版社,2009:5.
⑥ 周蔚华.建立有效的出版竞争制度[J].编辑学刊,2002(4):6-13.
⑦ 刘杲.对当前书业界若干热点问题的看法[C]//王益,刘杲,陈昕,等.中国书业思考.沈阳:辽宁人民出版社,2002:68.

业发展的要求尚有差距。这一点在出版发行领域表现得尤其突出,原新闻出版总署柳斌杰署长曾多次指出我国出版市场的这一弊端。关于出版物市场体系竞争性问题的研究,多数情形下是与市场的统一性和开放性联系在一起的。由于市场的统一性不够,区域割据严重,影响了竞争。同样,由于市场的开放性不够,市场主体相对受限,也就影响了竞争的充分性。方卿[1]在《图书营销管理》中就以图书出版市场的统一性和开放性影响了其竞争性问题进行了讨论。他提出:"开放的、平等的竞争是书业发展的根本动力""书业竞争的不开放、不平等是影响我国书业发展的一个重要因素。"周蔚华[2]也指出,在某些出版领域或产品中出现过度竞争、折扣大战、流行回扣之风,这些行为损害了出版效率。关于出版物市场的有序性问题的研究。孙国庆[3]以出版物流通为例,认为流通环节的改革使担负流通重任的发货店(发行所、省店)的原有领地被肢解,一条渠道变多渠道,市场放开了,但无序了;垄断打破了,但有序的竞争也未形成。

以上关于出版物市场体系特征研究的部分观点对我国出版物市场体系建设中存在的突出问题和矛盾进行了比较深入的分析,但目前还缺乏对出版物市场体系自身特性把握的研究成果。

(二)关于出版要素市场的研究

出版要素市场是出版物生产、流通与消费所必需的资本、版权、技术、人才等要素进行交易的场所以及由此产生的各种关系。出版要素市场在出版物市场体系中处于基础地位,是出版产业发展的必要条件。根据资料搜集情况显示,近年对出版要素市场的研究成果,系统性的研究较少,多是集中于出版要素市场的具体层面,如出版资本及出版产业融资问题、版权保护及版权贸易市场发展、出版信息与技术市场等。出版要素市场涉及多方面,这里仅对最为集中的研究成果进行综述。

第一,出版资本及出版产业融资。实施资本运营是当下出版业发展的必要选择,众多学者关注资本在出版市场中的必要性与重要作用。徐建华[4]等认为:"当今出版业的发展、壮大,离不开资本运营;完成新闻出版总署提出的'双百亿'目标,更得依靠资本运营。尤其是国资委近期以来国有资产证券化的思路已非常明显的前提下,面对这场国有资产的财富盛宴,出版业绝不应该缺席。"出版业进行资本运行对出版业的进一步融资需求、集约化发展、提高经营水平等方面都有着重要作用。而关于资本运营

---

[1] 方卿.图书营销管理[M].上海:复旦大学出版社,2004:36.
[2] 周蔚华.建立有效的出版竞争机制[M].编辑学刊,2002(4):6-13.
[3] 孙国庆.发行渠道溯源流[C]//王益.刘杲.陈昕,等.中国书业思考.沈阳:辽宁人民出版社,2002:314.
[4] 徐建华,梁浩光,卢正明.数字时代出版业资本运营[C]//在第三届数字时代出版产业发展与人才培养国际学术研讨会论文集:数字出版与出版教育,第三辑.北京:高等教育出版社,2012:112-120.

如何为出版产业发展服务也是学者研究的重点问题。艾立民[①]提出"以资本为纽带，让各投资主体在自愿的基础上联结起来，实施大公司大集团战略，搞合作出版合作发行"的策略。同时，他认为要"敞开门进行资本融合"，不限国别，不限企业性质，不限企业经营范围。徐建华[②]等则提出进行改制上市运营、数字化运营等资本运营战略。

第二，版权保护及版权贸易市场。出版产业的核心是由知识产权形成的版权资产。版权（即著作权）是出版物市场交易、出版产业发展的核心要素。在版权贸易市场方面，黄健[③]认为："我国版权产业发展与发达国家的差距大，贸易逆差大，但增长幅度快，结构不平衡。版权贸易发展比较快，尤其以软件产业最突出。在出版领域，图书出版与销售的增长趋势比较稳定，音像制品与电子出版物增长快，但不稳定，产值明显偏低。"当前出版业中版权保护问题频出，尤其在数字技术的带动下，版权保护在法律、技术、意识等方面都没有迅速跟上。版权保护不完整，出版产业永远都是跛足前行。因此，版权保护与版权贸易市场建设也是出版要素市场研究中的热点问题。

第三，出版物信息与技术市场。我国出版信息化建设始于20世纪90年代，如今信息技术已发展到应用于出版产业链的每一个环节。发展出版物信息市场，发挥信息在出版产业中的作用，是出版物市场发展的趋势。邱云莉[④]认为，要扫除我国出版体系信息化建设的障碍需要从理念、战略、体制等方面进行一场信息革命。而作为出版企业来说，要提高自身的竞争力，就必须走信息化建设、将管理和信息化手段相结合的道路。钱宗华[⑤]从全球化、信息化的大背景对出版业信息化的必要性及其影响进行了分析，他指出："出版业也无法避免信息化的影响。"

关于信息技术作用于出版物市场体系建设的探讨。从宏观方面来说，将全面促进经济增长方式的转变。而随着政府部门陆续启动了一系列推动文化产业发展的科技工程，如文化部的"国家文化创新工程"，新闻出版总署牵头的国家"数字复合出版系统工程""数字版权保护技术研发工程""中华字库工程"和"国家知识资源数据库工程"等项目启动及应用，我国出版业技术升级步子将飞速前进。但是从微观和信息技术的应用实践来说，黄凯卿[⑥]提出我国出版社信息化存在如出版社网站建设质量有待提高；信息化应用功能不全，互联网建设滞后；资金与人力的投入不足；信息化系统的开发缺乏科学的认证与详细的规划；出版社人员素质无法满足信息化应用需要等方面的问

---

① 艾立民.中国书业改革不能回避的深层次矛盾[C]// 王益,刘杲,陈昕,等.中国书业思考.沈阳:辽宁人民出版社,2002:12.

② 徐建华,梁浩光,卢正明.数字时代出版业资本运营[C]//在第三届数字时代出版产业发展与人才培养国际学术研讨会论文集:数字出版与出版教育,第三辑.北京:高等教育出版社,2012:112-120.

③ 黄健.出版产业论[M].南宁:广西人民出版社,2005:167.

④ 邱云莉.浅议出版信息化[J].现代商贸工业,2007:30.

⑤ 钱宗华.全球化、信息化对我国出版企业发展战略影响分析[J].广西大学学报,2005(6):27-29.

⑥ 黄凯卿.加快出版社信息化建设刻不容缓[J].中国计算机报.2006(1):9.

题。张志华[①]通过对已有的出版信息化的系统模型——出版企业资源规划（ERP）、出版社管理信息系统（MIS）、客户关系管理（CRM）及实践成果进行分析，提出一系列措施以加快我国出版社信息化建设。如加强出版社与软件开发方的沟通、建立信息交换平台、强化领导者和员工的信息意识等。这些技术的发展及运用对出版业的发展起到了强劲的推动作用。周蔚华[②]指出，编辑使用先进的校对软件，能有效降低文字差错率，通过网络实现与各个出版环节的实时联系，极大地降低了单本图书的平均工作量和工作时间。陈锦涛、邱建华[③]认为新华书店对计算机的开发利用将直接推动由粗放型的码洋管理向集约型的品种管理的转变。

与资本、版权、技术等要素市场一样，人才、地产及生产资料等出版要素市场的研究也受到学者关注，这里就不一一进行赘述。

（三）关于出版物流通市场的研究

没有出版物物流便没有出版物流通市场，更不用说出版物市场体系了。出版物物流体系的形成对出版物市场体系的建设具有同样的意义。出版物流通市场是出版物市场体系的直观表现，也是建立社会主义出版物市场体系最重要的环节之一。宋富盛[④]在《培育和建立出版市场体系的战略思索》一文中提出了"完善出版物流通市场体系，规范出版物流通渠道及方式"的建设出版物市场体系对策。文心[⑤]在《如何构建统一开放的出版物市场体系》一文中提出"建构三至五家全国性的、大型的、独立运营的、综合性的或者专业化的出版物发行集团，从而形成少数大集团与众多中小书店并存的格局"是现代出版物市场体系应具备的条件。

对出版物流通市场的研究主要集中在以下几个方面：(1)出版物流通市场的作用。学者认为出版物流通市场是带动出版业改革的先头部队，具有重要的作用。黄健[⑥]提出在现代市场经济条件下，市场在资源配置方面发挥着重要的基础性作用。要以流通领域的深度改革带动出版产业的大发展。(2)对出版物流通市场中长期存在的主渠道与二渠道争论，艾立民[⑦]认为这应该是市场竞争、较量的结果。"在一定的区域内，谁的市场份额大，谁就是主渠道。"高永清[⑧]在对我国出版发行现状的分析基础上提出增强现代出版物物流理念，建立现代企业制度，培养高质量的发行专业人才，拥有与国际接轨的科学技术，开展第三方物流业务等方式来发展现代图书物流。

---

① 张志华.出版信息化建设探讨[D].华中科技大学硕士论文,2006.
② 周蔚华.出版产业散论[M].上海：复旦大学出版社,2009.
③ 陈锦涛,邱建华.对我国出版发行体制的思考[C]//王益,刘杲,陈昕,等.中国书业思考.沈阳：辽宁人民出版社,2002.
④ 宋富盛.培育和建立出版市场体系的战略思索[J].编辑之友,1997(2)：5-8.
⑤ 文心.如何构建统一开放的出版物市场体系[J].出版参考,2009(8)下旬刊：1.
⑥ 黄健.出版产业论[M].南宁：广西人民出版社,2005.
⑦ 艾立民.中国书业改革不能回避的深层次矛盾[C]//王益,刘杲,陈昕,等.中国书业思考.沈阳：辽宁人民出版社,2002.
⑧ 高永清.发展我国现代图书物流之管见[J].企业经济,2006(8)：107-109.

(四)关于出版物市场监管体系的研究

建立出版物市场监管体系伴随出版物市场体系建立和运行全过程,将为出版物市场体系的宏观管理决策提供可靠的依据。黄先蓉[①]认为:"国家加强对出版物市场进行管理的目的是为了规范出版物出版发行活动,建立全国统一、开放、竞争、有序的出版物市场体系,保持出版经济的有序运行,发展社会主义出版产业。"2002年中国出版科学研究所成立了"中国出版物市场跟踪监测研究"课题组,研究建立国家级出版物市场监测体系。2002年11月22日,新闻出版总署(现国家新闻出版广电总局)出版发行司和中国出版科研所在北京联合举办了"中国出版物市场监测研讨会"。

目前,我国出版物市场监管还存在一些问题,相关研究对这些问题进行了归纳并提出改进的对策。胡磊[②]在《我国出版物市场管理研究》中进行了归纳,认为:"出版物市场管理的体制存在缺陷,出版市场监管法制建设落后,出版物市场管理队伍整体素质不高,出版物市场监管体系不健全,非法出版活动从未从根本上遏制。"王乐攀[③]提出进行出版物市场监管须首先完善出版物市场准入制度的建议。谢执[④]对完善出版物市场政府监管的措施进行系统分析,认为:"应建立出版物市场管理体制进行深入改革;强化法律手段,依法行政;营造全社会抵制非法出版物的范围;扶持正规的出版产业,倡导健康文明的文化消费。"

综上所述,已有研究集中在微观出版领域,多是从具体的出版流程、出版活动的角度进行的。在如今出版技术大发展及政策的指引下,出版业实现了高速发展。站在社会、经济、科技大变革、大发展的背景下,运用现代经济学、管理学的相关理论对出版产业的发展重新审视,对出版物市场体系的建设进行大胆设想,能够科学地指导出版实践的发展。

二、研究内容

本书主要是构建了出版物市场体系的基本理论,明确出版物市场体系目标,构建出版物市场体系运作模式,在此基础上推导出对建设出版物市场体系实践具有指导意义的若干建议。本书要研究的主要内容可拆解为以下几个部分:

第一,出版物市场体系内涵的界定。厘清概念内涵是一项研究的逻辑起点。这部分内容主要包括出版物市场体系的内涵探讨、出版物市场体系的类别分析、出版物市场体系的特点归纳、出版物市场体系建设的意义剖析。首先,出版物市场体系是指由出版物市场交易中的相互影响、相互作用的出版商品市场和出版要素市场共同构成的有机系统。对此概念把握要注意的要素有:(1)出版物市场是构成出版物市场体系的基础;(2)构成出版物市场体系的各出版物市场是可以细分的;(3)构成出版物市场体

[①] 黄先蓉.出版物市场管理概论[M].武汉:武汉大学出版社,2005:14.
[②] 胡磊.我国出版物市场管理研究[D].武汉大学硕士论文,2005:5.
[③] 王乐攀.论中国出版物市场准入制度的特点及建议[J].中国市场,2010(6):101-102.
[④] 谢执.论政府对出版物市场的监管——以湖南省为例[D].中南大学硕士论文,2009:4.

系的各出版物市场相互联系、互相影响。其次,出版物市场体系的类别分析。从交换角度考察,出版物市场体系可分为出版商品市场和出版要素市场两个类别。从功能角度考察,出版物市场体系可分为教育出版市场、专业出版市场、大众出版市场三个类别。再次,出版物市场体系的特点归纳。出版物市场体系具有与其他一般市场体系共有的"统一性、开放性、竞争性、有序性",此外,还具有自身独有的特点,包括:(1)出版物生产目的的非营利性;(2)出版物产品使用价值的精神性;(3)出版物市场交换价格的背离性;(4)出版物市场消费的非消耗性。最后,出版物市场体系建设的意义。建设出版物市场体系有利于出版产业的发展,具体来说主要体现在三个方面:(1)有利于合理配置出版资源;(2)有利于科学调节出版生产流通;(3)有利于提高出版产业竞争力。本部分提出了系统的出版物市场体系基础理论,为研究出版物市场体系的建设打下了坚实的基础。

第二,出版物市场体系现状分析。通过文献资料调查、网络调查、实地调研等方式尽可能地了解我国出版物市场体系建设的现状,摸清我国出版物市场体系建设的底子。同时,对我国出版物市场体系建设中存在的问题进行明确。这部分内容可分为三个方面:首先,我国出版商品市场基本情况。从出版商品市场的发展规模、发展结构、运行效率三个方面形成对我国出版商品市场的直观映像。其次,我国出版要素市场基本情况。根据不同要素在出版产业中的作用,分为出版生产资料市场、出版资本市场、出版技术市场、出版人才市场四类市场。其中,资本、信息技术等无形要素市场将成为出版产业发展的强劲推动力。最后,对我国出版物市场体系中存在的问题进行了深入剖析。主要包括以下几个方面的问题,如出版商品市场运行效率低下;出版要素市场发展进度滞后;出版物市场体系中非市场行为普遍;出版物市场体系建设不规范。对出版物市场体系存在问题进行深刻反省,是建设出版物市场体系要经历的必然过程。

第三,出版物市场体系的评价体系建构。以出版物市场体系中最具有代表性的图书出版物市场为例,选取一些指标设计指标体系;利用SPSS18.0对各指标的相关数据进行处理,针对这些评价指标进行因子分析,得出了出版物市场体系合理化评价的三个影响因子,即有效竞争因子、融合发展能力因子、个性化需求生产因子。计算得出这三个影响因子在评价出版物市场体系时所占的权重,有效竞争因子的权重为0.573383、融合发展能力因子的权重为0.283347、个性化需求生产因子的权重为0.143269,从而构建了出版物市场体系的评价体系。

第四,我国出版物市场体系建设目标及其运作模式构建。首先,以SCP范式为指导,根据出版物市场体系评价体系,结合国内外出版物市场体系发展情况,构建出版物市场体系的建设目标。其次,针对要建设的现代出版物市场体系目标,结合我国出版物市场体系的特点,构建了适合我国的基于出版要素市场推动的出版物市场体系运作模式。最后,提出实现我国出版物市场体系建设目标的原则。实现出版物市场体系建设目标要遵循以下原则:(1)必须协调好文化性与经济性的关系;(2)必须明确政府和市场机制在出版物市场资源配置中的角色;(3)必须符合出版行业发展的趋势。

第五,出版物市场体系建设的思路。针对我国出版物市场体系建设目标及基于出版物市场体系的运作模式,结合出版物市场建设的出版要素市场重点,提出相对应的建设出版物市场体系的思路。首先,大力培育现代出版要素市场。主要包括积极培育现代出版要素市场主体、科学降低出版要素市场交易成本、创造出版要素市场发挥作用的条件。其次,优化出版物市场体系的资源配置。主要包括挖掘出版企业的资源配置能力、创新出版物市场体系资源开发方式、加大出版物市场体系资源开发力度。最后,塑造出版物市场体系的发展环境。如调控出版物市场体系的宏观环境、规范出版物市场体系的行业环境、改善出版物市场体系的服务环境。引导出版企业、行政部门对各类出版资源有针对性地投入,从而达到提升出版资源投放的有效性,规范市场秩序,塑造有利的市场环境,促进出版产业的发展壮大。

第三节　研究思路

一、相关理论

本书主要运用产业组织理论、复杂科学管理理论、新制度经济学相关理论作为研究方法,这些理论为出版物市场体系建设研究提供了理论支撑,使得研究更为规范、有依据。

(一)产业组织理论

产业组织理论是产业经济学中分化出来的一个独立的,研究微观领域的学科。是运用微观经济学理论分析企业、市场及其相互关系,分析企业的资源配置行为及产生的市场效率,并据此指导产业组织设计的应用经济学理论。贝恩(Bain)于1959年发表了著名的产业组织学专著《产业组织》,它标志着以梅森、贝恩为代表的哈佛学派的产业组织理论体系的最终形成。该著作通过案例研究和经验分析,提出了"市场结构—市场行为—市场绩效"三段式研究范式。谢勒(Scherer)等人在1970年出版了《产业市场结构和经济绩效》,该著作进一步完善了三段式研究范式,形成了产业组织理论中的一种传统分析框架,即市场结构决定企业行为,企业行为决定市场绩效的产业组织理论的传统分析框架——SCP范式。产业组织理论也逐步发展为一门相对独立的经济学科。

所谓市场结构,通常定义为对市场内竞争程度及价格形成等产生战略性影响的市场组织的特征。决定市场结构的因素主要是市场集中程度、产品差别化程度和进入壁垒的高低。结构、行为、绩效之间存在着因果关系,即市场结构决定各企业在市场中的行为,而企业行为又决定市场运行的经济绩效。因此,为了获得理想的市场绩效,最重要的是要通过公共政策来调整和直接改善不合理的市场结构。[①]

出版市场结构可以显示出出版物市场竞争形势,体现整个出版产业的竞争、垄断

---

① 苏东水.经济学[M].北京:高等教育出版社,2000:88.

程度。能够反映市场结构的主要指标包括市场（产业）集中度、厂商规模、产品差异化、进入/退出壁垒。市场行为是指市场上的企业为获取更大利润或者占有更大市场份额而进行的一系列战略性行为。企业的市场行为具有竞争和协调等博弈特征，能够反映企业的市场行为情况的标准主要有价格竞争、产品竞争、兼并与收购行为、技术创新。市场绩效是度量市场运行效率的概念，即在给定的市场结构下由企业的行为所形成的产品质量水平、技术进步水平、产品种类、成本、价格及经济利润等方面的经济效果。[①] 在产业组织理论中的市场绩效仅指经济效益。经济效益是产业组织中企业生产活动的目的，是衡量企业经营活动的最终标准。

随着市场的发展，一方面，经济全球化、世界经济一体化的步伐加快，市场不再局限于某个国家范围内，企业所面临的市场竞争、环境都在放大。另一方面，随着文化领域产业化、市场化的深入，市场绩效不再仅指经济绩效。产业组织理论的应用受到局限。因此，本书运用 SCP 范式进行出版商品市场建设基本情况分析时，选取了市场集中度这个有代表性的指标来衡量出版商品市场的结构，反映出版商品市场的垄断竞争情况。运用市场绩效来衡量出版商品市场运行效率，同时，将 SCP 范式中的市场行为、市场绩效等理论指导出版物市场体系现状分析，如建设非市场行为、出版物市场体系运作效率等方面。

（二）复杂科学管理理论

进入 21 世纪，随着科技、经济等因素的发展推动，各种事物都处在一个日益复杂、充满风险与变数的外部环境和内部条件下，这使得在分析问题时，面对的首要因素就是其复杂性。复杂科学管理因其研究对象的复杂性、系统性和研究模式的科学性而逐渐受到重视。徐绪松是复杂科学管理的创始人，2003 年，她在第一届中国管理科学与工程论坛上第一次提出了"复杂科学管理"学说。同年 12 月，其专著《复杂科学 资本市场项目评价》出版，这被认为是复杂科学管理的开端。2005 年 5 月 10 日，《光明日报（理论版）》发表了《管理科学的前沿：复杂科学管理》，比较全面地介绍了复杂科学管理的理论和研究方法，在管理学界引起了十分强烈的反响。近年兴起的复杂性研究既是对 20 世纪 40 年代以来的系统论运动的深入，而复杂科学管理理论的形成和发展无疑是复杂性研究分化出的具有说服力的成果。

复杂科学管理的研究对象是有人的思维介入其中的社会层面上的复杂系统，如社会经济系统、金融系统、企业组织管理系统等，这些组织、个体是一个动态的、非线性的、不确定的复杂系统。由于思维模式是管理决策的根本和出发点，复杂科学管理针对当前的分割式思维模式，以及 21 世纪，组织的创新与和谐需求，将组织假设为一个系统思维的大脑，并提出 CSM（complex science management）系统思维模式，以应对和解决社会层面上复杂系统的复杂性、不确定性、非线性，以及人的行为。CSM 思维模式是一种关联的、系统的、多维度的思维模式，是管理者对组织中的人、资源、目标环

[①] 芮明杰.产业经济学[M].上海：上海财经大学出版社，2005：435.

境三个基本要素,从整体出发进行系统思维的模式。运用 CSM 系统思维模式要注意:一是 CSM 系统思维模式是一种逆向思维的管理模式,即从目标出发,对组织中的人、资源、目标环境三个基本要素进行系统思维的管理模式。其特征是:在考虑组织内外的整个大系统的基础上设计目标;为了达到目标将人的创造性智慧激发;内外资源进行整合。二是 CSM 系统思维模式是一种立体思维、多维度思维。它强调要从整体的角度去考虑问题及各种关系,即不能以部分代替整体。三是 CSM 系统思维模式是将重点放在结构方面,强调系统的结构决定系统的整体性质或功能。系统内外的各种资源,包括技能和才干整合在一起,使管理人员了解关键性变量以及彼此间的相互依存和相互作用,从而改变已有的资源、改变已有资源创造财富的能力、改变资源的产出。

出版物市场体系也是一个复杂的系统,针对出版物市场体系建设目标及其运作模式,本书以 CSM 系统思维为指导,将出版物市场体系运作模式划分为主体、资源、目标环境三个模块,分析出版物市场体系的运作过程。同时,结合出版要素市场这一重要方面,针对出版物市场主体、出版物市场资源、出版物市场目标环境三个方面提出建设出版物市场体系的策略。张经在《论现代市场体系若干问题》中提出"作为市场经济汪洋大海中每一滴水珠的企业,仅仅完成和实现内在的改革和转变是远远不够的。只有在一定标准的市场环境下和新型的经济关系中,已经转变成为现代企业的那些市场主体,才能真正达到顺利参与市场经济活动并取得良好经济效益的目的。这种协调的环境和新型的经济关系的总称,就是党中央、国务院所提的'现代市场体系'"。[①] 这也印证了以 CSM 系统思维构建出版物市场体系是符合党中央、国务院所提的建设"现代出版物市场体系"要求的。因此,利用 CSM 系统思维指导我国出版物市场体系的建设路径是科学的。

(三)新制度经济学理论

20 世纪 60 年代以来,随着经济全球化的发展,国际竞争形势和竞争程度更加激烈,逐渐发展成为不同制度系统之间的竞争。由于制度系统对成本水平影响极大,以至于成为国际竞争中的重要因素。[②] 以科斯(Ronald H. Coase)、诺斯(Douglass C. north)为代表的新制度经济学用经济学的方法研究制度,着重于研究人、制度与经济活动之间的关系。他们反对"黑板经济学",强调对现实问题的关注和研究。对新古典经济学作出修正和发展,一是关于人的行为假设。新制度经济学是要用"现实的人""实际的人"来代替新古典经济学中的"理性的人"。用威廉姆森的话来说,即人的有限理性和人的机会主义行为倾向。二是引入了产权、交易费用理论、组织、制度等概念。新制度经济学以产权理论和交易费用为基本理论工具。按照产权经济学的看法,经济学的核心问题不是商品买卖,而是权利买卖。[③] 新制度经济学在许多方面增加了对现

---

① 张经.论现代市场体系若干问题[M].北京:中国工商出版社,2004:45.
② 尹章池.中国出版体制改革研究[M].武汉:湖北人民出版社,2006:33.
③ 国彦兵.新制度经济学[M].上海:立信会计出版社,2006:12-13.

实问题的解释力,对制度结构和经济行为的相互关系提供了一个总体上的严密解释。

首先,制度是一种公共产品,是无形的,表现在法律、规则、风俗习惯方面。制度影响交易成本,交易成本影响生产和交易。① 发达国家与发展中国家之间存在差距的重要原因就是由于发展中国家的交易费用的差异大。制度本身就存在一定的运行费用。在一定的制度下,单次交易的成本越低,制度成本就越高。从而使得发展中国家的社会分工发展、市场交易等经济发展更为缓慢。其次,正由于交易费用的存在,有些交易无法实现。尽管既定的产权交易所对应的资源配置点是"帕累托改进",但这个点与帕累托最优点还有很大差距。因此,产权的最初界定对资源配置就产生了直接影响。在产权界定的优先排序中,可以比较出哪一个是相对最佳的,这在理论上产生了如何界定产权才能实现最大效率的问题。② 只存在通过市场交易或企业合并来界定产权,不存在通过政府、法律等形式的产权界定。产权界定的结果可能不令人满意,但总能找到一种界定产权的办法,强制性是多余的。③ 新制度经济学中关于制度的变迁及创新分析,有利于把握转型规律和发展趋势,有利于促使决策者降低制度变迁成本,设计更为科学的改革方案。新制度经济学在分析制度变迁方面主要有"需求—供给"和"成本—收益"两种方法,将制度变迁分为需求诱致型和供给主导型两类。同时,还提出了制度均衡与制度非均衡④的概念,指出制度变迁过程中存在的路径依赖现象。

新制度经济学虽然产生于西方发达国家,"但其方法和原理更适合于分析发展中国家,尤其适合于新旧体制转轨的国家"。⑤ 目前,我国处在社会主义市场经济的初级阶段,市场体制作用不断深化,但是在文化领域,尤其是在出版领域中,计划机制或者说政府的作用仍然占主导地位。由此导致了产权制度改革不到位,以及政府管制等原因而出现的高额交易费用,市场配置资源的比重低使得许多要素市场交易难以进行。出版要素市场发展滞后,不能很好地作用于出版商品市场,出版物市场体系建设进程缓慢。自我国加入WTO以后,制度竞争对于调整出版产业发展方式的作用更加明显,出版产业决策者不断地在政府管制造成行业垄断与深化改革保护消费者利益这两者之间寻找均衡点。因此,可以确信,认识制度的重要性是寻找一种好制度的前提。在建设出版物市场体系的研究中,本书根据新制度经济学的理论与方法,对政府与市场两种机制在出版资源配置中的角色和各自的作用进行了分析,明确了既发挥政府的宏观调控机制又充分解放市场的力量的"可操作竞争"的方式,这有利于推进出版转企改制,并建立适合我国的出版物市场制度。例如,在建设出版物市场体系思路方面提出建立现代企业制度,明确出版企业产权、建立经营权和所有权区分的管理制度等。

---

① 国彦兵.新制度经济学[M].上海:立信会计出版社,2006:43.
② 国彦兵.新制度经济学[M].上海:立信会计出版社,2006:173.
③ 国彦兵.新制度经济学[M].上海:立信会计出版社,2006:172.
④ 制度均衡是指人们普遍满意与既定制度的一种状态,即制度的供给适应制度的需求;而制度非均衡是指制度供给不足,即人们所需要的制度不能适时被提供出来。
⑤ 卢现祥.西方新制度经济学[M].北京:中国发展出版社,2003:28.

二、技术路线

本书遵循"提出问题-分析问题-解决问题"的逻辑开展研究。首先,通过对出版物市场体系本身的探讨奠定本书的理论基础。其次,通过对我国出版物市场体系发展现状进行实证分析,提出本书需要解决的核心问题:要建设的出版物市场体系是什么样的。然后,以图书出版物市场为例,建立指标体系,利用SPSS18.0软件对相关指标进行分析,构建出版物市场体系的评价体系。在评价体系基础上,结合国内外出版物市场体系发展经营,以SCP范式,建立了出版物市场体系建设目标和基于出版要素市场推动的出版物市场体系的运作模式。依据CSM系统思维模式将出版物市场体系的运作模式划分为市场主体、市场资源、目标环境三个模块。最后,以要建立的出版物市场体系为目标,针对基于出版要素推动的出版物市场体系运作模式和各个模块,进行建设出版物市场体系思路的探讨,为建设我国出版物市场体系实践活动提供依据与指导。(参见图1-1)

三、研究的创新点

出版产业发展实践为出版物市场体系理论研究提供了丰富的素材,目前对出版物市场体系的研究多在对出版商品市场方面。本书系统地对出版物市场体系理论进行总结,并对出版物市场体系实践做了梳理。本书的创新点主要体现在以下几个方面:

(1)较为系统地构建了出版物市场体系的基础理论。在梳理和学习出版产业、出版市场、出版管理等方面的研究文献的基础上,从出版物市场体系本身出发,明晰出版物市场体系的概念、内涵、特点及建设出版物市场体系的意义。

(2)构建了出版物市场体系的评价体系。利用SPSS18.0软件对相关指标进行因子分析,得出合理的出版物市场体系需满足以下要求:有效竞争、融合发展、个性化需求生产。

(3)构建了我国出版物市场体系的目标及其运作模式。在出版物市场体系的评价体系基础上,结合国内出版物市场体系发展现状和国外出版物市场发展经验,建立了适合我国的现代出版物市场体系目标。同时以复杂科学管理理论为指导,将出版物市场体系运作模式分析为主体模块、资源模块、目标环境模块三个模块,构建了基于出版要素市场推动的出版物市场体系运作模式。

(4)提出了建设我国出版物市场体系的思路。以复杂科学管理理论为指导,针对要建立的出版物市场体系目标和基于出版要素推动的出版物市场体系运作模式,结合我国出版物市场体系存在的问题,提出了加强我国出版物市场体系建设的思路,主要包括:大力加强现代出版要素市场建设,优化出版物市场体系的资源配置,改善出版物市场体系的发展环境等。

第一章 引 言

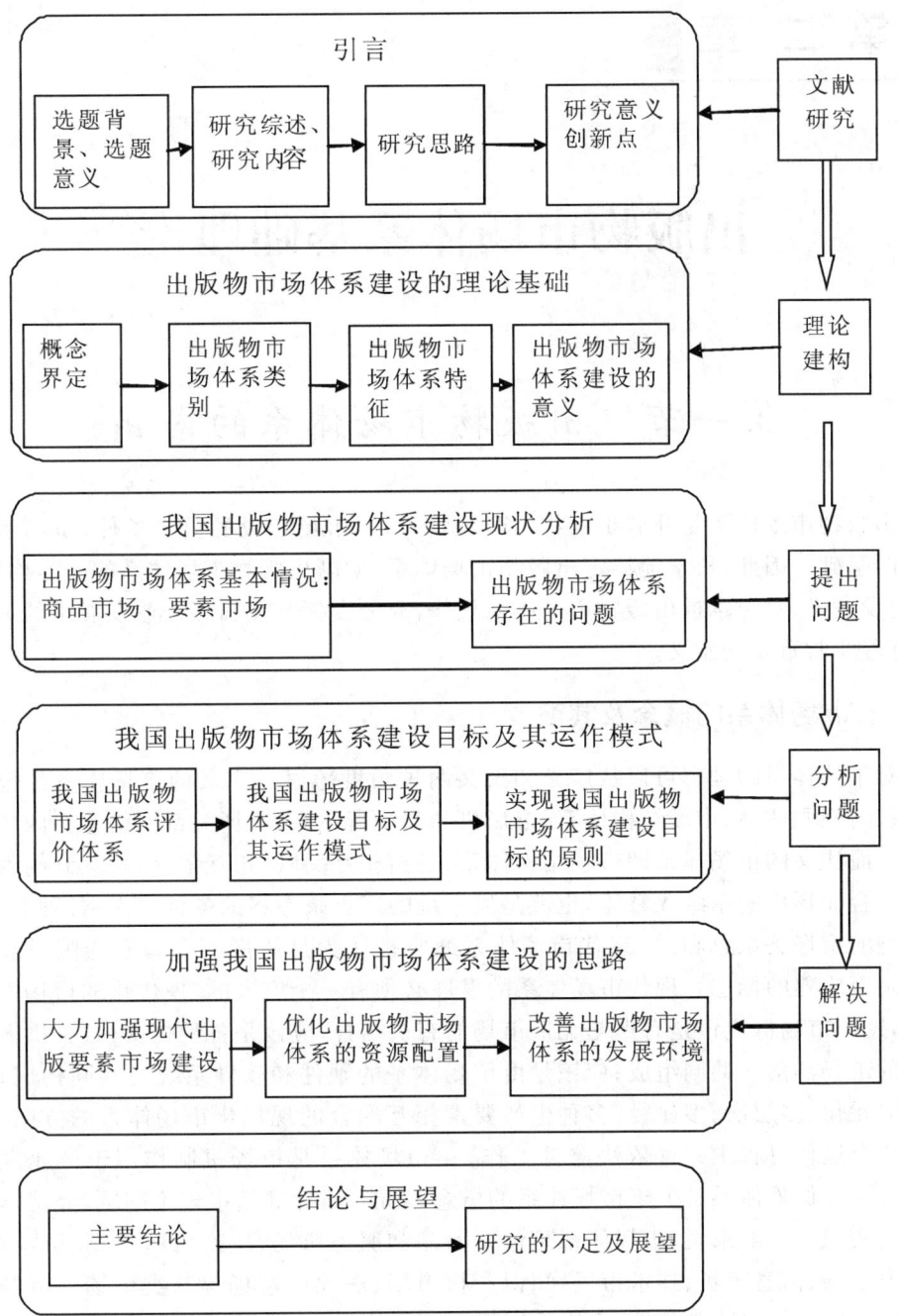

图1-1 本书的逻辑结构

第二章

出版物市场体系基础理论

第一节 出版物市场体系的内涵

出版物市场体系是开展出版物生产经营、出版市场建设的重要条件,是出版产业发展的基础。因此,科学地界定出版物市场体系,明晰出版物市场体系的基本构成、特征、建设意义,对于掌握出版物市场体系规律,充分发挥其在出版产业发展中的重要作用,有着非常重要的意义。

一、市场体系的概念及其演变

对市场体系的理解可以从广义和狭义两种角度考察。广义的市场体系是包括市场组织与规则体系、市场结构体系、市场机制与运行体系、市场关系网络等在内的完整系统。而狭义的市场体系即市场结构体系,是指相互关联、相互依存、相互制约的各种市场结合而形成的系统或整体,也就是用系统的观点来考察的各种层次、各种形态、各种类型的市场关系总和。[1] 现代市场体系通常被认为是衡量一个国家的国民经济大市场是否成熟的标志。现代市场体系的发展必须有一个宏大的、现代化的市场群作为支撑,这个市场群应该是有形与无形市场的有机结合,应该是各种档次、各种供需关系并存的市场群落所共同组成;应该是由市场体系的硬件和软件系统所共同构成;应当朝着多元化、多层次、多途径、多种生产要素相互融合的现代化市场体系的方向发展,并在整个运作过程中完善依法监督工作。[2] 市场体系是市场机制作用于产业发展的重要支撑与保障体系。关于市场体系的概念、功能、属性等基本理论问题,经济学上已有广泛共识。一般来说,市场体系是包括商品和服务市场、生产资料市场、资本市场、劳动力市场、信息市场、技术市场、知识产权市场、房地产市场等八类市场。市场体系具有统一性、开放性、竞争性、有序性四个方面的特征。市场体系是市场主体交易行为的基础,是市场经济中经济利益实现的地点,集中体现了市场上各利益主体之间的经济关系。同时,各市场之间相互作用和制约是实现市场一般均衡的基础。

---

[1] 白永秀.中国现代市场经济研究[M].第三版.西安:陕西人民出版社,2001:308.
[2] 张经.论现代市场体系若干问题[M].北京:中国工商出版社,2004:25.

从市场经济发展的历程考察,市场形成和演变为现代化的市场体系大体经历四个阶段:一是市场的萌芽。随着商品交换的产生和发展、货币成为交换媒介,以及社会分工的发展,市场经济的基础初步形成,这为市场的形成提供了基本条件。二是市场的形成和市场体系雏形的出现。伴随着商品交换的广度、深度、范围进一步扩大,社会分工的深入发展,市场交易活动逐渐制度化、规范化。可以说,这种从简单商品交换市场到市场体系的形成是原始市场经济向古典市场经济转化的结果。三是市场体系的形成。随着资本逐利而向世界市场进发,商品生产、交换国际化,世界市场体系初步形成:生产要素、资本要素、人力要素、知识产权要素、信息要素、技术要素、土地要素等要素市场逐渐形成。国家、企业、个人作为市场运行的主体,随着市场运行发展,供求关系、竞争关系、价格关系不断完善,市场机制开始成熟。四是市场体系的完善和现代市场体系的形成。从市场发展结构角度看,逐渐形成了以要素市场为主体的,分别以物质和服务为内容的商品市场及要素市场构成的市场体系。从市场机制的作用看,最初由价值规律单纯作用于市场到如今各种调节手段、机制在市场中的综合作用,形成了现代市场体系的统一调节机制。可以说,市场体系的完善到现代市场体系的形成过程就是古典市场经济向现代市场经济的转化结果。所形成的市场的重要标志就是建立了一个由各种市场组成的,以要素为主导的体系。在这个体系中,商品是无所不包的,产权是清晰法律化的,市场是无所不在的,市场的组织形式是多样化的,市场的发展不限时空,构成了一个错综复杂的体系。

在我国,早在1986年4月,六届人大通过的"七五"计划就首次明确提出"发展社会主义市场体系"。1993年10月召开的党的十四届三中全会的50条决定将发达完善的市场体系作为社会主义市场经济体制框架的一个重要内容,提出要建立统一、开放、竞争、有序的市场体系。目前我国经济市场化有着以下特征:经济行为主体的独立化,经济决策的分散化,所有制结构和所有制实现形式的多元化,产品价格的市场化,要素价格的市场化,经济行为的规范化、法制化、秩序化、信誉化。[①] 随着一般市场体系的深化和出版产业的发展,建立出版物市场体系提上日程。

二、出版物市场体系的概念

出版物市场体系作为市场体系的组成部分,也具有一般市场体系的基本属性,可以从广义和狭义两个角度进行理解。广义的出版物市场体系是包括出版物市场结构体系、出版物市场组织与规则、机制与运行体系、出版物市场关系网络等在内的完整系统。狭义的出版物市场体系是指出版物市场结构体系本身,即由出版物市场交易中的相互影响、相互作用的出版商品市场和出版要素市场共同构成的有机系统。本书对出版物市场体系的理解主要是基于狭义的出版物市场体系概念进行的。

对上述出版物市场体系的概念,可以从以下三个方面来理解。

---

① 张新华.转型期中国出版业制度分析[M].北京:中国传媒大学出版社,2010:113.

(一)出版物市场是构成出版物市场体系的基础

出版物市场体系是由众多的出版物市场共同构成的。所谓出版物市场,即围绕出版商品的市场交换而开展一系列经营活动,以及由此而产生的各种经济关系的总和。出版物市场是从经济的角度来考察出版活动而形成的认知。在我国,直到20世纪80年代初推行市场经济体制时,"出版物市场"的概念才开始流行。

与一般商品市场一样,出版物市场也是由市场主体、市场客体、交换对象等基本要素构成的。首先,市场主体,即出版物市场商品的生产经营者,是出版物市场供求关系中的卖方,是出版物市场的基本构成要素。在出版商品的所有者将出版商品拿到市场上进行交换时,出版商品的所有者将自己对出版商品的权益及经济需要通过具体的商品交换反映出来,因此出版商品的所有者因提供出版商品而成为出版物市场的供给方。其次,市场客体,即在出版物市场上用来交换的出版商品。因表现形式不同,主要包括有形的物质产品,如图书、报纸、期刊,还包括各种商品化了的出版资源要素,如版权、资金、技术、信息、人才等。市场是由于进行商品交换而发生经济关系所形成的,关于出版商品的销售、购买等交易活动是出版物市场的基本内容。因此,大量的、多种多样的、可供交换的出版商品及出版要素资源是出版物市场存在的基础。它们也是出版物市场的基本构成要素。最后,交换对象,即既具有出版物消费需求,同时又对其需求有支付能力的读者,是出版物市场的买方。这是一个由书店的读者、音像店的视听者、网上购买电子版图书的网民等所组成的巨大的出版物消费群体。在出版物市场交易过程中,卖方除了能够提供出版商品,还要能够联系到对该出版商品具有购买需求,且具有支付能力的买方。否则,出版商品交易无法完成,出版物市场也就不存在。因此,同时具备消费需求和支付能力的买方是决定出版物市场交易成功的基本要素。

此外,还可以从微观即企业角度来考察出版物市场。出版企业是出版物市场的供方,在市场交易中要具体地作用于出版消费市场,即买方市场。因此,从微观角度研究出版物市场,从企业角度考察出版物市场的构成,即考察出版物市场需求的构成,更具有现实意义。

市场需求,主要由人口、购买力和购买欲望三个要素构成。首先,人口要素。根据马斯洛的需求层次理论,人是具有需求本能的,并且根据需求满足的程度不同会出现不同层次的需求。可以这样来理解:有人即有需求,人口状况决定需求层次及其大小。而在现代商业社会,需求就意味着市场空间。因此,出版物市场中具有消费需求的人口数量决定了出版物市场的大小,而人口的状况,即人的知识深度、知识面宽窄、文化水平高低、文化素养的深浅等因素则直接决定了市场上出版物内容深浅、出版物市场结构。其次,购买力因素。购买力是人们购买出版商品所具有的支付能力。出版市场中,人们对出版物的消费需求表现为对出版物的实际购买,为其购买行为支付货币。如购买书报刊需要交费、下载手机彩铃也需要交费。因此,在市场上的人口规模、人口的消费状况一定的情况下,出版企业需要考虑的就是人们对出版商品的购买力因素,这是决定出版物市场容量的直接因素。最后,购买欲望因素。购买欲望是人们对出版物的消费愿望、消费要求和消费动机。购买欲望是把消费者的潜在购买力激发,从而转变为现实的购买力的重要条件。如果出版物市场中仅有一定的人口和购买力，而人们对出版商品不感兴趣，缺乏购买欲望，那么出版商品交换活动仍然不会发生，出版市场也就不能现实地存在。因此消费者对出版商品的购买欲望也是出版市场形成的重要因素。

(二)构成出版物市场体系的各出版物市场是可以细分的

出版物市场体系是一个由多种类型的出版物市场共同构成的系统。出版物市场根据其交换内容的不同，构成市场需求的要素也会有所不同，由此决定了出版物市场的类型繁多且构成复杂。以市场交换内容角度为依据，出版物市场可大体分为两类，即：出版商品市场和出版要素市场。而每一大类又由许多出版物市场小类组成，如根据出版物类型，出版商品市场可分为图书市场、期刊市场、报纸市场、音像出版物市场、电子出版物市场等市场；其中报纸市场还可以细分为行业类报纸市场、机关报纸市场、教学辅导类报纸市场、文学休闲娱乐类报纸市场等。由此可见，出版物市场是可以细分的。

由于构成出版物市场体系的出版物市场可以细分，所以，由出版物市场构成的出版物市场体系，自然也可以细分。随着我国出版物市场的繁荣与发展，出版物市场的整体规模还会越来越大，作为出版物市场经营者的出版企业，进行市场细分，选择自己要进入的目标市场，有针对性地制定科学的发展战略，将有着非常重要的意义。

(三)构成出版物市场体系的各出版物市场是相互联系、互相影响的

出版物市场体系并非由一个个孤立的出版物市场拼凑而成，而是由各种出版物市场相互联系、互相影响而形成的一个有机的整体。如果说前面陈述的出版物市场体系可以细分，是基于对各类出版物市场个性的认知；那么这里说的出版物市场相互联系、互相影响，则是基于对各类出版物市场共性的认知，即各类出版物市场具有满足广大社会群众的文化消费需求的基本社会功能；各类出版物市场的消费者都是具有一定文化消费能力的文化人；各类形成出版产品的资源都是具有出版价值的。这些共性是各类出版物市场能够相互联系、互相影响的基础。

首先，构成出版物市场体系的各出版物市场是相互联系的。形成出版物市场体系的出版商品市场和各类出版要素市场是相互联系的。出版要素市场为出版商品市场提供要素支持而存在，如出版生产资料市场为出版商品的生产提供丰富的生产资料，出版技术市场为出版商品的生产提供技术支持，出版资本市场为出版商品市场的发展提供资金支持。而某些出版商品在经过销售后，其内涵的信息还能够转化为新的出版商品的生产要素。其次，构成出版物市场体系的各出版物市场是相互影响的。出版商品市场和各类出版要素市场是相互影响的。如出版生产资料市场中生产机器设备、物质原材料等生产资料的质量影响着出版商品的生产效率，从而对出版商品市场规模产生影响，而出版资本市场的资本投入大小对出版企业的市场行为有着很大影响，甚至决定了出版企业的生产规模，从而影响了出版商品市场的发展。出版要素的不断投入是为了在出版物市场运行过程中获利，当出版商品市场发展形势不利时，各类出版要

素市场对出版商品市场的支持和要素输入就会减少。如受网上书店顺畅的出版商品信息及快捷的物流影响,传统书店萎缩和网上书店兴盛,各种出版要素在传统书店中的投入就会相应减少,而在网上书店中的投入就增多。

第二节　出版物市场体系的分类

出版物市场体系由各类出版物市场组构而成,探讨出版物市场体系的构成,就是要对各类出版物市场进行科学分类。这是一项研究和完善出版物市场体系的基础性工作,也受到广大出版工作者及学界研究者的广泛关注。

一、对出版物市场体系构成的认知前提

从一定意义上来说,出版物市场体系的科学分类是研究和建设出版物市场体系的基础性工作。参考已有的研究成果,结合新闻出版总署(现国家新闻出版广电总局)出版管理司、出版产业发展司对出版物的分类,以及历年《中国出版年鉴》《中国新闻出版统计资料汇编》《新闻出版统计资料分析》的统计类型,对出版物市场体系的构成进行认真的思考。本书认为应明确以下几点,作为对出版物市场体系构成认知的前提。

(一)公益性出版事业不应归入出版物市场体系范畴

出版物市场作为出版产业发展的基础,是专门针对那些进入市场、以商品交换方式运作的出版活动和出版要素而言的。必须是具有经营性质的,以产业方式生产和经营的出版活动才具有出版物市场体系内涵。那些不以商品交换方式运作的出版活动与出版要素,不应包括在经营性的出版产业范畴内,也就不应纳入出版物市场体系之中。如人民出版社、中国盲文出版社、民族出版社和中国藏学出版社这四家中央级出版社被确定为公益性出版社,担负着政治性、公益性的特殊使命,属于公益性出版事业范畴,其出版行为及出版产品交换所形成的市场都不在本书研究的内容之列。

(二)应从市场经营的角度、按照市场交换对象的属性来划分出版物市场类型

对出版物市场的分类,可以从不同的角度及其相应的标准进行。在《中国出版年鉴》及新闻出版总署出版管理司、出版产业发展司及其发布的《中国新闻出版统计资料汇编》中对出版物市场的分类就是从利于管理及统计的角度对出版产业进行划分的,此种分类有利于统计管理,也有利于出版物经营者有效地识别市场的内容与性质。但其只是局限于对出版商品市场进行的分类。本书主张,对出版物市场体系分类的科学思路,应是从市场经营的角度、按照市场交换对象的属性来划分。市场交换对象决定市场活动的主要内容与性质,是人们掌握各类出版物市场本质特征的重要依据。因此,以市场交换对象属性为标准来划分出版物市场体系,能够更准确地把握各类出版物市场的运行规律,更科学地组织出版活动。

(三)应将交换对象相同的出版物市场整合成一种类型来进行研究

组成出版物市场基本活动的产、供、销都是围绕交换对象进行的,在不同环境下以不同方式参与市场运作的市场主体,都是围绕相同的交换对象而运作的。因此,具有相同交换对象的市场主体,应置于同一市场中进行研究,不必要也不应该将其割裂成几个不同的市场。如国家统计局颁布的《文化及相关产业分类(2012)》[①]统计分类标准中,将新闻出版服务划分为新闻服务、出版服务和发行服务三类。这种将具有相同交换对象的出版、印刷与发行分为三类出版物市场,不利于掌握出版物市场运行规律。为此,本书主张应将交换对象相同的市场整合成一种类型来进行研究。

(四)考虑出版物市场的基本功能方面,也应成为探讨出版物市场体系结构的重要思路

研究出版物市场体系构成的根本目的,是要弄清楚各类出版物市场在社会文化传播中的具体的基本功能,以判断其在我国出版产业发展中的地位,为制定扶持出版产业发展的各项政策提供理论依据。不同的出版物市场,其功能不同,运作的目的、行为方式、产生的社会作用等也大不相同,因而,政府对其管理方式与政策也会有所区别。为利于政府对出版物市场实施分类管理,除了要按交换对象属性标准来进行出版物市场基本类型的划分之外,还应考虑其基本功能。

(五)出版物市场体系的构成划分要区别于一般市场体系的构成,显示出出版物市场体系的特性

首先,与一般商品市场体系不同,出版商品市场上交易的对象只有出版物物质产品,不存在出版、印刷、发行服务产品的交易。因此,出版物市场体系由出版商品市场和出版要素市场两类市场构成。其次,要素市场通过作用于商品市场而发生作用,由于出版活动的特性,在出版要素市场中,各要素市场实现了融合。如由于出版物的内容属性,知识产权要素作为出版物生产资料的一部分被纳入出版生产资料市场;房地产要素为出版物生产提供厂房,为出版物经营提供店铺等必不可少的生产资料,同样被纳入出版生产资料市场;而随着信息在出版物内容生产及出版活动中的作用越来越重要,出版信息与出版技术市场实现融合,信息技术成为出版技术市场的主要部分。因此,出版要素市场主要包括出版生产资料市场、出版资本市场、出版技术市场、出版人才市场四种类型。

二、出版物市场体系的构成

基于以上认识,本书主张:探讨出版物市场体系构成,从出版物市场交换对象的属性角度进行分析。从市场交换对象的属性看,出版物市场体系由出版商品市场、出版

---

① 张晓明,王家新,章建刚.中国文化产业发展报告(2012—2013)[R].北京:社会科学文献出版社,2013(3):42.

要素市场共同构成,这可称为出版物市场体系的基本结构。下面,我们从市场交换对象属性角度看出版物市场体系的基本构成。

市场是商品交换的场所,因交换商品属性的不同而形成了各种类型的市场。根据交换商品属性的不同,可分为出版商品市场和出版要素市场两大类型。具体来看,出版商品市场和出版要素市场,又分别是由以下类别的市场构成的,表2-1。

表2-1 出版物市场体系结构表

出版物市场体系	
出版商品市场	出版要素市场
图书市场	出版生产资料市场
期刊市场	出版资本市场
报纸市场	出版技术市场
音像出版物市场	出版人才市场
电子出版物市场	

要区分这两类市场,可以依据其主要特性进行理解,表2-2。

表2-2 两类出版市场基本特征表

出版物市场类型 区分标准	出版商品市场	出版要素市场
交换对象	有形的出版产品	有形或无形的出版要素
消费者	个人或一般团体	出版企业
消费方式	分散购买,现货交易	单个企业进行购买,现货或期货交易
交易量	单次交易量小而零散,总量大	单次交易量较大
交易方式	交易次数多、频繁,影响因素多	交易次数少,方式固定,专业性强
商品阶段	最终消费	连接生产及生产性消费

由上表可以看出:我国的出版物市场体系,由两大基本类型的市场共同构成。

第一,出版商品市场。出版商品市场,是以出版物物质产品为交易对象的所有场所、过程、关系等的集合。按照出版物类型划分,出版商品市场具体包括:图书市场、期刊市场、报纸市场、音像出版物市场和电子出版物市场等。其特征是:市场交换对象是对有形的出版产品进行现货交易,同时发生买卖双方权利让渡和空间易位;由个人或一般团体分散购买消费;交易频繁、次数多、影响因素多;单次交易量小且零散,但总量大;就商品阶段性质而言,是最终的直接满足消费者需求的阶段。凡具有上述特征的出版物市场,都可称之为出版商品市场。

出版商品与一般物质商品不同。首先,一般物质商品是以载体、技术为中心的,而出版商品中的载体、技术等都是为出版商品中的精神文化内涵服务的。其次,出版商品具有文化性和经济性的两重属性,出版商品市场是特殊的市场,人们消费出版商品,享受其精神内涵后,可能会成为新的出版商品产生的源头。而一般物质商品一经消耗则减少,不具备这种功能。最后,一般商品开发程度较浅,而出版商品市场的范围很广,从出版商品的开发程度看,出版商品由核心出版商品、实际出版商品、衍生出版商品共同构成,如图2-1。其相应的市场可称之为出版商品市场的纵深发展结构。所谓核心出版商品,是指读者通过阅读出版物内容,真正得到的利益。它是出版商品最基础的一个层次,也是最关键的一个层次。对出版商品而言,核心商品就是内容,只有充分理解了读者需要获得的使用价值,才能构建成功的核心商品。而实际商品"有五大特征:质量水平、特色、设计、品牌名称以及包装"。① 对于出版商品而言,主要表现在出版物内容的编辑制作和出版物的装帧设计、印刷质量、纸张质量、报刊栏目的设计、音像出版物的光盘清晰度等方面。外延商品则是指围绕核心商品和实际商品,附加的服务和利益,例如买书附赠的光盘、免费配送、书友会活动等。根据出版商品的开发时间可以分为原始出版商品(创新的)和衍生出版商品。根据表现形式可以分为单一出版商品和多媒体出版商品。

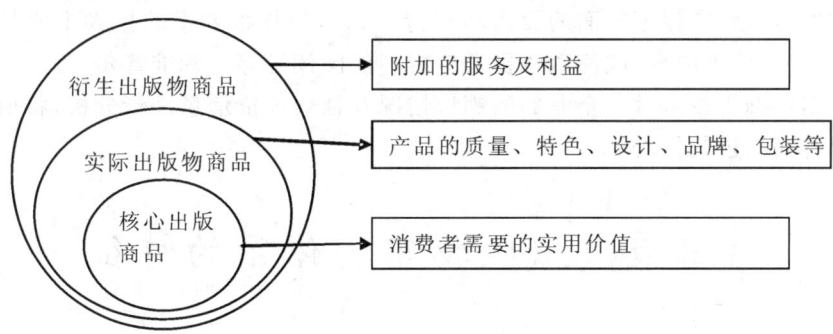

图 2-1　出版商品的构成

第二,出版要素市场。出版要素市场是指为出版商品的生产和经营活动提供所需的各种基本要素资源的市场。出版要素市场通过提供生产经营出版商品必不可少的有形或无形的生产要素,担负着为出版物市场体系配置资源、促进出版物市场体系顺利运行的重任。具体来说,出版要素市场包括:出版生产资料市场、出版资本市场、出版技术市场、出版人才市场。主要有以下特征:出版要素市场的交易对象包括有形或无形的出版要素,进行现货或期货交易;市场购买者主要是各类出版商品生产经营企业,交易次数少但单次交易的量比较大,交易方式相对固定,且专业性强;就商品阶段而言,出版要素市场是连接出版生产和生产性消费的市场,是在出版物市场体系内部运行的市场。

出版要素市场与一般要素市场不同,首先,出版要素市场是有形和无形市场相互

---

① 菲利普·科特勒,加里·阿姆斯特朗.市场营销教程[M].第六版.北京:华夏出版社,2004:314.

融合的市场。一般要素市场中,生产资料市场和知识产权市场是分离的,而由于出版活动及出版产品具有的精神和物质两方面属性,出版生产资料包括物质生产资料和精神生产资料,因此版权要素作为精神生产资料是属于出版生产资料;一般要素市场体系中,房地产市场作为独立要素市场发生作用,而在出版物市场体系中,房地产市场通过为出版商品生产提供厂房支持,为出版商品销售提供店铺支持而成为生产资料市场的一部分;一般要素市场中,信息市场和技术市场是分离的,而出版物市场中,技术是为出版物内含的信息开发、流通、储存而服务的,出版技术市场也就主要存在于信息技术要素市场方面。因此,出版要素市场中,有形市场主要是出版生产资料市场中的物质资料市场和出版人才市场,而无形市场包括出版资本市场、出版技术市场和出版生产资料市场中的版权市场等。其次,出版物市场体系的建设中最重要的就是出版要素市场,尤其是无形出版要素市场。出版资本、出版技术、出版生产资料市场中的版权等无形要素对出版商品市场发展的推动作用是十分明显的。最后,出版要素市场具有不同的价值体现。要素市场作用于一般商品市场主要体现于资金、技术等对商品物质、服务生产销售的投入和支持,而出版要素市场作用于出版商品生产主要是针对出版商品内容开发、展示、储存等方面的投入和支持。如出版技术要素的投入主要是服务于如何开发内容、体现内容,或使载体更适应内容的阅读等等。标准普尔、普华永道等企业通过数据挖掘等技术对各企业的的销售情况及社会评价信息进行分析,将所得的信息作为内容商品进行售卖。

第三节 出版物市场体系的特征

准确把握现代出版物市场体系的基本特征,有利于科学构建现代出版物市场体系,促进出版产业健康繁荣发展。市场体系的特征,是由构成市场体系的各类子市场的特征决定的。而市场的特征,又在很大程度上取决于市场交换对象的属性。出版物市场的交换对象是各种类型的出版商品,由出版商品具有的双重属性:商品性和文化性所决定。出版物市场体系既具有其他商品经济领域市场体系所共同具有的基本特征,又具有不同于其他商品经济领域市场经济体系的个性化特征。下面从这两个方面分别进行阐述。

一、出版物市场体系的一般特征

出版物市场体系的一般特征,即出版物市场体系与其他商品经济领域的市场体系所共同具有的基本特征。市场体系是由各种类型的市场相互联系、相互制约、相互影响而构成的一个庞大的有机系统。其中,每种类型的市场都有其独立存在的意义和特殊功能,各个市场之间又是紧密结合、不可分割的,任何一个市场的变动都会引起或牵动其他市场产生相应的变动。正是这种相互关联的各市场的有机结构构成了完整的市场体系。考察已有的对市场体系特点的探讨,市场体系应具有"统一性、开放性、竞争性、有序性"得到了一致认同。出版业作为国民经济领域的一部分,出版物市场体系也就是市场体系的子系统,毫无疑问地具有了市场体系的这些基本特性。

(一)统一性

在整个出版物市场体系中,不同类型的出版商品市场和出版要素之间是相互协调的关系,能够形成一个有机的、统一的整体,这是构建现代出版物市场体系的基础条件。出版物市场体系的统一性主要表现在以下几个方面:首先,出版物市场上,市场规则一致、市场要素能够自由流动。其次,出版物的价格方面,同一类型出版物的价格比较均衡,而不同出版物价格又是具有一定关联的。市场经济条件下,商品具有可计量的交换价格,这是维系整个市场统一性的基础条件。出版物市场上交换的商品具有精神性,从本质上来说,其价值是无法通过价格衡量的,但是出版物要进入市场,就必须具有价格,必须能够被衡量。目前出版物价格制定的主要依据是出版商品物质的质量,如纸质出版物的纸张质量、印刷质量,音像出版物中光盘的清晰度等。这些因素都是比较容易确定的,其他难以确定的因素也都尽量使其可计量化。如对作家的名气衡量,可依据一段时期内,某作家的知名度,即市场对该作家的接受程度进行判断。该作家的作品定价、作者的稿酬也依照其在所属领域内的影响力浮动支付。例如莫言在获得诺贝尔文学奖后,其作品在市面上销售一空,电子出版物弥补了市场空当,价格也上升了,莫言作品的稿酬也是直线上升。总之,对出版物生产活动中的一切因素都尽可能使其可计量,有利于出版物市场体系内部各要素价值计量实现一体化,也使出版物市场体系与其他国民经济市场体系同步,具有统一性的特征。

(二)开放性

媒体未来学家 Gerd Leonhard 曾提出:"信息是流动的,如果你试图对流动的信息设置障碍或阻力的话,那你就违反了它的运行规律,障碍或阻力就是 Friction(摩擦)。"[1]符合现代市场经济发展需要的市场体系应该是一个开放的,生产经营社会化、国际化的体系,而非一个个市场孤岛。出版物市场体系要打破文化的"阳春白雪"桎梏进入市场中,更应该注意这一点。开放的出版物市场体系具体体现在以下两个方面:首先,出版物市场体系中各市场都是对内对外双向开放,彼此相互关联、互相渗透;其次,出版物市场体系中的内容资源要素是与时俱进、兼收并蓄的,从而也是不断创新和发展的。出版商品自身的特性也要求必须具有开放的市场环境,在一个孤立的封闭的市场环境中要出版精品,是难以想象的。我国发展出版业的方针定位为"百花齐放""百家争鸣"就是对出版物市场开放性的最佳诠释。在如今网络当道,数字化的时代,多媒体展现、跨媒体出版,人们的交流十分便捷,且交互性极强,成就了"地球村""世界人",整个社会也成为一个开放式的整体。出版物内涵的知识内容作为维系人类和谐的重要力量,出版物市场开放性也更为凸显。为此,出版从业者应立足本地,放眼全球来谋划出版业的发展蓝图;不断进行出版创新,开发创新性的出版物商品丰富出版物

---

[1] GERD LEONHARD. Friction is Fivtion:The Future of Content,Media&Business[C]//郝振省.2012—2013中国数字出版产业年度报告.北京:中国书籍出版社,2013:390.

市场内容;构建开放性的、多元化的出版物市场发展模式;在适应时代发展的背景下,推动出版物市场升级,增强发展活力。

(三)竞争性

出版物市场体系的竞争性主要指出版物市场中参与竞争的主体数量多且较为活跃、竞争形式丰富多元。具体来说就是,出版物市场中参与竞争的市场生产经营主体多,对于市场竞争活动比较积极;参与竞争的出版商品、出版要素丰富多样;参与竞争的中介机构、中介组织比较积极等等。出版商品是既具有商品性又具有精神性的产品。就其本质来说,出版商品在创作阶段不应受到经济因素的影响,也只有不以盈利为目的的出版创作才有可能成为真正的杰作。但是一旦出版产品进入市场,它就必须遵循市场规律进行经营。作为商品,生产经营者必然会围绕出版物获取更多的利益而展开博弈,由此,出版物市场也就具有了与其他国民经济市场体系相同的共性,即竞争性。20世纪80年代以前,出版企业在计划经济条件下作为事业单位一直处于体制保护范围内,竞争性被压抑,这在如今出版物市场发展过程中还有种种"残留"。为增强竞争性,应该打破部门、行业、地域封锁,减少出版物市场准入限制,鼓励各类市场主体参与出版物市场的创新性开发,进行创造性生产经营活动,支持出版企业多元化发展及兼并重组等。

(四)有序性

出版物市场的有序性主要指出版物市场中的生产经营活动规范,交易活动和竞争行为是良性的,非恶意的。具体来说,出版物市场中,生产经营企业面临的机会和享有的权利是对等的,出版商品的价格是公开透明的,出版企业的出版发行行为是比较规范的。出版物市场体系的有序性需要一系列的保障条件,如统一的出版物市场规则、有效的市场交易秩序、灵活多元的出版流通体系、健全的产权和版权保护体系、完善的出版市场信用制度等等。作为市场主体,出版物生产经营企业的目的就是赢利。然而出版物的本质是精神产品,不是完全以赢利为目的的。出版物的营利性和精神性集于一身,使出版物市场体系也具有这样的特点。因此,如果单纯用市场规律、经济原则来套出版物市场体系的运作,强调商业化、强调经营、强调市场的作用,将极大地损害出版物市场体系的精神性,这将不利于出版物市场体系的有序和长远发展。这一点在日本的出版业发展中体现得尤为明显。日本出版业自20世纪末以来的"出版大崩溃"就是因为没有处理好出版物市场的精神性和商业化关系,一味地使出版物各流程商业化而形成积弊。目前最常见的现象就是:作者为经济利益而创作;经营者对出版物内容过分地渲染和进行歪曲作品意义的虚假宣传;出版物生产经营者集中追逐教材教辅利益、跟风出版畅销书、对作品把关不严致使色情、暴力等内容在作品中频频出现;出版商对作者利益盘剥;等等。这导致了严肃出版活动处境窘迫,教材教辅出版中各种乱象、优质内容还未得到很好的开发就已消失,出版物生命周期急速缩短等不良结果。被出版物市场商业性胁迫的作者只好在形式上进行翻新,应付市场需要,大量内容资源浅层次开发、重复出版,与出版物要求具有一定的稳定性的本质特征背道而驰,越走越远。因此,出版物市场具有追求有序的迫切性和内在动力。只有建立有序的出版物市场体系,才能维护出版物内容的稳定和深入开发,使得出版产品多元且丰富;维护出版物市场主体之间的契约关系,保障出版物市场公平、有效竞争,从而保持出版物市场交易活动的生机和活力,最终实现出版资源的有效配置。为此,应进一步健全和完善相关法律法规,规范出版物市场各行业组织,健全出版物市场规则,加强对知识产权的保护,逐步构建出版物市场管理的信息化网络,加强市场监管并强化现代科学技术在出版物市场监管中的作用。

二、出版物市场体系的独有特征

出版物市场体系的独有特征是指出版物市场体系不同于其他商品市场体系的特征。建立"统一、开放、竞争、有序"的出版物市场体系是完全符合市场体系特征要求的,但是对于出版物市场体系这个特殊的对象来说,这些特点并未反映出其本质。作为一个独特的市场,出版物市场体系自身的特点源于其特殊的实践活动——出版商品交易。因此,考察出版物市场体系自身的特点,需要紧紧围绕出版商品交易来分析。出版物市场在整个市场中是具有独立性的系统,是商品经济中的一个特殊领域。只有准确把握出版物市场的特点才能科学地构建现代出版物市场体系,也才能使出版物市场体系区别于一般市场体系。出版物市场体系至少具有以下特征。

(一)出版物生产的意识形态性

出版物从本质上来说,是属于知识产品,生产出版物的本质也就是一种知识生产。知识是出版物生产的内容,也是出版物生产的最初和最终目的,是一种崇高的劳动。首先,与一般商品生产不同,出版物生产是对知识的生产活动,其本质是非营利性的。人类有着对科学和未知探索的天性,同时也不乏受到造福人类的责任感及献身精神的驱使从而进行知识的生产创造。美国一位科学家在他102岁寿辰的时候对1986年诺贝尔化学奖获得者李远哲说:"我不相信科学家在实验室里废寝忘食、埋头苦干是为了得什么奖。科学是十分崇高的事业,是为人类造福的事业。"[①]其次,作为知识产品的生产,出版物生产尤其是在其创作阶段,是一个对知识、真理及对未知领域的探索、不断接近的艰难过程。新知识的生产需要对无数已有知识领域、研究方法、研究工具重新排列组合,同时要对未知知识领域进行深入的探究。这个过程中,作者的投入和产出都是未知的,具有极大的风险。如果仅仅以赢利作为目的,出版物生产就可算是高风险行业了。再加上知识生产本身具有的特性,如知识产品的无形性、知识价值的低可比性、生产的非重复和继承性等特点来说,出版物的生产具有意识形态的属性,不能完全按照生产一般商品的投入产出方式来组织出版物生产活动。如弥尔顿创作《失乐园》获得了5磅的收入,脍炙人口的歌曲《十五的月亮》的词曲创作者获得"十六元"的报酬。如果仅仅是为了赢利,是不可能写出这样好的作品来的。马克思曾评价弥尔

---

① 不要以惊奇的目光注视我……[N].上海科技报,1987-6-6.

顿是出于同春蚕吐丝一样的必要而创作《失乐园》,是其"天性"的能动表现。①

出版物的生产虽有意识形态性,但是如同弥尔顿等伟大的作家会出售其作品一样,出版物的确有进入市场的必要。一方面,作家及出版物生产者需要生存,作品进入市场销售能够为其提供生存保障。另一方面,作家及出版物生产者必须在商业化环境中生活。在市场化的背景下,任何人都不能脱离商业环境独立存在,因此,出版物进入市场赢利也是出版活动适应市场化大环境的必然进程。如今,我国出版业经过30多年的市场化发展,商业化已经腐蚀了很多作家的创作,这也是他们未能创造出一些伟大作品,整个社会难以出现一批有影响力的著名作者、出版家的缘故。这种现象恰恰反映了出版物生产意识形态的初衷。

(二)出版物产品使用价值的精神性

一般来说,商品的使用价值是其所具有的能够满足消费者某种需求的属性。出版商品的使用价值在于其内含的文化价值能够满足人们的精神需求。包括获取信息、认知客观世界、净化心灵和受到教义、获得审美和休闲愉悦感受、保存和传承文化等精神需求。

一般商品市场体系是不具有精神性的,因而出版物市场体系的精神性也是其区别于其他市场体系的最重要特点。出版物市场体系是随着出版物交易活动不断运行的,这种交易活动是以出版物为载体的,出版物市场体系的精神性表现在出版物的生产、销售、消费各个环节中。首先,在出版物的生产阶段,出版物本身是带有一定精神文化的产品,其载体形式是为表达出版物的精神文化内涵服务的,这也是出版物区别于其他物质产品的最重要特点。其次,在出版物的销售阶段,出版物的销售过程是精神产品的传播过程,销售的范围越广,精神文化的传播范围也就越广,其产生的影响也就越大。最后,在出版物的消费阶段,与一般商品的物质消费需求不同,出版物的消费主要是对商品精神文化内涵的消费。精神消费需求是人们消费出版物的第一需求。

人们之所以购买和消费出版商品,就是因为出版物所具有的文化价值能够满足自己的精神需求。出版商品的精神性在发挥作用的领域、范围和方式等方面都不同于一般物质商品。首先,从作用领域来说,一般商品自始至终都是在物质领域中发生作用的,并且其使用过程是对商品物质的直接消耗。如食物一经食用则完全消耗。衣服、桌椅等物品经过一段时间的使用,将会报废掉。而出版商品的消费是在精神领域发生作用的,随着出版商品中内含知识的传播,人们的知识储备、文化素养、思想观念和道德水平都得到了提升,从而作用于人们的行事能力,进而影响人们提高自身物质生活需要。人们购买和消费出版物并非为其物质形式,而是为了出版商品中记录内容中的知识,为吸取其中反映的知识价值、文化价值而产生消费行为。在消费的过程中,出版商品的物质形式也不会被大程度地消耗掉,只存在正常的磨损。宋代著名藏书家尤袤曾谈到书的作用:"饥读之以当肉,寒读之以当裘,孤寂而读之以当友朋,幽忧而读之以当金石琴瑟也。"这是对出版物的精神作用最贴切的说明。其次,从作用范围来看,一般商

---

① 马克思,恩格斯.马克思恩格斯选集:第26卷[M].北京:人民出版社,1974:432.

品具有一定的使用寿命,具有一定的使用空间,作用的对象范围非常小,基本上只限于购买该商品的消费者。如一件衣服在一定时间只能被一个人穿,并且使用寿命有限。而对出版商品来说,其内含的知识文化可以世代相传,其产生的作用可以超越时空,不受时间和地域的限制,作用范围非常广。据1988年6月26日《中国青年报》载,河南省地质科研部门根据《本草纲目》提供的线索,在嵩山找到了具有很高开采价值的麦饭石矿藏,300多年前的文化作品仍能对今天的社会生活产生影响。[①] 在如今数字信息时代,出版商品尤其是数字出版商品的作用能够不限时间、不限地域地在全世界范围内及时传播,作用的范围更为广泛。最后,从作用方式看,一般商品产生的作用是"立竿见影"的,是直接而显性地发生作用。如买一个沙发,坐下就可以舒适地休息。而对出版物商品来说,其作用方式则是隐蔽而潜移默化的。梁启超曾概括文艺作品的作用包括"熏"和"浸","熏也者,如入云烟而为其所烘,如近朱墨而为其所染","浸也者,入而与之俱化者也"。这种"熏"与"浸",就非常形象地概括出了文艺作品影响社会、影响读者的基本特点——潜移默化。[②] 实际上,不只是文艺作品,所有的出版物都有着对消费者及其行为的"熏""浸"的作用。

(三)出版物市场交换价格的背离性

出版物市场交换价格的背离性是指在出版物市场体系中,出版商品作为交换对象,交换价格并未反映出其真实价值。根据价值规律,商品的价值是由生产这种商品的社会必要劳动时间决定的,商品价格围绕商品价值上下波动。这对于一般物质商品来说,是很普遍的。依据物质商品制作花费的原材料、工艺、人工等成本要素及市场需求能够较为容易地确定物质商品的社会价值,在市场交易过程中,价格也能够大体上反映物质商品的真实价值。而出版商品既包括知识创作也包括物质创造,是精神产品和物质产品的结合。在市场交换中,出版物的定价只是计算了其作为物质产品部分的价格,对出版物的精神创作产生的价值很少或并未计量,这与出版物作为精神产品的本质是不相符的。市面上销售的图书中,在印刷、纸张、装帧等方面大体相同的图书,其定价一般也大体相同,基本上忽视了图书内容质量的差别。

在出版物市场体系中,出版物的价格和价值是相背离的。首先,出版物的价值主要是由精神劳动和抽象劳动决定,与人类的劳动量没有必然关系,而精神劳动和抽象劳动是无法用价格衡量的。其次,出版物的社会价值也与人类的劳动量没有必然联系,需要在社会上传播,或经过时间的检验才能知道,具有极大的不确定性。如曹雪芹写《红楼梦》用了40年,汉代司马迁写《史记》用了13年。这些著作的价值根本无法用货币衡量。因此,出版物的价格无法反映其价值,其价值也难以确定。再次,出版物的消费过程中,精神文化需求是消费的第一需求,其终极效果可以改变人们的精神世界。然而出版物的效果具有潜移默化的特点,再加上人们的精神需求多元化,且存在有很多细微的区别,那些能够满足消费者需求,对消费者来说"划算"的出版物并不一定是

---

① 罗紫初.出版学基础[M].太原:山西人民出版社,2007:32.
② 罗紫初.出版学基础[M].太原:山西人民出版社,2007:59.

价格高的出版物。因此,出版物的定价也难以反映其价值。出版物的这一特点决定了出版物生产经营者不能像经营一般物质商品那样以商品价格和利润作为经营出版物的取舍标尺,必须以文化人的担当,在考虑出版产品的文化知识价值和内容质量的基础上确定出版物交换价格。

(四)出版物市场消费的非消耗性

出版物市场消费的非消耗性是指在消费出版商品的过程中,对出版商品本身没有损耗。在一般的物质商品的市场消费过程中,消费的过程是直接消耗掉商品的使用价值。如食物供人们充饥,但是在购买和食用过程中,食物的使用价值就会消失。在服务消费过程中,享受了服务后,服务的使用价值也将被消耗。而在出版商品消费过程中,出版商品的使用价值是满足人们的精神追求的,而消费者获得精神需求并不会消耗出版商品的使用价值,出版物仍然存在,其使用价值一直是完整的。

出版物市场的消费过程,实际上由取得出版产品与享用出版产品使用价值两个环节构成。取得出版产品的过程,是一个对出版物中的文化进行选择与接受的过程。消费者选择出版物一般是以符合自身的文化价值追求,与自身的知识水平、领悟能力一致为标准的。这个过程中,消费者与出版商品产生了互动,对那些与标准差距大的出版产品,一般都是采取回避的态度。只有与消费者需求标准一致或相近的出版商品才能够被消费者接受,从而成为出版物市场的消费对象。享用出版商品使用价值的过程,是消费者对出版商品内含的文化知识进行体认、领悟与吸收的过程。由于是对出版商品内含的精神性进行享用,因此,这个消费过程中不会产生损耗。一般物质商品会因其磨损或更新换代而降低或失去价值,以致被丢弃。但出版商品的物质磨损不会影响其文化价值,出版物在传阅过程中,其精神价值不会消耗,并且会在读者的相互交流中获得并产生新的思想。

第四节 出版物市场体系建设的意义

构建出版物市场体系的主要作用是能够推动出版产业较快的繁荣发展。具体来说,建设出版物市场体系通过合理配置出版资源、科学调节出版物生产流通、增强出版产业竞争力实现出版产业的繁荣发展。

一、合理配置出版资源

出版资源是出版产业发展所需的各种要素资源。出版资源的合理配置是出版产业健康发展的前提,是出版产业繁荣的重要保障。出版物市场体系中同时有着政府和市场两种机制发挥作用,两种机制科学发挥作用有利于出版资源的合理配置。首先,在出版物市场体系中,市场机制对出版资源的配置起着基础作用。在价格机制、供求机制、竞争机制等市场机制的影响下,出版资源将以最快的速度配置到出版产业中最需要的,能够产生最大效益的出版企业及最需要的部门。因此,建设现代出版物市场体系是市场机制在出版资源配置中发挥基础性作用的根本保障。其次,为了避免市场机制的弊端,保证出版物市场体系的健康运转,政府机制将对出版资源配置起到宏观指导作用。通过行政部门发布的产业政策直接调控出版资源的配置方向、配置资源数量和资源的流动速度,这是合理配置出版资源的另一种重要方式。

二、科学调节出版生产流通

社会生产活动要实现科学发展就需要有一定的调节机制的支撑。在如今的市场经济条件下,正是由于市场机制的作用,社会生产活动实现了自我调节。在出版产业的发展中同样如此,出版物的生产流通顺畅进行是出版产业发展中的重大现实问题,同样需要市场机制发生作用。而市场机制是市场体系的核心,建立出版物市场体系的过程就是不断促进市场机制发生作用的过程,是不断调节出版物的生产流通的过程。出版物市场体系对出版物的生产流通协调作用主要包括两个方面:一是调节出版物的市场供求矛盾。供求矛盾是出版物市场的基本矛盾,在市场出现供过于求或供不应求的情况下,市场自发地进行价格的上涨或下降调节供需矛盾,使供求保持一定范围内的平衡。已有的出版物高库存等问题就是出版物市场供求矛盾激化的结果,市场机制具有自我调节的功能,目前出版企业注重纸质出版物的物流效率,注重对电子书的开发、3D打印、按需出版等出版方式就是对出版物高库存这种供需不合理结果的一种回应,既能满足市场需求,又能降低生产经营风险。二是调节出版物的生产结构。出版企业进行出版物生产需要一定的出版资源,而市场机制在出版资源配置中的基础作用,直接影响着出版企业的出版物生产结构。市场机制是通过市场上的出版物供需情况配置资源的,因此,市场机制调节出版物生产结构又将影响到出版物的供给和出版物的消费。在市场机制的作用下,出版资源配置、出版物生产、出版物市场的供需形成了一个自组织的结构,自行调节出版物的生产流通。

三、提高出版产业竞争力

从市场空间角度看,出版物市场体系包括国内出版物市场和国外出版物市场两个部分。在经济文化全球化的背景下,出版业的发展不会局限于国内市场,而是会随着经济大潮流融入国际出版大市场中,当前的国际出版大市场是不同文化的交流交锋越来越多的市场。相比出版业发达国家,我国出版产业发展的差距非常明显,我国出版产业的发展规模还不能跟国外一个大型出版集团的规模相比,同时也缺乏在国际出版市场上有较大影响力的出版企业和出版品牌。

建立出版物市场体系发挥市场机制的作用有利于提高我国出版产业的竞争力。一方面,出版物市场体系中,市场机制对出版物供需的调节引导着出版企业生产出质量更好的、更能够满足需求的出版物产品。而市场机制对出版资源配置的基础作用,将促使出版资源配置到最有效益的出版企业及出版部门,生产出市场最需要的出版产品。而合理的配置资源又有利于出版市场产品的优化升级,形成一批具有竞争力的产品及有竞争力的出版企业。另一方面,出版物市场体系的运作,要充分发挥要素市场对出版商品市场的支持作用。出版企业进行出版要素的投资、购买行为存在竞争,这就要求出版企业不断调整自身的经营模式,在出版要素资源的使用过程中采取一定程度的联合开发、利用等协作行为。出版企业在这种既竞争,又联合的环境下将不断努力提高自身竞争力,以获取主导权,从而使得出版产业竞争力不断提升。

第三章

我国出版物市场体系建设现状分析

第一节 我国出版物市场体系建设的基本情况

对我国出版物市场体系建设的基本情况介绍,从出版商品市场和出版要素市场两个方面分别论述。

一、出版商品市场基本情况

对出版商品市场的基本情况,以 SCP 范式为指导,首先从总体上了解发展规模,形成整体印象。然后对出版商品市场的发展结构、出版商品市场的运行效率进行分析。

(一)出版商品市场的发展规模

第一,出版商品市场企业情况。以出版企业的性质为标准,据 2012 年新闻出版产业分析报告显示,我国共有新闻出版单位 34.7 万家,较 2011 年增长 0.3%。从出版单位性质来看,包括 16.1 万家企业法人单位,0.9 万家非法人单位,17.7 万家个体经营户,分别占单位总数的 46.32%、2.64%和 51.04%。具体如表 3-1:

表 3-1　2012 年新闻出版单位数量与构成[①]

类型	数量(家)	较 2011 年增减(%)	比重(%)
法人单位	160940	2.14	46.32
其中:企业法人单位	157619	2.97	——
非法人单位	9160	−3.18	2.64
个体经营户	177310	−1.09	51.04
合计	347410	0.32	100

说明:未包括数字出版单位、版权贸易与代理单位和行业服务于从事其他新闻出版业务的单位。

---

① 2012 新闻出版产业分析报告[EB/OL].http://www.360doc.com/content/13/1004/00/7499155_318865120.shtml.

以出版企业经营的主业为标准,出版单位方面,截至 2012 年年底,全国共有出版社 580 家(包括副牌社 33 家),其中中央级 220 家(包括副牌社 13 家),地方级 360 家(包括副牌社 20 家);全国共有音像制品出版单位 369 家;电子出版物出版单位 268 家;出版物印刷企业(含专项印刷)8714 家。发行单位方面,全国共有出版物发行网点 172633 处,全国性出版物连锁经营企业通过年度核验的有 135 家。出版集团和出版基地方面,据统计,各类新闻出版集团共有 118 家,包括 32 家图书出版集团、47 家报刊出版集团、27 家发行集团和 12 家印刷集团。其中已经成功上市的有 32 家。截至 2013 年,已批准建立新闻出版产业基地(园区)15 家,其中数字出版基地 12 家。① 民营出版企业方面,近年来,由于民营出版企业政策的不断出台,民营出版企业迎来了发展的黄金时期。2010 年,民营企业在全国 13.1 万家新闻出版企业中所占比重由 2009 年的 72.0% 提高到 76.1%。②

第二,出版商品市场从业人员情况。2012 年,全国新闻出版业直接就业人数为 477.4 万人(不包括数字出版、版权贸易与服务、行业服务于其他新闻出版业务单位就业人员),较 2011 年增长 2.2%。③

第三,出版商品市场的出版、库存及发行情况。如表 3-2:

表 3-2　我国出版业 2012 年基本数据

种类	项目(单位)	数量
图书	品种(种)	414005
	总印数(亿种)	79.25
	总印张(亿印张)	666.99
	总定价金额(亿元)	1183.37
	出版社数量(家)	580
期刊	品种(种)	9867
	平均期印数(万册)	16767
	总印数(亿册)	33.48
	总印张(亿印张)	196.01
	定价总金额(亿元)	252.68

---

①　2012 新闻出版产业分析报告[EB/OL]. http://www.360doc.com/content/13/1004/00/7499155_318865120.shtml.

②　2010 年新闻出版产业分析报告[EB/OL]. http://www.gapp.gov.cn/cbfzs/oldcbcyfzs/contents/3758/143470.html.

③　2012 新闻出版产业分析报告[EB/OL]. http://www.360doc.com/content/13/1004/00/7499155_318865120.shtml.

续表

种类	项目(单位)	数量
报纸	品种(种)	1918
	平均期印数(万份)	22762.00
	总印数(亿份)	482.26
	总印张(亿印张)	2211.00
	定价总金额(亿元)	434.39
音像电子出版物	品种(种)	21413
	出版数量(亿张/盒)	4.9
	出版社数量(家)	637
图书	发行网点(处)	172633
	总销售量(亿册、张、份、盒)	190.08
	总销售额(亿元)	2159.88
	年末库存量(亿册、张、份、盒)	56.00
	年末库存码洋(亿元)	841.88
出版物进出口	出口总量(万册/盒/张)	2087.92
	出口总额(万美元)	9474.08
	进口总量(万册/盒/张)	3156.63
	进口总额(万美元)	46807.6

首先,不同类型出版商品市场的出版情况。出版商品市场主要包括图书市场、期刊市场、报纸市场、音像出版物市场、电子出版物市场等。2012年,这些出版商品市场的发展情况如下[①]:一是图书出版市场,共出版图书414005种(其中,初版241986种,重版、重印172019种),总印数79.25亿册(张),总印张666.99亿印张,定价总金额1183.37亿元。二是期刊出版市场,共出版期刊9867种,总印数33.48亿册,总印张196.01亿印张,定价总金额252.68亿元。三是报纸出版市场,共出版报纸1918种,总印数482.26亿份,总印张2211.00亿印张,定价总金额434.39亿元。四是录音录像制品出版市场,共出版录音制品9591种,出版数量2.28亿盒(张),发行数量2.32亿盒(张),发行总金额11.03亿元;共出版录像制品8894种,出版数量1.66亿盒(张)。五是电子出版物市场,共出版电子出版物11822种,26344.86万张。

其次,出版商品库存及发行情况。目前对出版商品库存及发行的数据只有新华书店系统及出版社的相关情况统计。2012年,全国新华书店系统、出版社自办发行单位

---

① 2012新闻出版产业分析报告[EB/OL]. http://www.360doc.com/content/13/1004/00/7499155_318865120.shtml.

年末库存56.00亿册(张、份、盒)、841.88亿元,全国新华书店系统、出版社自办发行单位出版物总销售190.08亿册(张、份、盒)、2159.88亿元。其中,录音制品发行数量2.32亿盒(张),发行总金额11.03亿元;录像制品发行数量1.17亿盒(张),发行总金额7.54亿元。电子出版物实现营业收入9.2亿元。在出版物进出口方面,进口总量为3156.63万册/盒/张,46807.6万美元。出口总量为2087.92万册/盒/张,共计9474.08万美元。[①]

(二)出版商品市场的发展结构

在产业经济学中,SCP分析范式(Structure-Conduct-Performance,即结构—行为—绩效,简称SCP范式)是用于分析现代产业组织的经典范式。在SCP范式中,产业结构决定了产业内的竞争状态,即决定了企业的市场行为,进而影响到产业绩效。以罗斯托为代表的观点认为,现代经济增长的本质特征之一就是对产业结构进行调整。然而,产业结构与市场结构[②]是紧密关联的。产业结构变化是市场结构变化的基础,市场结构是产业发展到一定程度的结果,随着产业的变化而变化。因此,对出版商品市场结构的把握有助于更好地了解出版商品市场的发展现状。

出版物市场结构是指出版物市场中各要素之间的内在联系及其特征,包括各种出版企业之间在出版数量、规模、市场份额上的关系,以及出版企业与潜在的正在进入出版物市场的企业之间的关系。出版企业之间的关系构成了其在出版商品市场交易中的地位,而出版物市场结构则反映了出版物市场竞争形势,体现了整个出版产业的竞争、垄断程度。本书主要通过市场集中度和各类出版物在出版商品市场中的比重来分析出版商品市场结构。

1. 出版商品市场集中度情况

市场集中度(Market Concentration Rate)是表示在某个具体产业或市场中,买者或卖者所具有的相对规模结构的指标,是市场结构的主要决定因素之一。[③] 集中度是考察市场结构的常用标准,计算市场集中度一般取市场中规模排名靠前的几个企业在整个市场中所占的份额,直接反映市场内的竞争垄断情况。目前,我国出版业、出版物市场的统计数据透明度低,统计情况显示出存在统计口径不一、数据采集不完整、不系统、不充分等问题。为了便于分析,本章只对出版物市场中最具有代表性的图书出版市场的集中度指数(CR_n)分析,作为评价我国出版物市场垄断竞争程度的标准,这样能够较为容易地理解我国出版物市场结构。

产业集中度CR_n指数是指某产业中前几家最大企业的有关数值的行业比重。

---

① 2012新闻出版产业分析报告[EB/OL]. http://www.360doc.com/content/13/1004/00/7499155_318865120.shtml.

② 市场结构指的是某一市场中各种要素之间的内在联系及其特征,包括市场供给者之间、需求者之间、供给和需求者之间以及市场上现有的供给者、需求者与正在进入该市场的供给者、需求者之间的关系。本部分内容市场集中度和产业集中度可作同一理解。

③ 芮明杰. 产业经济学(第二版)[M]. 上海:上海财经大学出版社,2012:285.

$$CR_n = \sum_{i=1}^{n} X_i / \sum_{i=1}^{m} X_i$$

其中，x_i 是指在产业内处于第 i 位企业的相关数据；n 是指要计算的企业数目（通常取 4 或 8）；m 是指产业内全部企业的数量。

一般情况下，CR_n 数值与产业垄断程度呈正相关关系，CR_n 数值越高，产业的垄断程度越高。CR_n 数值是对企业数量、企业的规模分布这两个决定市场结构的重要因素的综合反映，具有较强的说服力。

美国经济学权威乔·贝恩指出，集中度是衡量市场结构的主要指标，可以反映产业的垄断竞争格局。他根据制造业部门的经验，按集中比率，将美国制造业部分为极高集中型产业（very highly concentrated）、高集中型产业（high—moderate concentration）、中高集中型产业（low—moderate concentration）、低集中型产业（low concentration）等类型。如表 3-3。

表 3-3 贝恩的市场竞争结构分类体系

市场结构	集中度	
	CR_4 值（%）	CR_8 值（%）
极高集中型	75≤CR_4	——
高集中型	65≤CR_4<75	85≤CR_8
中高集中型	50≤CR_4<65	75≤CR_8<85
中低集中型	35≤CR_4<50	45≤CR_8<75
低集中（Ⅰ）型	30≤CR_4<35	40≤CR_8<45
低集中（Ⅱ）型	CR_4<30	CR_8<40

来源：Bain, J. S. 1968, Industrial Organization, John Wiley & Sons, Inc, P. 137-144. 转引自史东辉，王利明，董宝生著. 中国图书出版业的产业组织分析. 广西人民出版社，2008：4.

这里，主要测定我国出版业产业集中度 CR_4 和 CR_{10} 指数值，即测定我国出版业前 4 和前 10 家最大的出版企业在相应项目中所占的市场份额。根据数据的可获得性，本书采用图书出版种数、总印数、总印张和定价总金额的数据进行测算，结果如表 3-4。

表 3-4 2000—2012 年中国出版业产业集中度 CR_4 和 CR_{10} 指标

单位：%

年份	指标	出版品种	总印数	总印张	定价总额
2000	CR_4	6.318	7.236	6.636	5.611
	CR_{10}	11.902	14.852	13.104	11.145
2001	CR_4	6.723	6.933	7.083	5.959
	CR_{10}	12.659	14.979	13.983	11.782

续表

年份	指标	出版品种	总印数	总印张	定价总额
2002	CR_4	6.775	6.588	7.526	6.875
	CR_{10}	12.825	14.337	11.924	10.918
2003	CR_4	7.577	6.542	8.233	8.011
	CR_{10}	13.694	14.877	15.418	14.033
2004	CR_4	9.145	7.187	9.154	8.854
	CR_{10}	15.797	15.005	16.339	15.565
2005	CR_4	8.810	8.559	10.023	9.079
	CR_{10}	16.063	17.479	17.210	16.423
2006	CR_4	8.488	8.291	9.277	8.508
	CR_{10}	15.336	18.021	17.507	16.197
2007	CR_4	9.052	9.962	10.709	9.079
	CR_{10}	16.337	19.786	18.738	16.890
2008	CR_4	9.144	9.672	11.143	9.351
	CR_{10}	16.267	18.975	19.001	17.210
2009	CR_4	7.941	9.135	10.059	8.476
	CR_{10}	14.792	18.598	17.878	16.192
2010	CR_4	9.159	9.861	11.033	9.530
	CR_{10}	15.893	19.493	19.419	16.928
2011	CR_4	8.688	9.246	9.899	8.553
	CR_{10}	15.174	18.736	17.924	15.767
2012	CR_4	7.463	9.260	9.962	8.627
	CR_{10}	13.920	17.965	16.342	15.318

数据来源：根据《中国出版年鉴》（2001—2009）及《中国新闻出版统计资料汇编》（2010—2013）相关数据整理计算而成。

我国出版商品市场的集中度尚处在很低的水平，即便在出版商品市场中前10位的企业，其市场势力也是比较弱小的。如表3-4中，我国出版商品市场的总品种、总印数、总印张、总金额四项指标的 CR_4 和 CR_{10} 均低于20%，根据贝恩对市场结构的分类标准，我国出版商品市场属于低集中（Ⅱ）型，即完全竞争性市场结构。但这样的结果并不意味着我国出版商品市场处于自由竞争的市场阶段，反而反映出我国出版商品市场在行政力量干预下"均衡而平稳"的状态。最直接的体现就是我国出版商品市场存在严格的行政规制和分散发展的现实状况。从市场角度来看，也反映了我国出版商品市场缺乏规模经济，竞争不足。

同时，从集中度的整体动态变化来看，如图 3-1、图 3-2。上述四项指标的 CR_4 和 CR_{10} 值都呈上升趋势，经过 2008 年以前的高速增长，2008—2012 年间存在一段时间的波动期。表明中国出版商品市场结构正在经历一个由计划经济向市场经济转轨时期，产业竞争不断增加，从而促使产业集中度缓慢上升的过程。虽然目前这一趋势还不明显，但结合表中的具体数据，也可以看到处于我国出版业前 10 位的企业的市场势力是在不断增强的。经过一段时期的稳定，我国出版业今后的集中程度将有所增加。市场集中度低，尤其是市场绝对集中度低，为具备绝对竞争力的领导型出版集团提供了极大的发展空间，引进和进行战略投资无疑是迅速扩大集团规模、提高市场竞争力的最佳选择。从总体上来说，我国出版集团仍需加快扩张步伐，增加市场集中度，提高集约化经营的水平。

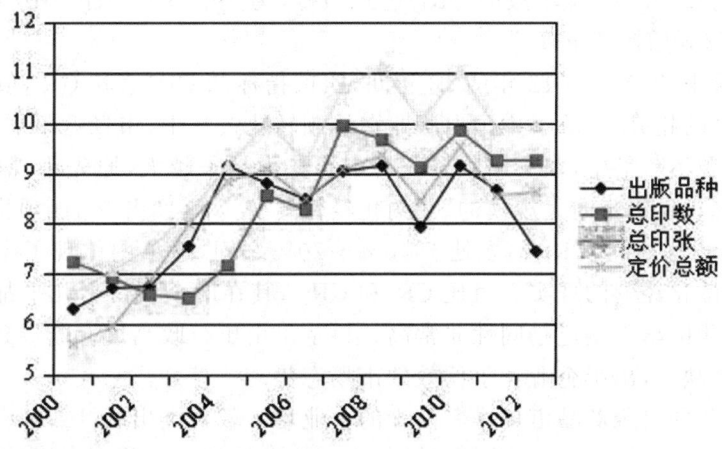

图 3-1　2000—2012 年中国图书出版产业集中度 CR_4 指标变动

数据来源：《出版年鉴》(2001—2009)，《中国新闻出版统计资料汇编》(2010—2013)。

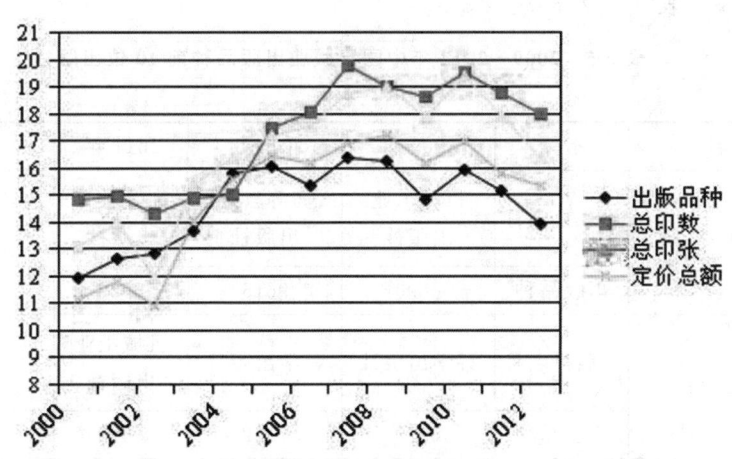

图 3-2　2000—2012 年中国图书出版产业集中度 CR_{10} 指标变动

数据来源：《出版年鉴》(2001—2009)，《中国新闻出版统计资料汇编》(2010—2013)。

从 CR_4 和 CR_{10} 各项指标的动态变化来看,2000—2012 年中国出版商品市场总品种数、总印数、总印张数和定价总额四项指标均呈现一定程度的增长。尤其在 2008 年以前,四项指标的 CR_4 和 CR_{10} 几乎是直线上升的。2008—2012 年间,四项指标的 CR_4 和 CR_{10} 有小幅度波动,甚至小幅度下降。值得注意的是,2009 年,四项指标的 CR_4 和 CR_{10} 值均出现明显回落。

在 2000—2004 年间,除去总印数指标的 CR_4 一直下降外,其余三项指标的 CR_4 均持续增长。2006 年、2009 年、2011 年这三年,四项指标的 CR_4 均出现明显回落。2012 年出版品种数的 CR_4 持续下降,下降至 7.4%。

在 2002—2005 年间,四项指标的 CR_{10} 值均有不同程度增长。尤其是总印张和总印数自 2002—2007 年持续增长,总品种和定价总额两项指标 2006 年的 CR_{10} 较 2005 年有所降低,2007 年,总印数的 CR_{10} 达到顶峰,为 19.79%。自 2010 年开始,四项指标的 CR_{10} 都开始持续下降。

总体看来,2000—2012 年的 13 年间,四项指标的 CR_4 值和 CR_{10} 值呈现出在波动中逐年提高的趋势,反映了中国出版业在体制转轨过程中,市场竞争加大,市场规模不断扩张,资源不断集中,领头出版企业的市场势力越来越大,原先小规模、极度分散化经营的状态正在逐步向大规模、集约化经营转变。但 13 年来,四项指标的 CR_4 值多处于 6%~11% 之间,CR_{10} 值多处于 10%~20% 之间,这集中体现了中国出版业规模小、极度分散化经营的现实。对比 CR_4 和 CR_{10},其在四个项目上几乎都有一倍以上的增长,表明我国出版企业趋同性非常高。显示出由于行政高度垄断导致出版物市场呈现规模经济缺乏,出版企业竞争低效的市场态势。

此外,我国出版商品市场排名前十的企业均为教育类出版社或经营范围主要是教材教辅出版物的出版社。随着教材教辅出版物资源越来越集中,教材份额越大的出版社其出版规模越大,市场竞争力、控制力就越强。由于国家对教材教辅价格的严格限制,总印数、总印张数两项指标的 CR_4 和 CR_{10} 都明显高于出版品种和定价总额。具体数据见表 3-5、表 3-6、表 3-7、表 3-8。

表 3-5　2009—2012 年中国出版业出版品种前 10 位出版社

单位:种

排名	指标	2009 年	2010 年	2011 年	2012 年
1	出版社名称	机械工业出版社	高等教育出版社	高等教育出版社	高等教育出版社
	出版品种	6890	9616	8922	9471
2	出版社名称	科学出版社	科学出版社	机械工业出版社	机械工业出版社
	出版品种	6579	7522	8688	7540

续表

排名	指标	2009年	2010年	2011年	2012年
3	出版社名称	高等教育出版社	机械工业出版社	科学出版社	科学出版社
	出版品种	5764	7494	8231	7498
4	出版社名称	清华大学出版社	清华大学出版社	清华大学出版社	清华大学出版社
	出版品种	4727	5445	6265	6388
5	出版社名称	化学工业出版社	化学工业出版社	电子工业出版社	化学工业出版社
	出版品种	4445	4610	4602	5062
6	出版社名称	电子工业出版社	电子工业出版社	化学工业出版社	人民邮电出版社
	出版品种	3734	4107	4594	5012
7	出版社名称	人民邮电出版社	吉林出版集团有限责任公司	人民邮电出版社	吉林出版集团有限责任公司
	出版品种	3700	3458	4281	4753
8	出版社名称	人民教育出版社	人民教育出版社	江苏教育出版社	电子工业出版社
	出版品种	3319	3439	3572	4262
9	出版社名称	广西师范大学出版社	北京大学出版社	人民教育出版社	人民教育出版社
	出版品种	2862	3402	3542	3928
10	出版社名称	中国电力出版社	外语教学与研究出版社	外语教学与研究出版社	江苏教育出版社
	出版品种	2610	3096	3373	3714
前4家企业平均值		5990	7519.25	8026.5	7724.5
前10家企业平均值		4463	5218.9	5607	5762.8
全行业平均值		520.21	565.21	637.11	713.80
前4家企业总值		23960	30077	32106	30897
前10家企业总值		44630	52189	56070	57628
全行业总值		301719	328387	369523	414005

数据来源：根据《中国新闻出版统计资料汇编》（2010—2013）相关数据整理计算而成。

表 3-6　2009—2012 年中国出版业总印数前 10 位出版社

单位：万册/张

排名	指标	2009 年	2010 年	2011 年	2012 年
1	出版社名称	人民教育出版社	江苏教育出版社	人民教育出版社	人民教育出版社
	总印数	17355	20322	19719	21244
2	出版社名称	北京师范大学出版社	人民教育出版社	江苏教育出版社	北京师范大学出版社
	总印数	15820	19428	19402	19525
3	出版社名称	教育科学出版社	北京师范大学出版社	北京师范大学出版社	江苏教育出版社
	总印数	15724	16661	16351	17383
4	出版社名称	江苏教育出版社	教育科学出版社	中国地图出版社	教育科学出版社
	总印刷	15385	14470	15767	15228
5	出版社名称	浙江教育出版社	高等教育出版社	教育科学出版社	浙江教育出版社
	总印数	14968	13807	14716	13813
6	出版社名称	外语教学与研究出版社	外语教学与研究出版社	浙江教育出版社	四川教育出版社
	总印数	13004	13728	14167	13053
7	出版社名称	中国地图出版社	浙江教育出版社	高等教育出版社	高等教育出版社
	总印数	12186	13002	12029	11250
8	出版社名称	高等教育出版社	中国地图出版社	广东教育出版社	中国地图出版社
	总印数	10012	10478	11234	10917
9	出版社名称	星球地图出版社	星球地图出版社	外语教学与研究出版社	外语教学与研究出版社
	总印数	8908	9414	10771	10407
10	出版社名称	广西师范大学出版社	重庆大学出版社	湖南教育出版社	星球地图出版社
	总印数	7508	8812	10205	9549

续表

排名	指标	2009年	2010年	2011年	2012年
前4家企业平均值		16071	17720.25	17809.75	18345
前10家企业平均值		13087	14012.2	14436.1	14236.9
全行业平均值		1213.23	1237.23	1328.48	1366.32
前4家企业总值		64284	70881	71239	73380
前10家企业总值		130870	140122	144361	142369
全行业总值		703675	718832	770518	792464

数据来源：根据《中国新闻出版统计资料汇编》(2010—2013)相关数据整理计算而成。

表3-7　2009—2012年中国出版业总印张数前10位出版社

单位：千印张

排名	指标	2009年	2010年	2011年	2012年
1	出版社名称	人民教育出版社	高等教育出版社	人民教育出版社	人民教育出版社
	出版社印张数	1639472	2276829	1960984	2136413
2	出版社名称	高等教育出版社	人民教育出版社	高等教育出版社	高等教育出版社
	总印张数	1589286	1808913	1950776	1816489
3	出版社名称	北京师范大学出版社	北京师范大学出版社	北京师范大学出版社	北京师范大学出版社
	总印张数	1270376	1338029	1286727	1607432
4	出版社名称	外语教学与研究出版社	外语教学与研究出版社	江苏教育出版社	外语教学与研究出版社
	总印张数	1189130	1265793	1082849	1084420
5	出版社名称	江苏教育出版社	石油工业出版社	外语教学与研究出版社	教育科学出版社
	总印张数	981200	1031152	1069893	976501
6	出版社名称	教育科学出版社	江苏教育出版社	科学出版社	江苏教育出版社
	总印张数	889553	999061	962276	916919

续表

排名	指标	2009年	2010年	2011年	2012年
7	出版社名称	浙江教育出版社	教育科学出版社	教育科学出版社	吉林教育出版社
	总印张数	831773	851605	904690	84959
8	出版社名称	科学出版社	科学出版社	广东教育出版社	教育科学出版社
	总印张数	687076	821290	754153	846064
9	出版社名称	云南人民出版社	浙江教育出版社	浙江教育出版社	浙江教育出版社
	总印张数	520763	702854	752971	722254
10	出版社名称	重庆出版社	生活读书新知三联书店	人民卫生出版社	吉林出版集团有限责任公司
	总印张数	511283	679018	647689	708420
前4家企业平均值		1422066	1672391	1570334	1661188.5
前10家企业平均值		1010991.2	1177454.4	1137300.8	1089987.1
全行业平均值		97500.47	104360.02	109398.77	114999.04
前4家企业总值		5688264	6689564	6281336	6644754
前10家企业总值		10109912	11774544	11373008	10899871
全行业总值		56550271	60633170	63451289	66699442

数据来源:根据《中国新闻出版统计资料汇编》(2010—2013)相关数据整理计算而成。

表 3-8　2009—2012 年中国出版业定价总额前 10 位出版社

单位：万元

排名	指标	2009 年	2010 年	2011 年	2012 年
1	出版社名称	高等教育出版社	高等教育出版社	高等教育出版社	高等教育出版社
1	定价总额	227379	332637	302840	295831
2	出版社名称	外语教学与研究出版社	人民教育出版社	人民教育出版社	北京师范大学出版社
2	定价总额	188682	195911	216849	295626
3	出版社名称	人民教育出版社	外语教学与研究出版社	外语教学与研究出版社	人民教育出版社
3	定价总额	170034	195691	198034	236810
4	出版社名称	科学出版社	科学出版社	科学出版社	外语教学与研究出版社
4	定价总额	132661	167768	191516	192678
5	出版社名称	北京师范大学出版社	北京师范大学出版社	江苏教育出版社	科学出版社
5	定价总额	131998	140187	142868	172721
6	出版社名称	江苏教育出版社	江苏教育出版社	北京师范大学出版社	清华大学出版社
6	定价总额	116622	125687	135702	133800
7	出版社名称	浙江教育出版社	人民卫生出版社	机械工业出版社	江苏教育出版社
7	定价总额	104063	112688	135241	124415
8	出版社名称	教育科学出版社	机械工业出版社	人民卫生出版社	人民卫生出版社
8	定价总额	103546	111375	127698	121959
9	出版社名称	机械工业出版社	教育科学出版社	教育科学出版社	人民邮电出版社
9	定价总额	101571	108463	115810	120413
10	出版社名称	人民卫生出版社	清华大学出版社	重庆出版社	机械工业出版社
10	定价总额	96622	94091	109581	118380

续表

排名	指标	2009年	2010年	2011年	2012年
前4家企业平均值		179689	223001.75	227309.75	255236.25
前10家企业平均值		137317.8	158449.8	167613.9	181263.3
全行业平均值		14621.32	16110.28	1832.82	20402.9
前4家企业总值		718756	892007	909239	1020945
前10家企业总值		1373178	1584498	1676139	1812633
全行业总值		8480367	9360071	10630637	11833682

数据来源：根据《中国新闻出版统计资料汇编》（2010—2013）相关数据整理计算而成。

2.各类出版物在出版商品市场中的比重

首先，各类出版物零售市场状况。

根据出版物的表现形式，整个出版市场是由图书、期刊、报纸、音像制品、电子出版物、数字出版物等类型的出版物组成的。由于相关统计数据的缺乏，本书仅从2012年全国新华书店系统和出版社自办发行单位的出版物零售市场状况来考察出版商品市场结构，如表3-9。

表3-9　2012年出版物零售市场结构

类型		数量（亿册/张）	所占零售总数量的比重%	金额（亿元）	所占零售总金额的比重%
图书		61.55	98.02	617.13	95.24
其中	哲学、社会科学类图书	2.59	4.13	45.94	7.09
	文化、教育类图书	50.35	80.18	442.15	68.23
	其中 中小学课本及教参	28.72	45.74	228.49	35.26
	教辅读物	15.44	24.59	142.17	21.94
	文学、艺术类图书	2.57	4.10	38.79	5.99
	自然科学、技术类图书	1.85	2.94	34.14	5.27
	综合类图书	4.19	6.67	56.11	8.66
	少年儿童读物图书	1.89	3.02	23.89	3.69

续表

类型	数量（亿册/张）	所占零售总数量的比重%	金额（亿元）	所占零售总金额的比重%
大中专教材、业余教育及教参	1.04	1.66	18.29	2.82
期刊	0.2	0.32	11.75	1.81
报纸	0.18	0.30	1.88	0.29
音像制品	0.65	1.04	8.42	1.30
电子出版物	0.19	0.30	8.68	1.34
数字出版物	0.01	0.02	0.14	0.02

数据来源：中国出版年鉴社.2013中国出版年鉴.中国出版年鉴社，2013：871.

从表3-9中可以看到，图书出版市场是出版商品市场的主要市场，图书出版物占出版商品市场数量的98.02%，占出版物市场金额的95.24%；而期刊、报纸、音像制品、电子出版物和数字出版物总的零售状况仅占出版商品零售数量的1.98%，占出版商品零售金额的4.76%。尤其是图书出版市场中的中小学教材教辅图书占据了出版商品市场数量的70.33%，占据了出版商品市场金额的57.20%。这显示出出版商品市场的极度不平衡状态。

其次，图书出版市场有着极重大的市场份额，非常具有代表性。本书以图书出版市场为例，对出版商品市场进行具体分析。

其一，不同类型图书在图书出版市场中的比重。

根据图书表现形式的不同，图书出版物可分为书籍、课本、图片、附录等。以2012年图书出版的总出版种数、总印数、总印张、总定价为100%，来考察这四种类型的图书的出版种数、总印数、总印张、总定价所占的比重，以此衡量图书出版市场结构。如下表。

表3-10　2012年不同类型图书出版的市场比重

类型	种数（种）	所占比重%	总印数（亿册/张）	所占比重%	总印张（亿印张）	所占比重%	总定价（亿元）	所占比重%
总计	414005	100	79.25	100	666.99	100	1183.37	100
书籍	332042	80.20	44.15	55.71	394.04	59.08	825.47	69.80
课本	81271	19.63	34.75	43.85	270.79	40.60	351.13	29.67

续表

类型	种数(种)	所占比重%	总印数(亿册/张)	所占比重%	总印张(亿印张)	所占比重%	总定价(亿元)	所占比重%
图片	692	0.17	0.08	0.10	0.22	0.03	1.00	0.09
附录	——	——	0.27	0.34	1.95	0.29	5.77	0.49

数据来源：中国出版年鉴社.2013中国出版年鉴[M].中国出版年鉴社,2013:867.

从表3-10可以看出,书籍在图书出版市场中所占的比重最大,占整个图书市场出版种数的80.20%,占总印数的44.15%,占总印张的59.08%,占总定价的69.80%,是有着绝对优势的,但课本以占总出版品种19.63%的份额,占43.85%的总印数,占40.60%的总印张,占总金额29.67%,以较少的出版种数,占有40%的总印数、总印张和约30%的总金额,再加上课本市场的刚性需求,具有极大的规模效应。

其二,不同内容类别的图书出版比重。

根据所含内容的不同,可以将所有使用《中国标准书号》的图书分为22类,本书通过不同内容图书的出版种数、总印数、总印张、总定价在所有使用了《中国标准书号》的图书总和中所占的比重进行分析,了解图书出版市场内容结构,如表3-11。

表3-11　2012年不同内容图书出版所占市场比重

类型	种数(%)	总印数(%)	总印张(%)	总定价(%)
使用《中国标准书号》部分合计	100	100	100	100
马克思主义、列宁主义、毛泽东思想	0.14	0.20	0.33	0.27
哲学	2.02	0.74	1.26	1.70
社会科学总论	1.25	0.42	0.78	1.07
政治、法律	4.06	1.97	2.99	3.70
军事	0.31	0.12	0.19	0.24
经济	7.18	1.94	3.88	4.85
文化、科学、教育、体育	38.53	75.27	61.79	50.30
语言、文字	5.06	2.69	4.99	5.46
文学	10.20	6.17	8.30	9.50

续表

类型	种数(%)	总印数(%)	总印张(%)	总定价(%)
艺术	5.52	2.12	2.29	4.56
历史、地理	4.09	1.59	2.25	4.12
自然科学总论	0.20	0.09	0.11	0.15
数理科学、化学	1.73	0.53	1.03	1.00
天文学、地球科学	0.59	0.15	0.20	0.31
生物科学	0.59	0.21	0.28	0.37
医药、卫生	4.08	1.93	2.69	3.42
农业科学	1.42	0.48	0.51	0.67
工业技术	10.64	2.59	4.97	6.46
交通运输	1.02	0.33	0.53	0.74
航空、航天	0.11	0.03	0.04	0.06
环境科学	0.43	0.11	0.15	0.22
综合性图书	0.83	0.32	0.44	0.83

数据来源：中国出版年鉴社.2013 中国出版年鉴[M].中国出版年鉴社,2013:888.

从表 3-11 可以看出,我国出版物市场的内容同质化现象严重,最集中的出版领域在文化、科学、教育、体育领域,占总的出版品种的 38.53%,总印数的 75.27%,总印张的 61.79%,总金额的 50.30%。这一类出版物占据了整个图书出版市场的半壁江山。占比次多的是文学和工业技术相关的出版物。文学内容的图书占总出版品种的 10.20%,占总印数的 6.17%,占总印张的 8.30%,占总金额的 9.50%。工业技术内容的图书占总出版品种的 10.64%,占总印数的 2.59%,占总印张的 4.97%,占总金额的 6.46%。

其三,不同发行方式的图书销售市场结构。

出版物发行渠道通畅程度对出版物市场的规模大小、出版市场结构的形成有着很大的影响,从 2012 年新华书店系统及出版社自办发行单位的销售情况来考察不同渠道的图书发行所占市场比重,如下表。

表 3-12　2012 年图书发行不同渠道所占市场比重

类别	金额(亿元)	比率(%)	备注
总销售	2159.88	100	
居民和社会团体零售	648.00	30.00	

续表

类别		金额(亿元)	比率(%)	备注
其中	城市	538.55	24.93	城乡零售比重为 4.92:1
	农村	109.45	5.07	
出版物批发销售总额		1509.72	69.90	批零比重为 2.33:1
其中	批给市、县、零售出版发行企业	1447.3	67.01	
	批给县以下单位或个人	31.52	1.46	
	其他批发	30.90	1.43	
出口总额		2.16	0.10	

数据来源:中国出版年鉴社.2013中国出版年鉴[M].中国出版年鉴社,2013:871.

从表 3-12 可以看出,一是从零售发行方式看,城乡消费差异大。城市销售金额为 538.55 亿元,占 24.93%,农村销售金额为 109.45 亿元,占 5.07%,城乡零售比重为 4.92:1。二是批发销售方式是出版物发行的主要方式,占销售金额的 69.90%。其中,市、县、零售出版发行企业的销售能力最强,占整个发行市场的 67.01%。三是图书出口不足,仅为 2.16 亿元,占销售额的 0.1%。

其四,图书出版地域分布结构。

从出版物市场的地区分布来看,我国各省市的图书市场出版情况如表 3-13。

表 3-13 2012 年各地区图书出版市场情况

省份	种数(种)	比重(%)	总印数(万册/张)	比重(%)	总印张(千印张)	比重(%)	定价总金额(万元)	比重(%)
总计	414005	100	792464	100	66699442	100	11833682	100
北京	9431	2.25	13154	1.66	1336633	2.00	272865	2.31
天津	5319	1.29	4536	0.57	396645	0.59	92368	0.78
河北	3976	0.96	19719	2.49	1342836	2.01	159143	1.34
山西	3403	0.82	14789	1.87	1396280	2.09	211065	1.78
内蒙古	2863	0.69	5849	0.74	429048	0.64	53761	0.45
辽宁	9998	2.41	11682	1.47	959806	1.44	187773	1.59
吉林	22263	5.38	28512	3.60	2578900	3.87	482845	4.08
黑龙江	4218	1.02	6353	0.80	527206	0.79	81991	0.69
上海	23777	5.74	33571	4.24	3134835	4.70	668212	5.65
江苏	20407	4.93	53761	6.78	3555095	5.33	610094	5.16
浙江	11478	2.77	37250	4.70	2361735	3.54	392306	3.32
安徽	9094	2.20	24450	3.09	1743809	2.61	274061	2.32

续表

省份	种数（种）	比重（%）	总印数（万册/张）	比重（%）	总印张（千印张）	比重（%）	定价总金额（万元）	比重（%）
福建	3413	0.82	9078	1.15	683579	1.02	106475	0.90
江西	5127	1.24	18196	2.30	1176694	1.76	179196	1.51
山东	11654	2.81	43151	5.45	2766016	4.15	400901	3.39
河南	6314	1.53	22919	2.89	1648908	2.47	216477	1.83
湖北	14145	3.42	26463	3.34	2083728	3.12	374596	3.17
湖南	10821	2.61	36206	4.57	2368593	3.55	398521	3.37
广东	9851	2.38	29622	3.74	2228062	3.34	325714	2.75
广西	8667	2.09	28796	3.63	1927385	2.89	281592	2.38
海南	3315	0.80	7865	0.99	478241	0.72	86238	0.73
重庆	5052	1.22	13944	1.76	877072	1.31	157449	1.33
四川	7794	1.88	23587	2.98	1766175	2.65	234458	1.98
贵州	966	0.23	7302	0.92	483034	0.72	55746	0.47
云南	7901	1.91	16737	2.11	1281233	1.92	195616	1.65
西藏	546	0.13	1354	0.17	106834	0.16	11863	0.10
陕西	8468	2.05	19640	2.48	1680576	2.52	283667	2.40
甘肃	2617	0.63	6614	0.83	549031	0.82	76948	0.65
青海	557	0.13	1114	0.14	88124	0.13	10170	0.09
宁夏	1676	0.40	2736	0.35	236644	0.35	46122	0.39
新疆	8691	2.10	11258	1.42	773450	1.16	122959	1.04

数据来源：中国出版年鉴社.2013 中国出版年鉴[M].中国出版年鉴社，2013：885.

我国的出版业从建设之初就采取均衡发展战略，经过多年的发展，出版业的均衡态势仍然表现明显。通过各省市的出版品种、印数、印张、定价金额占全国出版种数、印数、印张和定价金额的比重来考察，所有省份在这四个方面的占比均在7%以下，均匀地呈现出东、中、西部的阶梯式递减发展状态，而且排名前三位的省份在这四个指标中所占比重均在5.5%左右。如在出版品种方面，上海市图书出版占出版种数的5.74%，吉林省图书出版占出版种数的5.38%，江苏省图书出版占出版种数的4.93%，三省市共占全国图书出版品种的16.05%；在出版印数方面，江苏省图书出版占出版总印数的6.78%，山东省图书出版占出版总印数的5.45%，浙江省图书出版占出版总印数的4.70%，三省共占全国图书出版总印数的16.93%；在出版印张方面，江苏省图书出版占出版总印张的5.33%，上海市图书出版占出版印张数的4.70%，山东省图书出版占出版总印张的4.15%，三省市共占全国图书出版总印张的14.18%；

在出版总金额方面,上海市图书出版占出版总金额的5.65%,江苏省图书出版占出版总金额的5.16%,吉林省图书出版占出版总金额的4.08%,三省市共占全国图书出版总金额的14.89%。

(三)出版商品市场的运行效率

现代经济学理论认为,运行效率是指实现最佳投入产出组合的能力,是经济运行中所蕴藏的规模效率、技术效率、竞争效率、制度效率等一系列内在效率的系统集成。① 运行效率是考察资金是否在维系市场正常运作所需的最低可能成本下进行的。

市场绩效是度量市场运行效率的概念,即在给定的市场结构下由企业的行为所形成的产品质量水平、技术进步水平、产品种类、成本、价格及经济利润等方面的经济效果。② 也即在一定市场结构下,特定市场行为影响市场运行的效果。因此,可以根据出版商品市场绩效所反映的出版资源配置的合理程度,来指导出版市场组织政策的制定和实施,进而促进市场的动态发展。与一般商品市场不同,出版物市场具有经济属性和精神属性的双重属性,发展出版产业,实现出版商品的生产流通既能实现经济利益,又不可避免地推动了信息传播、知识普及、科学技术交流以及文化传承等社会效益的实现。对出版商品市场绩效分析,也就包括经济效益和社会效益两个不可分割的方面。加之出版物是内容产品,消费者购买出版物是处于对其内涵的知识、信息的需求,因此出版商品市场的社会绩效比衡量出版物市场经济绩效更为重要。

第一,我国出版商品市场的经济效益。

产业经济学中对市场绩效的评价使用得比较普遍的有利润率、勒纳指数(Lerner Index)和贝恩指数(Bain Index)。发达国家图书出版产业的毛利率水平基本上在5%~15%之间,与其他行业的利润水平基本一致,体现出资源配置效率是比较合理的。在我国,2003年以后,新闻出版总署(现国家新闻出版广电总局)不再发布出版业经营状况数据,尤其是出版业资产、出版业利润等重要数据。因此,本书对出版业经济效益只作探讨。

资源配置效率是指在一定的技术水平条件下,投入要素在各出版市场主体的分配中所产生的效益。③ 也即评价资源的使用对产业生产效率、经济效益的影响。产业经济学相关理论认为,资源配置是反映市场绩效高低的最重要的指标。而一般价格理论认为,竞争的市场机制是资源配置的基础,能够保证稀缺资源的最优配置。资源产权的多样化、重置性对提高资源配置效率有着决定作用。在这种情况下,可以得出以下认识:一是资源产权的多样化和企业自由选择对提高资源配置效率有着决定作用,这是企业吸收外部资源和进行内部资源协调需要的前提条件。二是要建立统一、开放、竞争、有序的市场体系。在这个市场体系中,各种要素资源、产品资源可以自由流动,

---

① 李华伟,吴海民.中国工业经济运行效率研究综述[J].价格月刊,2009(1):56-59.
② 芮明杰.产业经济学[M].上海:上海财经大学出版社,2005:435.
③ 马其凯.会计信息质量对资本市场资源配置效率影响研究[D].哈尔滨商业大学硕士论文,2013.

这是提高产业经济绩效的环境基础。在我国社会主义市场经济条件下,建立以国有企业为主体的,国有经济控制的市场是调动市场积极性的必要路径。三是要加强产业集中度。产业规模的结构效率利用达到或接近经济规模的企业产量占整个产业产量的比例,以及垂直一体化的企业产量占流程各阶段产量的比例来反映产业内经济规模的实现程度。技术进步渗透于产业的市场行为和市场结构各个方面,最终通过产业经济绩效体现出来,它是一种动态的经济效益。[①]

在出版产业中,从资源配置表现来看,出版产业的发展规模逐渐壮大,中国图书出版品种和总印数已居世界第1位。[②] 从资源配置的结果来看,经济效益低下。究其原因,从出版业发展阶段来看,我国出版物市场处在市场化的初级阶段,产业粗放增长。从市场结构来看,我国出版业严重依赖教材教辅出版发行,政府对出版物市场进入严格规制,形成极高的进入壁垒。

从总量指标来看,近年来,图书出版品种持续增加,2012年达到了414005种,是2000年的2.89倍;重版率由2000年的70.21%下降到41.54%;总印数由2000年的62.74亿册(张)上升到2012年的79.25亿册(张);总印张数由2000年的376.21亿印张上升到2012年的666.99亿印张;总销量由2000年全行业纯销售70.24亿册逐年下降到2012年的68.32亿册;库存总量由2000年的36.47亿册、272.68亿元,上升到2012年的56.00亿册(张/份/盒)、841.88亿元。可以看出,最近13年,我国图书出版业在品种不断膨胀的同时,单品种图书的印数、销售额乃至利润都在下滑,图书市场呈"滞胀"状态,出版业资源配置效率呈下降趋势。如图3-3、图3-4、图3-5。

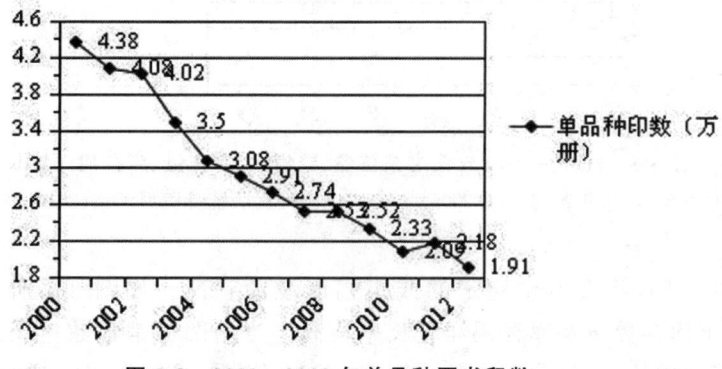

图3-3　2000—2012年单品种图书印数

数据来源:出版年鉴(2001—2009)[M];中国新闻出版统计资料汇编(2010—2013)[M].

如图3-6所示,我国GDP增长逐年上升,2012年GDP增长达到7.8%,同期图书生产总码洋增长率波动很大,2002—2010之间都是大幅度波动,在2010年至2012年的3年间,小幅波动,且稳定在10%以上。同期图书销售额也有较大波动。尤其是

---

① 王晨.中国出版业的产业竞争与政府规制[M].北京:中国书籍出版社,2009:122.
② 我国图书出版品种和总印数、日报总发行量居世界首位[J].中华读书报,2011-3-16.

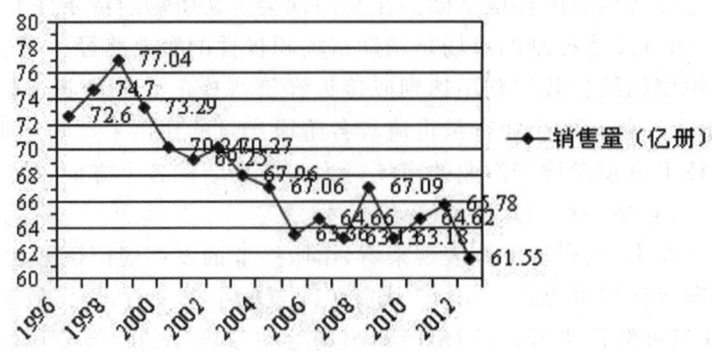

图 3-4　1996—2012 年全国图书销售量

数据来源：出版年鉴（2001—2009）[M]；中国新闻出版统计资料汇编（2010—2013）[M].

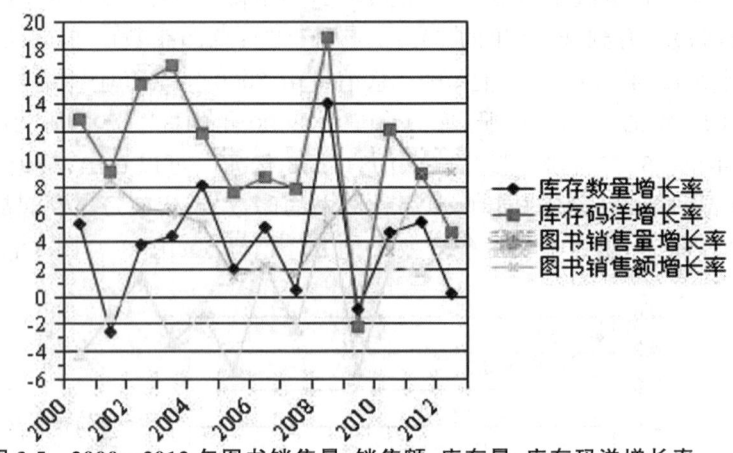

图 3-5　2000—2012 年图书销售量、销售额、库存量、库存码洋增长率

数据来源：出版年鉴（2001—2009）[M]；中国新闻出版统计资料汇编（2010—2013）[M].

2004—2011 年间，几乎不见稳定的或小幅度波动状况。如图 3-5 所示，2000—2012 年，年度图书库存数量及库存码洋增长率均高于当年图书销售数量及销售额增长率，而图书销售额增长率多年负增长。2000—2010 年，图书生产码洋增长率和图书销售量增长率均低于 GDP 增长率，出版业出现增长缓慢、徘徊不前的滞胀状态。

我国出版业仍处在市场化的初级阶段，转型的效果还未显现，出版业的发展仍然依赖资源的大力投入。如图 3-7，2000—2012 年，图书品种和初版图书品种增长率明显高于总印数增长率，而单位印张价格增长率也基本高于同期总印数增长率。出版过程中，不断增加图书品种，而在单位印张价格不断上涨、图书印数不稳定的情况下，导致同期图书销售数量多年出现负增长，2012 年图书总销售量比 2006 年处于峰值 70.27 亿元时减少了 8.72 亿册。如图 3-8。

由于我国出版企业的设立和运营过程中有着较高的行政壁垒，无法形成充分竞争。在如今出版转企改制及市场化进程加快的情况下，行业内竞争方式多元，逐渐形

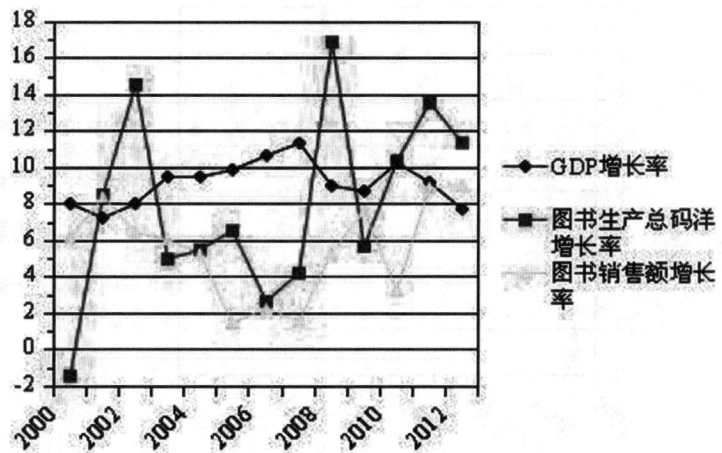

图 3-6　2000—2012 年 GDP、图书生产总码洋、图书纯销售量增长率
数据来源：出版年鉴(2001—2009)[M]；中国新闻出版统计资料汇编(2010—2013)[M].

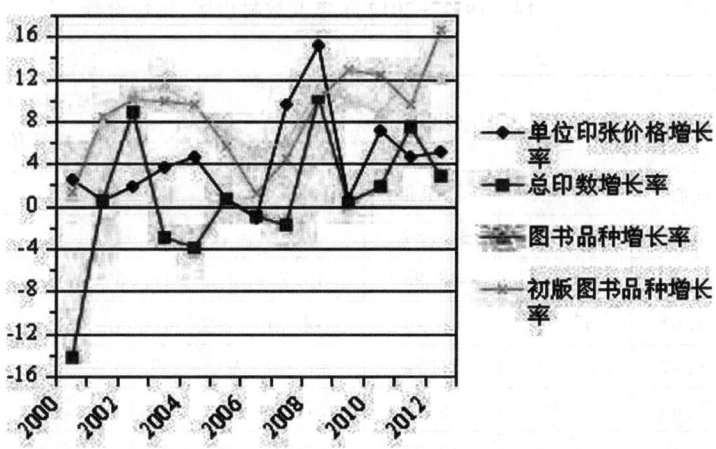

图 3-7　2000—2012 年单位印张、总印数、图书品种、初版图书品种增长率
数据来源：出版年鉴(2001—2009)[M]；中国新闻出版统计资料汇编(2010—2013)[M].

成了以价格战方式为主的低水平竞争。这样的竞争模式无法形成有效的竞争格局，更无法实现资源的优化配置。并且，在我国出版产业中，教材出版占据半壁江山，处于绝对的主导地位，同时也影响着大部分出版社的业绩。但是国家对教材出版进行严格规制，在实行中小学教材出版发行招投标以后，每年出版社都会发动各方面资源竞争教材出版发行权，教材出版市场呈现高度行政垄断和过渡竞争的市场格局。

表 3-14 是 1997—2012 年教材出版所占份额，教材出版品种占出版业出版品种的 20%，却占据整个出版业 50%左右的印数，35%的生产码洋。由于教材是有着刚性需求的出版物，可以设想其是百分之百的销售量，经过推算，教材销售可占当年销售总数量的 44.73%，销售总额的 40.19%。

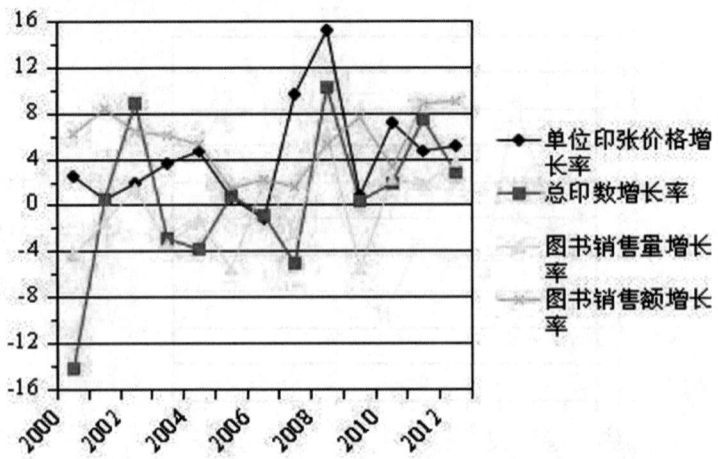

图3-8 2000—2012年单位印张、总印数、图书销售量、图书销售额增长率

数据来源：出版年鉴(2001—2009)[M]；中国新闻出版统计资料汇编(2010—2013)[M].

表3-14 1997—2012年年度教材出版、销售份额

单位：%

年份	教材出版占图书出版份额				教材销售占图书销售份额（推算值）	
	品种	总印数	总印张	定价总额	印张	码洋
1997	17.24	52.77	48.84	42.38	51.61	50.42
1998	15.55	50.90	48.98	40.79	47.83	46.71
1999	14.63	52.05	48.74	39.30	51.96	48.31
2000	16.52	56.74	51.74	42.03	50.68	47.98
2001	15.68	52.86	48.12	37.39	48.17	42.73
2002	15.10	51.71	47.71	36.57	50.55	45.00
2003	15.12	48.77	45.26	34.89	47.88	42.47
2004	17.32	51.00	47.21	37.35	48.78	45.57
2005	22.48	54.57	51.47	42.19	55.70	54.09
2006	22.19	54.72	49.95	39.77	54.24	51.20
2007	21.74	52.82	48.49	37.55	52.65	49.58
2008	20.26	47.61	46.02	34.58	55.30	44.13
2009	20.56	45.97	44.70	32.95	52.65	41.88
2010	20.75	46.79	44.59	33.85	45.40	37.67
2011	21.18	44.65	43.02	31.06	45.03	38.72
2012	19.63	43.84	40.60	29.67	46.66	37.03

数据来源：中国出版年鉴(1997—2002)[M]；新闻出版资料汇编(2004—2013)[M].

在我国出版企业中,排名前 100 名的出版社都具有教材出版权,尤其是排名前 10 的出版社几乎都是教育类出版社。见表 3-5、表 3-6、表 3-7、表 3-8。在教材出版发行过程中,产生的部门利益、地方利益、行业利益、企业利益之争愈演愈烈,出版社对教材出版的依赖,形成的各种腐败事件对出版业声誉产生了破坏性的影响。出版业中这种不合理的资源配置,也极大地影响了经济效益增长。

第二,出版商品市场的社会效益。

由于出版业自身具有的公益功能,以及我国社会主义市场经济条件下对出版业公益性的重视,出版业运行效率除去经济效益外,还有社会效益。出版业的社会效益包括对文化的传承,对知识的传播、社会教化以及对当政政府的意志的宣传等方面的作用。评价出版业的社会效益,主要是从政治绩效和公共绩效两个方面开展的。[①]

出版业的政治绩效,是指出版业在政府的舆论宣传方向指导下,传达党和政府意志,宣传国家政策方针,加强社会教化作用等方面的社会效益。对出版业的政治绩效进行评价既包括出版物内容、表现形式,也包括出版物所含的舆论导向及其产生的社会效果、保障体系等。舆论导向是当政党派宣传的最基本要求,内容健康向上、表现形式活泼丰富是宣传到位的必要保证;社会效果良好是政治宣传的基本目标;质量保障体系则是政治绩效长期稳定实现的前提。[②] 如 1994 年 1 月 24 日,江泽民在全国宣传思想工作会议上发表讲话时指出:"我们的宣传思想工作,必须以科学的理论武装人,以正确的舆论引导人,以高尚的精神塑造人,以优秀的作品鼓舞人。"这就是新时期中国共产党的宣传思想工作的指导方针,对出版业的政治绩效有着明确的指导作用。

出版业的公共绩效,是指出版物内容对人们的思想、社会风尚、社会体制等所产生的效用。出版物公共绩效的评价不能直接评估,只能通过出版物的消费者——广大的人民群众的反应,结合出版物本身的质量来评价。具体来说,对出版业公共绩效的评价可以通过国民教育普及率、国民文化结构比例变动、出版总品种数、重印重版率、国家各级各类图书奖项数量等指标初步衡量。

出版业在发展过程中为社会提供了大量优秀的精神食粮,不断减少文盲人数,满足了人们对文化、科技、信息的渴求,培养了大批优秀人才,为我国的现代化建设提供了人才支持。据第六次人口普查数据[③]显示,我国 2010 年文盲率(15 岁及以上不识字的人口占总人口的比重)为 4.08%,比 2000 年人口普查的 6.72% 下降 2.64 个百分点。与 2000 年第五次人口普查结果相比,平均十万人中,大学文化程度的人由 3611 人上升为 8930 人,高中文化程度的人由 11146 人上升为 14032 人,初中文化程度的人由 33961 人上升为 38788 人,小学文化程度的人由 35701 人下降为 26779 人。文盲率的降低及受高学历层次教育人数上升,反映了近十年来,我国教育工作的进步,同时也反映了出版业服务于教育发展的重要作用。

---

① 柳旭波.传媒业产业组织研究——一个拓展的 RC-SCP 产业组织分析框架[M].北京:经济科学出版社,2007:253-254.
② 王晨.中国出版业的产业竞争与政府规制[M].北京:中国书籍出版社,2009:119.
③ 2013 年国民经济和社会发展统计公报[EB/OL].中华人民共和国统计局网站,2014-2-24.

在计划经济时期，图书出版市场规模增加，是由于长时期执行低价格策略，以及政治宣传和普及文化、教育、科学、艺术的社会目的的影响，并非是出版企业作为市场主体的自发行为。在如今社会主义市场经济条件下，我国出版物市场规模巨大，到2010年，中国图书出版品种和总印数、日报总发行量已居世界第1位，电子出版物总量已居世界第2位，印刷业年产值已居世界第3位。中国报刊发行已覆盖80多个国家和地区，图书和期刊等出版物已进入193个国家和地区，版权贸易引进输出比从2005年的7.2∶1变为2010年的3∶1。① 而图书的重印、重版率高意味着图书内容质量过硬，为读者所需要，图书内容质量经得起时间考验，能产生积极的社会效益。在新兴媒体的迅猛发展和传统纸质图书市场范围越来越小的情形下，2012年，我国图书重版、重印率达到41.55％。出版选题优秀、内容新颖、印装精良的图书是保证出版业可持续发展和实现其社会绩效的根本。

二、出版要素市场基本情况

出版物市场的全面启动和系统运行是出版业运行机制市场化的基本条件与重要标志，而宏观调控与购销机制的市场化又必须以出版物市场的系统运行为前提。因此，出版物市场运行向完整化、体系化方向发展是我国出版业发展的重要趋势。出版物市场体系根据市场交换对象属性划分为出版商品市场和出版要素市场两种类型。出版物市场要形成完整的体系，其首要因素就是各类出版要素都进入市场，由市场机制决定要素的配置。出版要素是指构成一项完整的出版活动所必需的因素，如人才、书稿资源、资金、生产设备、厂房、信息、纸张，等等。随着出版市场化程度的提高，这些出版要素都将通过市场机制的作用逐步形成各类专门的要素市场，如出版生产资料市场、出版资本市场、出版技术市场、出版人才市场等。这些要素市场与出版商品市场相互联结，共同构成出版业的完整市场体系，将会使我国出版业的发展形成十分活跃的局面。②

出版要素市场主要是相对于出版商品市场来讲的，出版物市场体系的发展首先表现为出版商品的交易，而在出版要素市场方面，发展比较滞后。2001年12月28日，我国首家出版要素市场东方出版交易中心在上海浦东开业。东方出版交易中心提供全面代理出版物产品的展示、交易服务，也经网络平台通过多媒体方式运作宣传，进行期货接洽、现货交割、信息发布、选题竞拍、专题展示、合作出版、流通代理等多种需求，最终实现出版、印刷、批发、零售、服务功能一体的目标。东方出版交易中心的出现打破了我国出版商品市场替代出版物市场体系的局面，意义重大。经过十多年的发展，我国出版要素市场的具体情况如下：

---

① 我国图书出版品种和总印数、日报总发行量居世界首位.中华读书报［EB/OL］,2011-3-16. http://epaper.gmw.cn/zhdsb/html/2011-03/16/nw.D110000zhdsb_20110316_8-02.htm?div=-1.

② 罗紫初.运行机制市场化：我国出版业跨世纪发展的必由之路［C］//黄凯卿，熊玉莲，主编.跨世纪出版业发展研究："21世纪出版业发展及人才培养"学术研讨会论文集.武汉：武汉大学出版社,2000：6-15.

(一)出版生产资料市场情况

生产资料也称作生产手段,是劳动者进行生产时所需要使用的资源或工具。一般包括作品原稿、载体原材料、生产工具、机器设备、厂房等。生产资料是一项生产活动中的劳动资料和劳动对象的总和,是进行物质生产所必备的物质条件。出版生产资料市场则是指人们在生产出版物的过程中所要用的劳动工具、房地产、原材料等商品组成的市场。主要分为两类,一类是直接形成出版商品的材料交易所形成的市场,即出版物原材料市场;另一类是构成出版物生产手段,为出版商品生产提供支持的资料的交易所形成的市场,即支持出版物生产的资料市场。

第一,出版物原材料市场情况。由于出版商品本身具有的精神性和物质性,出版商品的完整生产过程分为明显的两个阶段,编辑过程形成精神产品,印制过程形成出版物的外在物质形态。出版物生产需要具有版权的作品和作为载体的物质材料两种原材料。

首先,版权市场情况。具有版权的作品是出版物生产活动的对象,版权是使得出版物实现其内容产品本质的根本要素,也是出版物作为商品进入市场实现出版物价值的通行证。近年来,随着各出版单位与民营出版公司、出版工作室合作推出选题增多,以及对版权贸易和版权保护的宣传推动,版权市场得到进一步发展。2012年10月10日,仅在第64届法兰克福国际书展首日,中国国际出版集团就输出版权达到218项。在国内,版权市场运营也在有序进行,版权交易数额巨大。据2008年数字版权管理(DRM)发展研究报告研究分析,2007年国内DRM市场规模达到37.1亿元人民币,比上年增长76.2%。2012年12月28日,华中国家版权交易中心在武汉正式运营,并与首批会员单位代表签订了战略合作协议和版权代理协议,首场版权交易额即达50.43亿元。

其次,出版物物质材料市场情况。出版物物质资料市场是指形成出版商品物质形态的材料交易所形成的市场。在出版物物质生产过程中需要耗费大量的物质材料,这些材料是构成出版物载体及其辅助材料的物质资源,如纸张、油墨、空白光盘、磁带、软片、磁性材料以及封面的装饰材料、装订材料和包装材料等。出版物质材料市场的发展情况依赖于各类材料所属的材料大市场的发展,隶属于国民经济大部分行业,本书不对其发展情况作介绍。

第二,支持出版物生产的资料市场。即构成出版物生产手段的各种物质条件所形成的市场,包括电脑、印刷机、电子分色机、光盘生产线、磁带磁盘生产线、装订设备、封面压膜机以及厂房、店铺、汽车等物质条件所形成的市场。支持出版物生产的资料市场对出版物生产的效率及产品的质量都有着非常重要影响。大概可以分为出版生产硬件设备市场和出版地产市场。

首先,出版生产硬件设备市场情况。1985年方正激光照排系统通过国家鉴定,可以说是我国现代出版硬件设备市场建立的标志。在相关技术的支持下,出版生产硬件设备在出版业各环节的应用都实现了升级,促进了出版产业链重组。在编辑环节,在线协同编辑平台的发展使得编辑加工更加及时、便捷和灵活,出版物的生产周期大大缩短。而出版物载体技术的发展使得出版物呈现纸质、电子媒介、数字媒介等多种表达方式,直接推动了跨媒体出版的发展。在印刷环节,我国已经取得了 PDF802 型电子分色机、小胶印系统设备、微球及其应用技术、中西文精密变倍字库的建立与微程序固化等重要成果,印刷流程更为便捷、印制质量有了明显提高、印张形式更加多样和易读。尤其是 2012 年来,3D 打印技术突破印刷业的应用,纵横多个领域迅猛发展。在发行环节,利用卫星、条码、计算机及各种设备,实现了发行信息的传递和现代物流,缩短了出版物发行周期,减少了发行成本,提高了发行准确率及效率。2007 年 11 月 16 日,广东九州阳光传媒股份有限公司正式上市,明确要将其所筹资金的一部分用于连锁经营网点的建设与技术改造。同时,出版行政部门不断推动出版物生产物质资料市场主体进行协作、"一体化"。如 2012 年 6 月 6 日,第二个国家级印刷包装产业基地,西安国家印刷包装产业基地揭牌。2012 年 9 月 26 日,由新闻出版总署和天津市人民政府主办的首届中国国际新闻出版技术装备博览会在天津开幕,展示了行业装备、器材及相关技术的最新研究成果,反映行业装备发展的新理念和新趋势。2012 年 12 月 18 日,国内最大的新闻出版装备产业基地在天津市北辰科技园区正式启动建设。总体规划布局九个区域,分别为研发设计制作功能区、总部经济服务区、交易流通展示功能区、产业金融投资功能区、介质装备制作功能区、云印刷装备产业功能区、传媒出版数字化装备功能区、视听创新功能区、新闻出版孵化功能区。这一系列行为将推动我国出版物生产硬件设备市场的繁荣。

其次,出版地产市场情况。出版地产主要包括出版物产品生产的厂房、出版社的办公场地、发行企业的店铺以及出版物储存的仓库等。出版地产市场是指以出版生产经营活动为中心的,具有明确权属关系的土地市场。出版地产市场的发展非常缓慢,除去一些出版企业因曾经的事业单位优势拥有出版社大楼、仓库等地产外,近年出版地产市场主要是在文化百货方面有所发展。如 2003 年,上海文化广播影视集团投资 6 亿元,与全国最大的百货集团——上海百联集团和上海世纪出版集团合作,当百联集团在国内中心城市开办大型购物中心(shopping mall)时,同时在里面开设多厅豪华电影院和品牌书店,形成了集约化市场拓展的良好势头。[①] 这种形式更多的是从百货的角度来扶持出版业的发展。在我国台湾地区,诚品书店作为著名的大型连锁书店,就是采用文化百货的概念经营的。其经营理念"用书店攻占人心,让阅读永远不打烊"已成为吸引赴台游客宣传词,诚品书店也成为赴台旅游的著名景点。

(二)出版资本市场情况

根据《英汉证券投资词典》解释,资本市场(capital market)是指交易对象是一年以上的资金和证券。在出版物市场体系建设过程中,出版资本市场的作用是必不可少的,可以将出版资本市场理解为是出版企业借助长期资本交易所形成的市场。2009 年 9 月国务院常务委员会通过的《文化产业振兴规划》提出"以资本为纽带推进文化企

---

① 花建,巫志南,郭洁敏,等.文化产业竞争力[M].广州:广东人民出版社,2005:85.

业兼并重组,力争形成一批跨地区跨行业经营、有较强市场竞争力、产值超百亿的骨干文化企业和企业集团"。出版资本市场的发展正处在一个绝好的发展机遇期。

目前,我国出版资本市场已经有一定程度的发展,对出版物市场的重要作用已经凸显出来。自全国首家以股份制形式组建的出版社——长江出版社在武汉成立以来,我国出版行业进行资本运营的大门开启,捷报频传。如国内首个新闻出版合资项目,由重庆电脑报社、中科普公司、香港的 TOM 集团合资成立了重庆电脑报经营有限公司,重庆电脑报社占该公司 51% 的股份。2004 年 12 月 22 日,北青传媒有限公司在香港联合交易所正式挂牌上市,作为内地传媒公司境外上市的第一只股票,引起香港当地媒体的极大关注。到 2007 年 12 月 21 日,"出版传媒(601999)"在上证所挂牌上市,成为中国首家将编辑业务与经营业务合并打包上市的出版企业,揭开了传媒集团上市融资的序幕。"出版传媒"利用上市资金,搭建起资源数据网络中心,集团通过网络中心可以与遍布 10 多个国家和地区的数百位签约作者、经销商,围绕图书的创意、组稿、设计、制作、销售等环节进行交流。资本在出版业中运作,支持了出版企业的主业经营,在资本运作过程中,出版企业不断调整产品结构,核心竞争力倍增。

在如今移动互联网高速发展的背景下,传统出版企业更加注重通过资本运营,谋求转型。资本运营方式、运营手段多样。如以出版图书为主营业务的长江传媒拟耗资 4620 万元收购湖北省新华资产管理有限公司,涉足资产管理、投资管理、物业租赁与服务和房地产开发。[①] 凤凰传媒下属子公司凤凰数字传媒增资持有慕和网络 64% 的股权,向游戏领域拓展业务。浙报传媒先后并购边锋浩方、举办全国游戏竞技大赛、参股华奥星空,多方位地拓展业务。有的企业进行换股合作,2012 年 8 月,优酷网与土豆网宣布以 100% 换股的方式合并,建立了拥有庞大用户躯体、多元化视频内容、成熟数字技术的视频投送平台,进一步拓宽了数字出版的投送渠道。此外,还有出版企业通过资本输出或技术合作等方式与国外企业进行资本合作。如 2008 年 6 月,湖南出版集团与韩国阿里泉出版株式会社签署股权战略合作备忘录,完成了对该出版社的收购。[②]

随着我国加入 WTO 及承诺开放出版物市场期限的截止,以及资本在其他国民经济部门作用成果的诱惑,出版行政部门或被迫或主动地开始重视资本的力量,重视出版资本市场的发展。出版资本市场的相关政策有以下两个方面的特点:一是出版业进行资本运作强调了国有企业的绝对控股地位。二是对出版物市场的开放及资本运作主要发生在发行市场上,出版销售公司是上市融资的重点领域。尽管出版业融资大门已经开启,但出版企业在资本融合方面仍存在很多困难,据《传媒》杂志与复旦大学传媒企业创新能力调查显示:我国传媒企业特别是传统媒体创新融资非常困难。40 家传统媒体的创新资金中,92.5% 依靠企业自身筹集,15% 靠银行贷款。而 35 家新媒体

---

① 严政.长江传媒子公司拟 4620 万元收购关联方经营资产[EB/OL].中国证券网,2013-12-17. http://finance.ifeng.com/a/20131217/11291957_0.shtml.

② 高霞.提高国际运营程度 走国际化发展之路——湖南出版控股集团总经理张天明专访[J].出版广角,2009(10):39-40.

资金来源较为丰富,68%靠自有资金,45%靠国外风险投资,22%靠国内风险投资,14%靠股市筹资。①

(三)出版技术市场情况

技术是指在劳动生产方面的经验、知识和技巧,也泛指其他操作方面的技巧。出版业作为智力密集型的内容产业,其本身就是技术进步的产物,出版技术市场就是在出版生产经营过程中积累的经验。包括出版设备、出版工具、出版系统、出版软件等硬件设备的使用方法形成的生产技术市场,和数字技术、网络技术等理念成果形成的信息技术市场。由于信息技术的迅猛发展及在出版各环节产生了重大影响,目前,出版技术市场主要是以信息技术为基础的市场。

技术作用于出版,伴随着出版业发展的每一个阶段。2008年在深圳图书馆的一场题为"数字出版与数字出版产业"的讲座上,有这样关于出版介质演变的概括:"人类的出版介质以加速度进行变革,简策从发明到普及用了1000年,纸张用了300年,唱片用了30年,磁盘用了20年,光盘用了10年,互联网用了5年,手机用了2年,近年电子纸又悄然兴起。"②从竹简、丝帛到电子书,从古代造纸术到现代3D打印,出版一直在技术的推动下不断革命、演化,出版业的每一段历史都打上了技术的烙印。然而出版技术受到造纸、制造、能源等技术发展水平的制约,革新过程并非一蹴而就,而是分项目、分阶段,独立、渐次地发展和完善的。③ 在不同的阶段,出版活动所依赖的技术变革也带动了出版业的概念、内涵、运作流程重组融合,推动出版业发展模式的变革。随着技术的升级,以及各种硬件设备相关的应用趋于成熟,尤其在如今的数字化和互联网络的迅猛发展时代背景下,出版信息技术正以不竭动力在技术市场中开始凸显。

以互联网和数字化为基础的信息技术市场的发展是技术市场的重点。出版信息技术市场指围绕出版活动产生的各种信息交流、信息技术发展运用、信息买卖等而形成市场。如光纤、以Internet为代表的网络技术,以P2P为代表的网格计算机技术等都是用来将媒体从一处传输到另一处的物理载体,移动无线接入网也正成为当今通信行业中最活跃的领域之一。另外,基于Web2.0技术的人机交互式搜索、定位与分类技术,其本身就是一种技术化了的内容创意、编辑出版与传播过程,能够直接作用于人的感官,向传统出版业提出挑战。随着技术市场的发展,如数字版权保护技术、视觉分析技术、云出版技术、语义搜索技术、电子阅读器技术、二维条码技术、数字对象标识(DOI)技术等各种以内含的信息为主的出版新技术蓬勃发展,也促进了数字出版的发展。

现代信息技术已经改变了出版业面貌。具体来说,出版信息技术市场的发展主要

---

① 朱伟峰.建国际一流传媒集团迫在眉睫[N].中国新闻出版报,2009-10-28.
② 郑丽虹.出版专家郝振省来深纵论数字出版——"数字出版颠覆的并非纸介质出版"[N].深圳特区报,2009-5-10.
③ 王清.技术因素对现代出版起源的作用于评价[J].新闻出版交流,2001(2):8-10.

凸显在以下三个方面：

第一，出版企业信息系统的建立与运用。信息技术指的是完成信息的获取、传输、加工、存储、再生和应用等功能的技术，支持这些技术发展和应用的有微电子技术、光电子技术、计算机技术、声像技术、通信技术和探测技术等。出版企业对信息技术的利用一方面是在网络出版的互联网技术、电子技术及数字版权保护技术的发展。如2001年，北大方正先后发布apabi技术系列软件，将作者、出版社、网上书店、消费者等出版供应链条上的重要节点以互联网联结起来，建立了网络出版平台，推动了网络出版的发展。另一方面是在出版企业的信息系统建设方面。信息系统集成程度是衡量企业信息化水平高低的一个重要指标。目前，大多数出版社都根据各自的业务特点，建设了各类信息系统。包括发行管理信息系统、财务管理信息系统、编务管理信息系统、办公自动化(OA)、网络销售业务、企业资源计划系统(ERP)、内容资源管理系统(CMS)、客户关系管理系统(CRM)等。然而，出版社对这些信息系统的应用仍处于初级阶段，各信息系统之间的关联度不够，处于"孤岛"状态。据《2008年出版业网站发展创新报告》统计，截至2007年6月，全国578家出版社，建有网站的已达443家，建站率接近80%，出版集团基本上都有自己的网站。但是，有些出版社的网站更新速度慢，甚至连基本的信息都不全，常年处于"僵尸"状态。信息系统的建立似乎只为应付相关部门的检查，没有发挥出应有的作用，浪费了大量资源。为有效发挥出版信息系统的作用，提高出版企业的效率效益，出版社还需要增加各种人力、资金投入，不断进行信息系统的升级、改造和集成应用，实现出版企业资源共享和资源的有效计划、协调、调度和控制。

第二，实现了纸质出版物网络发行，数字出版物移动出版的超越。一方面，从纸质出版物市场来说，民营出版企业的发展扭转了出版决定发行，出版信息导引发行市场信息的局面，使得出版物的出版信息与发行信息的重要性趋于对等，从而降低了市场交易费用，稳定了出版市场秩序。网络出版和网络书店是民营书业运用网络获取市场信息，运用电子商务进行网络出版和网络营销的典范，比国有出版社和国有书店运用得更早。① 信息化在出版物发行过程中起到了显著的作用。早在2007年，当当网和卓越网销售额加起来约合1亿美元，占我国网上销售的75%以上。如今，当当网、亚马逊网、博库网、蔚蓝网等网上书店的成功，使得传统出版业突破地域、时间限制，扩大发行范围，延长图书销售周期，提高图书可供品种，从而满足不同地域、不同层次、不同偏好读者的需求，实现出版业社会效益和经济效益的双增长。另一方面，从数字化出版市场来说，随着信息技术在出版业中的渗透，出版各流程数字化都已经普遍实行。信息技术更新换代迅速，数字化出版逐渐向移动互联网转移。尤其是随着户外wifi的大面积覆盖、lighgfi发明及应用，移动互联网及智能手机普及，移动阅读成为数字出版的重要趋势。据中国互联网络信息中心(CNNIC)公布的《第31次中国互联网络发展状况统计报告》显示，截至2012年12月底，我国手机网民规模为4.2亿，为数字出

---

① 尹章池.中国出版体制改革研究[M].武汉：湖北人民出版社，2006：100.

版特别是移动互联网出版发展奠定了坚实的用户基础。据《2012—2013中国数字出版产业年度报告》显示,2012年我国手机出版收入规模为486.5亿元,较2006年增长了608.13%,发展势头强劲。龙源期刊网总裁汤潮也提出"移动互联网是传统出版和互联网二者之间的融合"。移动出版趋势在报纸出版业中表现得尤为明显。据《2012—2013中国数字出版产业年度报告》,从2012年年底,全国核心党报及40多家报业集团所属的报刊几乎都已经开展数字报刊出版,绝大部分报业集团上线或拟上线全媒体系统。①数字内容投送平台及其产业链成熟,形成了包括电信运营、技术支持、信息服务、门户网站及电子商务在内的五种类型的投送平台。数字报刊及新媒体业务的主要平台已经囊括了全国近70%的报社开展新媒体业务。②中国教育出版传媒集团总经理李朋义提出,面对云计算、移动互联网这样层出不穷的新技术,出版业只有紧紧跟上信息化浪潮的步伐,才能真正实现数字化的转型升级。

第三,出版信息技术适应了大数据的时代背景。随着信息技术的不断突破升级,移动互联网、云计算、物联网等技术接踵而至,大数据已经成为这个时代信息技术发展的最具代表性的称呼。目前,大数据在电子商务、互联网视频等领域已经有了较为成熟的应用。在出版业中,数字出版内容本身就是大数据最核心的内容。同方知网软件公司总经理张宏伟认为"大数据离出版业并不远,数字出版就具备了大数据一切的要素"③。比如在数字出版平台中建立文献级的关联、知识元级的关联、用户特点关联、作者关联等关联,但这些关联会因为数据的增大而不断更新,是一个动态演变的知识网络。大数据时代的出版,其关键点在于建立关联。在数字出版内容中,存在着海量数据,通过内容关联,大数据可以直接找到用户最需要的内容,并通过关联的严谨程度,不断提高精确度。中国知网(CNKI)可以算是我国最大的数据平台,其数据量非常大,拥有文献2亿篇、题录3亿条、统计数据2.6亿条。基于CNKI平台进行各种工作的出版机构有上万家,作者有4000多万名,读者不计其数。随着各行各业的逐渐规范,各种工作都需要严密的数据信息来支持和改进,基于大数据关联的CNKI平台的信息及其服务的对象将成"滚雪球"之势壮大。目前,建立完全的大数据关联的知识网络还存在困难,但这也是全行业努力的目标。大数据关联将会使全行业受益,颠覆现今的出版模式。

随着相关政策对科技带动文化发展的关注,出版技术市场发展面临着良好的政策机遇期,如"十八大"报告中强调了科技与文化融合的重要性,指出要"增强文化整体实力和竞争力,促进文化和科技融合,发展新型文化业态,提高文化产业规模化、集约化、专业化水平"。《国家"十二五"时期文化改革发展规划纲要》要求深入实施科技带动战略,推进文化科技创新。2012年8月24日,科技部会同文化行政部门印发了《国家文化科技创新工程纲要》,制定了我国文化科技发展的基本原则、总体目标和主要任务,

---

① 郝振省.2012—2013中国数字出版产业年度报告[R].北京:中国书籍出版社,2013:59.
② 郝振省.2012—2013中国数字出版产业年度报告[R].北京:中国书籍出版社,2013:58.
③ 出版业:加快技术与出版融合[EB/OL].中国新闻出版报,2013-7-16. http://www.ccmedu.com/bbs57_195103.html.

对我国文化科技发展的工作机制、扶持政策、人才培养等方面进行了全面规划。①

(四)出版人才市场情况

人才是指具有一定的专业知识或专门技能,进行创造性劳动并对社会做出贡献的人,是人力资源中能力和素质较高的劳动者。出版人才市场是指由具有出版专业知识或专门技能的人构成的市场。出版业是智力产业,是需要人才支撑的产业,出版人才市场是出版业运转和持续发展的重要因素。根据在出版活动中所起作用的不同,出版人才可以分为两类:出版智能资料生产人员、一般管理人员和生产经营劳动者。出版智能资料生产人员是指以人为载体的,以其思想和思维技能为特征的资源生产人员;一般管理人员和生产经营劳动者是具有经营管理能力和进行出版、印刷、发行活动的人员。目前,我国出版人才市场发展滞后,出版业人才市场化配置低,一方面,出版人才供需多是由行政指派、出版单位内部调动、公务员考试等方式完成,但出版行政单位及出版企业能够提供的岗位较少。另一方面,即便是由出版专业学生应聘进入出版业工作,离职率也非常高。由麦可思研究院编写、社会科学文献出版社出版的2010年大学生就业蓝皮书——《2010年中国大学生就业报告》,对2009届大学生毕业半年后的抽样跟踪调查显示,本科毕业生半年内离职率最高的前三位专业是编辑出版学专业、艺术设计专业和广告学专业,这三个专业毕业生的离职率依次为51%、44%、44%。②

随着出版业数字技术的迅猛发展,市场机制的深入推进,以及我国出版业不断融入国际出版市场,出版业对人才提出了全新的要求,出版人才队伍建设迫在眉睫。20世纪90年代中期,新闻出版署就提出了"跨世纪出版人才工程"。进入21世纪后,将人才战略作为出版业发展的五大战略之一提出。在《2005—2010年全国新闻出版人才培养规划》中更是明确提出要实施素质工程、领军人物工程、高技能人才工程等三大人才工程。针对这一政策指向,行政部门、出版企业及高等院校都积极创新人才培养、培训、吸纳和发展方式:①出版行政部门对出版人才的职称及其长远发展进行了规划。从2007年5月开始,新闻出版总署在各出版单位及设置出版专业的高校推荐做出突出成绩的领军、带头能力的优秀人才,作为"全国新闻出版行业领军人才",以此带动整个行业人才队伍建设,为新闻出版业的繁荣和发展提供了强大的智力支持和人才保障。2013年1月,数字编辑职称评审纳入了北京市职称评审序列,这将为数字出版从业者打通职称评定通道。②出版行政部门重视出版企业人才的培训和吸纳工作。从2005年起,新闻出版总署教育培训中心上海分中心和上海新闻出版教育培训中心每年联合举办一期新闻出版行业专业人才招聘会,通过各种形式吸引出版专业技术人才。③行政部门、企业及高校重视创新人才培养方式。各种联合培养、"订单人才"的培养方式兴起。2012年2月8日,由教育部等共同实施的"动漫高端人才联合培养计划"在京正式启动,北京师范大学、中国传媒大学和北京电影学院通过组建跨校联合

---

① 中华人民共和国科学技术部网站,2012-8-24.
② 麦可思研究院.2010年大学生就业蓝皮书——2010年中国大学生就业报告[EB/OL].北京:社会科学文献出版社,2010.6. http://daxue.163.com/special/009163A4/mycosjiuye.html.

体、举办实验班方式,联合培养动漫高端人才。2012年12月24日,北京北大方正电子有限公司与山东工业技师学院正式签署合作协议,共同建立教学、科研合作基地,在教育教学、学生培养、应用技术研发等方面开展广泛深入的合作。

第二节 我国出版物市场体系建设存在的主要问题

以上我国出版物市场体系建设的基本情况显示出,我国出版物市场体系已进入了新的发展阶段:出版商品丰富;出版各流程都已经实现了数字化,数字平台运作流畅;出版资本市场逐渐形成,各出版企业重视资本运作;出版技术、出版人才的发展面临极好的政策机遇期,将有很大的发展。整体上来说,建设出版物市场体系的注意力已经从出版商品市场的发展转移到其根本的出版要素市场建设方面,进入了新的发展阶段。然而,无论从整体市场情况还是分类市场情况来看,我国出版物市场体系发展缓慢,以上对我国出版物市场建设现状的分析显示出,我国出版物市场体系建设过程中还存在许多问题有待解决。只有明确出版物市场体系建设中存在的症结,才能够有针对性地解决,也才能更好地推动我国出版物市场体系建设活动的顺利开展。这些问题主要体现在以下几个方面。

一、出版商品市场运营效率低下

自出版物进入市场进行交易,出版商品市场就开始形成并发展。目前,我国已发展成为世界第一出版大国,中国图书出版品种和总印数已居世界第1位。[①]但大量出版高库存以及低市场占有率的现状直接反映我国出版商品市场运营效率低下。从2012年新华书店和出版社自办发行系统的统计数据来看,全国出版物库存量为529995万册(张/份/盒),共计7377979万元,占购进出版物数量的30.72%,占购进金额的41.56%。另据统计,2006年,我国573家图书出版社,参与文学图书出版的就有542家,市场占有率超过5%的只有人民文学、长江文艺出版社两家;参与社会科学图书出版的有568家,市场占有率超过1%的只有22家;参与少儿图书出版的有516家,市场占有率超过1%的只有26家;参与生活类图书出版的有557家,市场占有率超过1%的也只有几十家。[②]

具体来说,出版商品市场运营效率低主要表现在三个方面:出版商品市场资源配置不合理;出版商品开发层次浅;出版商品市场发展地区结构不合理。

(一)出版商品市场资源配置不合理

出版商品市场发展规模大而运行效率低的最重要原因就是出版资源配置不合理,这主要表现在以下方面:第一,出版资源配置倾向于教材教辅出版。由于教材教辅出

[①] 我国图书出版品种和总印数、日报总发行量居世界首位[N].中华读书报,2011-3-16.
[②] 刘伯根.出版创新的路径与文化软实力的提升[J].编辑之友,2008(3):13-18.

版具有很大的规模效益,我国出版市场发展对教材教辅有着较强的依赖,各类出版资源涌向教材教辅出版领域。同时,教材教辅出版发行存在较高的行政壁垒,各级行政部门都对教材教辅的出版发行进行严格规制,导致教材教辅出版企业不注意培育和开发市场,而是依赖行政力量划分市场。出版市场资源也并非在教材教辅出版市场竞争中发挥作用,而是流向了规制教材教辅出版发行的行政部门,进一步巩固了行政壁垒。第二,出版资源配置集中于传统出版市场。出版业是内容产业,出版商品资源中最重要的就是版权资源,经过多年的发展,传统出版企业形成了自己的优势版权资源。而数字出版业虽然实现了在技术方面的不断突破,但版权资源的缺乏束缚了其步伐。即便在信息数字化及互联网的推动下,数字出版以迅雷不及掩耳之势呼啸出版界,掀起了出版界的地震。传统出版界对数字出版的态度从最初的不屑,到抵触,再到如今的理解但不主动,反映了传统出版界掌握着的出版资源,尤其是版权资源是其傲慢的资本和其强势地位的保证。第三,出版资源配置范围局限于出版商品市场企业内。从行业发展路径来看,国外出版巨头在发展过程中都是经历了不断的"收购"与"被收购",其发展资金依赖其他行业或其他出版企业的输血。[①] 而我国出版业只有出版商品市场的现货交易,缺乏期货、期权及其他要素市场,这种单方面的结构设计在现实中最明显的弊端是我国出版市场上只有做多机制而不具备做空机制,没有运用期货期权市场中的价格发现功能、套期保值功能和风险规避功能。[②] 出版企业禁锢于意识形态性及经营范围,其发展是完全依靠企业自身成长,与其他出版企业及外行业的联合比较少,资源只在出版商品市场企业内部配置,与外界协作经验少。第四,出版人力资源配置不合理。这主要表现在国有出版企业人员浮于行事,效率低。即便我国国有出版企业完成了转企改制,或建立了出版集团,但大部分出版企业员工仍保留了事业编制身份,出版集团内部运行机制仍未转变,出版企业背负着沉重的负担。而新进员工与事业编制员工同工不同酬,甚至有着非常大的待遇区别,也使得新员工的积极性不足。出版人力资源配置不合理,出版企业要想实现员工行为市场化、制定有效的激励和制约机制难以达到效果。这也导致了我国图书出版产业无规模经营效率,单位经营规模扩大1%引起总成本高于1%的变化。[③] 第五,出版企业布局不合理。出版业是内容产业,对资源集中有着很高的要求。从产业集群的角度来说,产业集中更能实现人才、信息、渠道及技术共享,更能够充分地利用企业外部资源,形成外部经济。在出版业发达国家,出版企业的地域集中度都比较高,如美国出版企业主要集中在纽约、波士顿和芝加哥,英国出版企业主要集中在伦敦、爱丁堡,德国出版企业主要集中在柏林、慕尼黑和汉堡,法国绝大多数出版企业集中在巴黎,日本出版企业主要集中在东京地区。这些出版业发达国家的出版企业高度集中于少数几个城市并非偶然出现,是出版物市场高度竞争的必然结果。而我国出版企业受计划经济对市场布局的影响,除了北京、上海外,各省市的出版企业数量相差不大,分布均衡分散。表明了我国图书出版商品市场

---

① 刘伯根.出版集团战略投资论[M].北京:新星出版社,2011:90.
② 尹章池.中国出版体制改革研究[M].武汉:湖北人民出版社,2006:81.
③ 蒋雪湘.中国图书出版产业组织[M].长沙:湖南大学出版社,2010:64.

的竞争是不充分的。

(二)出版商品开发层次浅

与一般商品不同,出版商品市场的范围很广。从开发程度看,出版商品市场体系由核心出版商品、实际出版商品、衍生出版商品三类市场共同构成。出版商品开发层次既能够反映出版企业对出版商品的开发能力,又能反映出版企业的生产协作能力。一般来说,出版商品开发越是"精""深",出版企业对商品的开发能力就越强,而由于在出版商品开发的过程中,与其他企业进行配合是非常重要的,因此也可以反映出其协同能力的强弱。我国出版商品市场中,商品的开发层次比较浅体现在两个方面:第一,出版物品种多,再版率低。截至2012年,我国出版了图书414005种,期刊9867种,报纸1918种,音像电子出版物21413种,出版品种众多,但出版物的再版率低。以图书出版为例,2012年达到了414005种,是2000年的2.89倍;重版率由2000年的70.21%下降到41.54%。而图书单品种印数从2000年的4.38万册下降到1.91万册。巨大的出版品种与极速下滑的重版率、单品种印数呈现出图书出版业的"滞胀"状态,而出版企业因为对内容的专业化深耕细作不够而导致广种薄收。第二,跨媒体发展不足。在西方国家,出版是作为大型传媒集团业务的一部分,同时,西方国家图书出版资源、生产要素是可以跨媒体、跨行业、跨国界流动的,这种流动是按市场机制进行的,如德国的贝塔斯曼集团就涉足电视、图书、印刷、音乐、传媒服务等行业。而在我国,出版作为独特的行业一直处在行政力量保护的大伞之下,即便完成了转企改制及各种跨媒体出版技术的成功研发,出版企业对资源的利用方式仍没有多大改变。出版企业之间,出版企业与其他行业的企业之间的联结、融合与合作还没有大规模地进行,出版跨媒体开发能力不足。

(三)出版商品市场地区结构不合理

出版商品市场经过多年的发展形成了不合理的区域分布,主要体现在两个方面:第一,城乡出版市场发展不平衡。这主要体现在城市与农村消费者在出版商品方面消费能力差距比较大,尤其是我国东、中、西出版市场的消费能力比较悬殊。我国出版商品市场的生产、印刷、发行主要是在城市地区,城市的出版业发展相对完善,而在广袤的农村地区有着数量众多的人口,目前在住人口以老人及小孩为主,出版物发行投入大,经济效益低,一般出版企业不愿意也没有能力对农村出版物市场进行投入,主要依靠"农家书屋"等公益性工程支持农村市场的出版物消费。这与我国出版产业具有的普及科学文化知识,宣传社会主义精神文明,满足人民群众日益增长的精神文化需要的重要使命不相符。第二,出版物发行地域结构不合理。无论是从总发行单位的地区分布,出版物物流建设地区分布,还是各地区销售额来看,我国比较集中的出版物发行地域结构与广袤的地域不相符合。根据2012年出版物发行情况相关数据显示,从总发行单位的区域分布上看,108家总发行企业有一半以上集中分布在北京(26家)、山东(9家)、辽宁(7家)、广东(7家)和陕西(6家)五地,区域集中度较为明显。从出版物物流建设地区结构看,全国仓储面积在5000平方米以上的物流中心主要集中在北京、山东、江苏、上海、天津、广东等六地区,共计 114 个,占全国 5000 平方米以上物流中心总量的 82.0%。从各地区销售额来看,过百亿元地区共有 10 个,依次为北京、江苏、湖南、山东、安徽、江西、湖北、河北、广东、陕西,这十个地区销售额约占全国销售额的 66.1%。[①]

二、出版要素市场建设进展缓慢

目前,出版要素市场建设进展缓慢,对出版商品市场的支持作用未发挥出来,这是出版物市场体系没有形成的直接原因。出版要素市场建设进展缓慢主要体现在以下方面:出版要素市场发展不全面;出版要素市场产权不明晰;出版要素市场依赖性强。

(一)出版要素市场发展不全面

目前,我国出版要素市场发展缓慢,对出版商品市场的支持作用还没有很好地发挥出来。具体体现在出版生产资料市场作用不明显;出版资本市场作用的范围有限;出版技术市场发展不规范;出版人才市场未形成,等等。

第一,出版生产资料市场作用不明显。这主要表现在以下两个方面。首先,出版生产原材料市场未能很好地支持出版商品市场发展。其一,版权保护不力。侵权盗版问题一直困扰着出版业,随着数字技术的发展,侵权盗版行为越来越容易,经过扫描、复制等方式,盗版出版物甚至可以跟正版出版物毫无区别。版权保护不力,侵权行为给出版物市场造成了巨大的损失。据统计,目前我国原创文学网站仅有十几家,而文学盗版网站的数量竟达 50 多万家。由网络侵权给网络文学造成的损失每年约 40 亿元到 60 亿元,数字音乐每年因盗版损失上亿元,网络盗版率更高达九成。[②] 如中文在线旗下的 17K 小说网在 2012 年的网上付费阅读比例因为无线、版权销售等渠道的开拓,以及受到盗版的严重影响,比重已从 70% 下降到不足 40%,几小时之内网上就有一本网络小说的盗版出现,许多盗版网站每天的点击量超过 100 万次,这些盗版文学网站已经形成黑色产业链,有的盗版网站月收入 300 万元,而这些盗版网站又成为其他盗版网站的源头。[③] 版权资源对出版行业的意义不言而喻,也正是因为技术发达情况下盗版更为容易,传统出版企业不愿将出版物版权交给数字出版企业,同数字出版企业合作。其二,载体在出版物价格中占比越来越大。通常情况下,图书的印刷成本大约占图书定价的 25% 至 30%。[④] 随着纸张、油墨等生产原材料价格上涨,出版物载体材料支出在出版物价格中的比重越来越高,更多企业开始被迫转型数字出版。若非

[①] 国家新闻出版广电总局印刷发行.2013 年出版物发行产业发展报告[N].中国新闻出版报,2014(2):17.

[②] 南婷,张丽娜,王飞.半月谈:网络文学向盗版暴利宣战[J/OL].半月谈内部版,2011-6-5. http://news.xinhuanet.com/society/2011-06/05/c_121498047_3.htm.

[③] 南婷,张丽娜,王飞.网络文学反盗版:形势好转[N].中国文化报,2013-1-14.

[④] 卢盈军.图书价格构成与定价策略[EB/OL].中华读书报,2002-9-11. http://www.gmw.cn/01ds/2002-09/11/19-DB463950AD3DB76A48256C31000AE174.htm.

传统出版企业对数字出版版权保护存在质疑,以及传统出版企业在数字化过程中受益不多等因素影响,出版物的数字化定将飞速发展。而在数字出版产业中,电子出版物的载体费用也是比较高的。2012年电子出版物出版实现营业收入9.2亿元[①],电子出版收入为31亿元[②],也就是说,电子阅读器的收入为21.8亿元。此外,电子书的加工成本也不低,当当网副总裁王曦透露,2012年,当当网上书店的电子书销售收入300多万元,加工成本却花了近500万元。[③] 其次,支持出版物生产的资料市场作用未发挥。其一,出版物生产设备资料市场的支持作用未发挥。出版物生产设备资料市场有了很大发展,各种跨媒体出版、印刷设备取得了很大进展,尤其是2012年3D打印技术风行各领域,引起了轰动。但是这些设备对出版商品生产的作用还未完全发挥出来,尤其是进行跨媒体出版、多媒体出版的出版物还比较少。其二,出版地产市场发展迟滞。出版地产的发展非常缓慢,房地产企业在制定房产名称,进行广告宣传时大打文化牌,使用非常有文化内涵的词句,这样的行为并非是对出版业的实质性支持。尤其在如今地价、房租猛涨以及网络书店、数字出版对传统出版市场不断侵蚀的情况下,实体书店大幅萎缩,仍在苦苦经营的实体书店大多是依赖地产支持。如新华书店即便有教材发行利润和地产物业优势,仍觉得压力很大,店内纷纷增加文具、电子产品的销售面积,以应对图书销售萎缩带来的压力。民营大书城中,只有江苏的大众书城和陕西的汉唐书城因其自有物业的卖场而得以保留。[④] 即便住房和城乡建设部联合下发的《关于加强城乡出版物发行网点建设的通知》,要求各地在城乡建设和文化建设规划中必须保证有足够的出版物发行网点,部分地方政府也开始对实体书店进行经济支持。如杭州市颁布了《关于扶持民营书店健康发展的暂行办法》,从2012年2月起,每年安排300万元资金扶持民营书店;上海市拟出资500万元定向地对一批专业定位和具有品牌影响的民营实体书店进行支持。但这些资金支持相对于昂贵的实体书店经营成本来说也只是杯水车薪。

第二,出版资本市场发生作用的范围有限。目前,我国出版企业运营多是依靠自有资金。据《传媒》杂志与复旦大学传媒企业创新能力调查显示:我国传媒企业特别是传统媒体创新融资非常困难。40家传统媒体的创新资金中,92.5%依靠企业自身筹集,15%靠银行贷款。而35家新媒体资金来源较为丰富,68%靠自有资金,45%靠国外风险投资,22%靠国内风险投资,14%靠股市筹资。[⑤] 出版资本市场发生作用的范围还非常有限。这主要有两个方面的原因,首先,缺乏资本发生作用的实体平台。出版资本必须要通过对一定规模的现代化的出版商品生产经营企业进行收购、兼并才能发生作用,而目前我国出版商品市场缺乏这样的企业,主要是公司制不成熟的民营企

---

① 2012年新闻出版产业分析报告[EB/OL]. http://www.medialab.pku.edu.cn/groups/7d880/wiki/e0b1a/2012.html.
② 郝振省. 2012—2013中国数字出版产业年度报告[R]. 北京:中国书籍出版社,2013:42.
③ 王淳,张宇. 电商搅局 电子书免费是自戕之举?[N]. 重庆商报,2013-9-3.
④ 2012年中国出版年鉴[M]. 北京:中国出版年鉴社,2012:157.
⑤ 朱伟峰. 建国际一流传媒集团迫在眉睫[N]. 中国新闻出版报,2009-10-28.

业或体制陈旧的国有企业。其次,各出版资本市场严重依赖并受到资本市场发展的制约。如我国现有的银行贷款实行属地管理原则,划块下达信贷计划,致使出版单位在跨地区并购中,信贷指标不能随之转移。如果某地出版企业被外地出版企业并购,那么当地的银行会立即减少或者停止对其贷款。失去了银行的贷款,将严重影响出版企业并购之后的运转。因此,在我国资本市场自身完善之前,出版资本市场的发展也相应地受到制约。

第三,出版技术市场发展不规范。目前,出版技术市场发展存在以下三个方面的问题:首先,出版技术标准难以统一。与出版物产品相关的硬件、软件及文件交换格式、数字内容整合等均缺乏行业的或国家层面的标准,技术标准难以统一。如出版物内容存储格式繁杂多样,有 Adobe 的 PDF、方正的 CEB、超星的 PDG、书生的 SEP、知网的 CAJ 等等,不同出版企业的内容格式不同,功能差异大,互补兼容,读者阅读某本图书需要专门下载不同的阅读器。其次,数字出版平台资源割据,相关技术与资源信息无法得到有效交流。出版企业中存在的 ERP、CMS 等内容管理系统、OA 等信息管理系统及其他内容发布系统、平台,由于缺乏统一的平台及这些平台之间不能相互兼容、沟通,使得出版企业之间形成"信息孤岛"造成了信息资源的浪费。此外,技术升级不彻底、与其他系统无对接,造成某些出版企业放弃对相关技术的持续使用。最后,出版技术的应用难以推广。出版企业应用出版技术,尤其是进行数字化转型的积极性不高,除去对数字版权保护漏洞的质疑,很大一个因素还在于出版企业数字化转型的经费问题。目前,出版企业数字化转型的资金来源主要包括出版企业自筹、数字化项目立项、股份合作以及拉风险投资等方式,以出版企业自筹资金为主。相关行政部门基本上没有用来促进出版企业数字化转型的专项基金,而对传统出版企业来说,要将传统出版物中赚来的辛苦钱投入短期内没有明显效益的数字出版业务及出版企业的国有资产运营中,也是不太可能的。

第四,出版人才市场未形成。首先,出版人才培育结构不符合需求,离职率高。目前,出版人才的培育主要依靠高校教育,出版企业较少录取出版专业毕业生,且出版专业毕业生离职率高。出版活动是实践性很强的活动,主要由高校进行理论教学的出版人才培养方式造成了目前人才供需脱节的严重现状。自 1956 年,中央工艺美术学院开设了书籍装帧设计本科专业,中国人民大学新闻系开办了出版专业以来,经过三十多年的发展,我国出版专业高等教育已经形成一定的规模。目前全国有 251 所院校开设了本专科层次的编辑、出版、印刷相关专业,其中硕士学位授予点有 29 个,博士学位授予点 7 个。[①] 另据中国研究生招生信息网的数据统计,我国 2013 年设立数字出版硕士学位点或研究方向的院校约 70 所。高校是我国最重要的人才培养机构和输出机构,然而,高校培育出版人才的效果并不乐观。其一,出版企业较少录取出版专业的毕业生。出版企业尤其是出版社在聘用人才时倾向于既懂出版物内容,又懂出版实务的复合型人才,不倾向只具有出版专业知识的毕业生。而出版企业中急缺的"高端人才"

---

① 2006 年中国出版年鉴[M].北京:中国出版年鉴社,2007:482.

又必须是在出版业内长期实践,具有丰富的出版生产、经营、管理方面经验的人才,并非高校这种真空环境能够培养的。其二,出版专业学生"有业不就,离职率高"。《2010年中国大学生就业报告》对2009届大学生毕业半年后的抽样跟踪调查显示,编辑出版学专业本科毕业生半年内离职率相比其他专业来说是最高的,达51%。[①] 而《2005—2010年全国新闻出版人才培养规划》相关内容也显示,我国出版人才队伍结构不合理,领军人物不足、专业骨干流失、经营人才奇缺,从业人员年龄结构青黄不接、学历结构和知识结构比例失调(大都是新闻、中文、历史专业必要),编辑的知识领域不够宽、不懂现代传媒新的传播手段和技术、市场应变能力不强等问题普遍存在,出版从业人员的综合素质有待提高。其次,出版人才市场岗位少,要求高。其一,出版行政单位及正规出版单位能够提供的就业岗位不多。全国共有各级出版行政职能机构1084家,大都为面向社会的公务员招考,用人管道窄小,门槛也比较高。[②] 出版业人才市场小,用人量保守,有的甚至呈缩减趋势。这既有事业单位编制的限制因素,又有出版行业发展"大势"的原因。数字出版的迅猛发展对传统出版市场形成了很大冲击,数字出版市场发展还不成熟,而传统出版市场的规模又不断下降,出版企业经营风险越来越大,在人才聘用方面非常谨慎。目前,出版业的就业岗位主要是传统出版物的策划、版权贸易、市场营销、印刷行业的高级技能人才及数字出版企业人才。其二,出版企业对数字出版人才的要求较高。在数字技术渗透到出版各环节及数字出版产业蓬勃发展的背景下,数字出版内容质量把关面临新的挑战,其对人才队伍的要求也更高。总体来说,数字出版人才应是"复合型"和"高端型"人才。应包括以下能力及素质,即具有对数字技术的应用能力、对海量信息的抓取、加工能力和针对互联网传播方式的策划和营销能力。具体来说,出版单位需要的数字出版人才主要可分为三类:一是技术研发人员:程序员、测试人员、网站维护员、技术维护等;二是编辑和发行人员:网络编辑、责任编辑、美术编辑、技术编辑、数字产品设计、美编设计、网络营销、版权贸易等;三是管理人员:经营管理人员、信息网络管理人员、出版法律人才。就"高端型人才"来说,天闻数媒数字阅读执行官郑铁男认为:"数字出版并非完全以技术为主导,以后的领军人物一定是出版界的人。"[③]

(二)出版要素市场产权不明晰

近年来,我国出版物市场体系的发展主要表现在出版商品市场方面,要素市场的发展比较滞后,究其原因,主要是出版要素市场的产权不明晰。相对来讲,出版要素市场对产权的要求比出版商品市场对产权的要求高得多。在出版物市场体系中,出版商品市场的交易是由现货交易进行的,只存在简单的买卖。而要素市场的交易涉及产权

[①] 麦可思研究院. 2010年大学生就业蓝皮书——2010年中国大学生就业报告[EB/OL]. 北京:社会科学文献出版社,2010:6. http://daxue.163.com/special/009163A4/mycosjiuye.html.
[②] 常震波. 出版业人才供需现状分析与预测[N]. 人民网—中华新闻报,2007-8-14.
[③] 中国出版传媒商报. 大学社数字出版吹起"集结号"[EB/OL]. 中国出版传媒商报,2008-7-8. http://www.cbbr.com.cn/web/c_000000040001/d_21131.html.

转让、合约交易等,比较复杂。由于出版产权的改革不到位,我国出版要素市场的交易和运行不是以正常的交易成本体现出来,而是以租耗的形式体现出来。① 在出版生产资料市场、出版资本市场、出版技术市场、出版人才市场等要素市场上,由于产权不明晰造成了众多交易中出现产权纠纷,以及国有企业改制过程中的"空手道"现象,出版要素市场交易无法通过市场进行。如在我国股市的发展过程中,大量的国有股、银行资金及大股东在进入股市时,由于产权关系没有理顺,使得资金运作过程中产生的责、权、利不明确,股市存在风险,规则、规范缺乏约束力,股市成为再分配和圈钱的途径。这与建立的出版物市场体系的目标是相去甚远的,也不利于各种要素发挥其对出版业的支持作用。在出版集团上市的过程中,建立产权约束成为首要工作。

(三)出版要素市场依赖性极强

出版要素市场不能直接发挥对出版产业的作用,具有极强的依赖性。这主要表现在三个方面:第一,对制度的依赖。各种出版要素在市场机制的作用下能够自动流向出版产业需要的部门,而市场机制的作用是需要以规范的制度为保障。在目前我国出版市场中存在大量的政府机制作用的背景下,无法形成有效的、合理的产权制度。出版要素市场的发展进度是依赖制度的规范化进程。第二,对成规模的现代化出版商品市场企业的依赖。出版要素需要在一定规模的企业中运作才能发挥作用。就如亚马逊网上书店收购卓越网上书店一样,需要在一个实体出版企业中投入资本。但是目前我国出版企业主体中,要么是有一定规模而公司制不成熟的民营企业,要么是体制陈旧的国有出版企业。各种要素在投入出版领域后无法于短期内得到回报。因此,出现了出版要素市场无法形成而出版企业等待要素市场发挥作用的局面。第三,严重依赖各种要素市场的发展。出版要素市场不是单独分裂出来的市场,而是各类要素在出版市场中发生作用而形成的市场。出版要素市场的形成和发展都严重依赖于相应的要素市场。如人才要素市场中的经营管理人才、技术人才、财务人才、编辑和发行人才、排版印刷人才等各类人才进入出版企业,在出版市场中发挥作用,就形成了出版人才市场。目前,市场中能够为出版企业提供的这些人才比较少,出版人才依靠市场配置的情况也比较少,出版人才市场的发展受到制约。

三、出版物市场体系中非市场行为普遍

我国出版物市场体系建设还处在摸索阶段,不规范的、非市场化的行为非常普遍,主要表现在:出版物市场体系建设短期行为频发;出版物市场体系建设路径依赖性强;出版物市场体系割据现象严重。

(一)出版物市场体系建设短期行为频发

出版物市场发展粗放、短视的特征明显,短期行为频频发生。主要体现在以下方

---

① 尹章池.中国出版体制改革研究[M].武汉:湖北人民出版社,2006:36.

面:第一,产品创新不足。目前,我国出版物市场存在部分出版物库存高,存货周转率低的情况,这是与出版产品开发中缺乏创新有很大关系的。首先,各出版社都抢着做畅销书,不思开拓和培育自己的细分市场,跟风出版现象严重。如随着生活质量的提高,人们对养生保健类信息格外关注,在巨大的养生书市场潜力吸引下,养生保健信息杂乱,出现了"张悟本事件""马悦凌事件"等。在2010年6月27日,中央电视台《每周质量报告》以"养生之痒"为题,报道了养生类图书的出版乱象,学苑出版社孟白社长在片中提出"据我了解,应该起码有三四百家出版社出过养生保健方面的书"。其次,出版物品种竞争激烈,内容方面欠缺深耕细作。我国初版书占图书出版品种很大份额,但绝大多数的新书是"一版定终生",第一版第一次印刷同时也是其最后一版最后一次印刷。出版物内容开发深度不足,造成大量选题资源的浪费。然而在出版业发达国家,如英国的出版社平均每推出一种新书就要同时再版14种图书,且再版书的利润占出版社利润的70%左右。这也直接反射出我国出版企业经营中存在的根本问题:不愿巩固现有品种已经占据的市场,不愿对开发新市场投资,不愿对未来获益的项目投资,以致在对付未来的高风险时,不得不把希望寄托在短期甚至瞬时的利润流量上。[①]这是一种短视的经营行为。2008年的"纸荒"给出版产业链的健康发展敲响了警钟。同时,从侧面昭示了出版产业实行产品转型、管理转型的紧迫性和必要性。此外,在提出多元化发展、资本运营的今天,有些出版企业将选题策划等核心业务大量外包给社外机构而出现"空壳化";在出版物编校环节,以"文责自负"为由将责任推卸给作者等行为都为出版产品的开发产生了不良的影响。

第二,竞争手段单一。随着数字出版的迅猛发展,传统出版市场大幅萎缩,传统出版企业面临着生存危机。在这样的背景下,出版企业在营销过程中,频繁地使用价格手段。如大打折扣战、进行回扣和送礼等不正当营销,扰乱了出版物市场秩序。这样的恶性竞争降低了出版效率。相关研究表明,强化竞争并不一定增进经济效率,自由的现实竞争和潜在竞争有时也可能导致社会福利的减少和经济效率的劣化,过度的竞争会导致低效率。[②] 营销手段是与出版企业人才、出版企业资源、品牌以及出版企业自身特色紧密相关的,在目前国际出版企业兵临城下的危急时刻,仅靠价格手段进行"窝里斗",最终只能将我国出版物市场拱手让给外资企业,这对于出版业这种意识形态领域来说,对国家文化安全来说,后果都是非常可怕的。

第三,促销投入少。我国出版企业对出版物的促销极为不重视。在促销投入方面,统计数据显示,在我国图书出版产业,直接的图书宣传推销费用很少会超过总定价的2%。而在发达国家,重要的初版书的推销费用通常占销售收入的20%左右,有的甚至达到40%。[③]在日本,大多数书店甚至位于繁华地段且装修豪华,由此可以看出

---

① 陈昕.中国图书出版产业增长方式转变研究[M].桂林:广西师范大学出版社,2008:19.
② 曹建海.过度竞争论[M].北京:中国人民大学出版社,2000:32-33.
③ 陈昕.中国图书出版产业增长方式转变研究[M].桂林:广西师范大学出版社,2008:19.

日本对出版产业高度重视。① 而我国出版企业在促销手段方面,要么不对出版物进行促销,要么进行大肆炒作,或通过不实广告来搏读者的眼球。这些方式不仅损害了出版物的市场效益,也对出版业的声誉造成不良影响。

(二)出版物市场体系建设路径依赖较强

出版物市场体系建设过程中,路径依赖较强主要是对行政的依赖,对传统出版方式的依赖,和对教材教辅的依赖。

第一,出版企业行为严重依赖行政因素。经过几十年的发展,市场经营方式在出版物市场中的运用仍显生涩,出版物市场经营行政依赖性强。即便完成了转企改制,出版企业的资产是国有资产,出版企业的负责人由主管部门指定,且企业经营业绩与负责人的考核、与企业在市场中的去留不挂钩,这样的制度安排使得企业负责人的的责权利界限十分模糊。因此,对出版企业及其负责人来说,花力气在生产营销上,还不如关注和揣测领导的意思,这直接扭曲了出版物市场的竞争模式和经营行为。在政策的保护下,出版企业在产品开发、市场经营方面不思巩固自身实力,进行不规范的生产经营,最终导致企业的竞争力低下。反过来,这种粗放的、低下的竞争力水平又使得出版企业依赖寻求行政力量的庇护,干预市场发展。如此循环,最终又将进一步强化了出版企业的低水平竞争。出版物市场缺乏竞争与依赖行政力量这两者相互交织,互相强化,形成了出版物市场体系发展中难以解开的结。

第二,出版市场产值过分依赖教材教辅出版物。根据基本功能,出版物市场体系被分为教育出版、大众出版和学术出版三个市场,其中教育出版市场中的教材教辅出版物占有最大的市场份额。占图书出版品种20%的教材教辅出版物,其总印数、总印张、总定价和总销量却占出版市场的80%以上。② 我国有着近2亿中小学生,其对教材教辅出版物有着刚性需求,形成了很大的市场。因此,出版企业想方设法与教材教辅出版市场沾上边,意图在这块大市场中分得一杯羹。

第三,出版市场利润依赖传统出版物,数字化出版盈利模式仍需探索。在数字技术的推动下,出版产业发展迅速,传统出版产业不断升级转型,数字出版市场也在不断扩张。从出版业利润来源来看,目前出版市场盈利仍依赖传统出版物,数字化出版盈利模式仍需探索。根据2012年新闻出版产业分析报告,数字出版实现营业收入1935.5亿元,占全行业营业收入的11.6%。③ 近年来,数字出版的迅猛发展和传统出版市场的萎缩形成鲜明对比,进行数字阅读的人数增长迅速,但数字出版产业形态还不清晰,其盈利模式还未真正形成。

---

① 雷兴长,张雅.21世纪世界出版业强国的优势分析[J].赤峰学院学报(自然科学版),2013(7):31-34.
② 陈志宏.让中国大众出版远离"崩死"——日本大众出版之启迪[J].出版广角,2003(6):540-545.
③ 2012年新闻出版产业分析报告[EB/OL].http://www.medialab.pku.edu.cn/groups/7d880/wiki/e0b1a/2012.html.

(三)出版物市场体系割据现象严重

出版物市场体系割据现象严重,表现在行业割据、管理割据和地域割据三个方面。

第一,出版物市场体系行业割据。行业割据是因行业保护而产生的结果,随垄断而产生。一般来说,按照垄断产生的原因,可分为市场垄断和行政垄断两种类型。对一般的国家或一般市场来说,主要存在市场垄断,而在我国出版业中,市场垄断较为罕见,却大量存在行业行政割据的现象。如在市场进入方面,对出版机构实行审批制,每一个出版单位都有着严格的出版范围,其出版的出版物都要承担出版范围相关行业一定的宣传任务。如中央文献研究室、党史研究室对马列主义、党史等方面内容的出版宣传任务。这是一种行业、部门利益——行业主管部门给特定出版机构提供出版资源和行业垄断性"市场资源",出版社只能出版该类出版物,其他出版社不允许出版这类选题,这样就在出版资源和市场资源两个方面形成垄断,出版社也借此获得了超额垄断利润。此外,在出版市场体系内部,存在产品市场和要素市场的分割。相关行政部门对要素市场在产品市场中发挥作用是相当谨慎的。如2004年5月新闻出版总署下发了《关于进一步规范新闻出版单位合作和融资行为的通知》,要求新闻出版事业单位一律不准进行融资活动和股份制。即便在2012年6月28日,新闻出版总署发布《关于支持民间资本参与出版经营活动的实施细则》中提出了"支持民间资本在党报党刊出版单位实行采编与经营'两分开'后,在报刊出版单位国有资本控股51%以上的前提下,投资参股报刊出版单位的发行、广告等业务,提高市场占有率",也仍未允许出版单位的内容编辑业务进行融资运作。

第二,出版物市场体系管理割据。在出版物市场管理体系中,对出版物的内容、形式及出版活动的全程都进行了拆分,由不同的部门进行管理。出版资源掌握在不同管理部门手中。如中小学教材的内容编写由教育部进行审批,而印制和发行招投标由新闻出版总署负责,教材的选用由各地的教育部门及学校主管。这样的分割式管理极容易形成行政管理部门各自为政,按照有利于本部门管理的需要制定政策,形成对出版物市场多方干预,而出现问题时又相互推脱责任的情况。多头管理给出版业跨媒体经营、多次销售造成巨大障碍,与出版物的范围经济特征、出版产品本身具有的多次销售特性是不相符的。此外,由于地区政府及不同行业收益管理的割据,跨地区的出版业运营存在收益归属的变更,有可能改变政府间原有的利税格局,因此,出版物市场体系内的兼并、并购行为也受到这些利益部门的阻碍而无法大规模展开。

第三,出版物市场体系地域割据。出版物市场体系的地域割据主要是由于长期以来,出版企业同当地行政部门形成了密切关联的利益共同体,各地的出版行政部门都不遗余力地运用各种行政手段或明或暗地保护已经形成的利益格局。即便各省建立出版集团后,省内割据现象得到缓解,但省域之间的割据依然严重。这种情况在中小学教材出版发行招投标中表现得最为明显。在教材出版发行招投标中,各省的行政部门作为招标主体以各种手段迫使中标的外省教材出版社将中标教材租型给本省的教材出版社出版。而在教材发行招投标中,各省的新华书店名正言顺地成为本省的发行中盘。这种由于行政干预形成的出版物市场体系地域割据状态阻碍了出版资源的有效流动和合理配置,直接导致贯通全国的出版物流体系难以建立,出版企业难以跨地区经营。同时,在一定程度上拉大了城乡出版物市场的差距。地方保护主义造成的区域分割极大地阻碍了全国统一、开放、竞争、有序的大市场的形成。

四、出版物市场体系建设不规范

我国出版物市场体系建设不规范主要表现在三个方面:一是出版物市场体系的法制建设不全;二是出版物市场体系主体建设不力;三是出版物市场体系的信用问题凸显。

(一)出版物市场体系的法制建设不全

市场经济是法制经济。我国出版物市场法制体系不健全是增加出版物市场交易成本、风险的直接原因,也是制约出版物市场体系发展的最重要原因。

第一,出版法律制度不完善。这主要体现为:首先,已有法律影响力有限。至今没有出台《出版法》,已有的法律制度多是条例、意见,欠缺法律效应,影响力有限。其次,法律体系不健全。如在数字出版方面,迄今为止仅有2000年新闻出版总署颁布的《互联网信息服务管理办法》和2002年新闻出版总署与国家信息产业部共同制定的《互联网出版管理暂行规定》两部管理规章。这些"年代久远"的规章无法指导由技术直接推动的日新月异的数字出版产业的发展。再次,缺乏相应的执法监督机制,增加了出版活动的运营政策风险。如资本运营作为一种重要的经营手段,在我国还处于起步阶段,缺乏有效法律制度的约束,难以形成对出版企业资本运营行为有效的法律指导、保护和监督,资本运营成本和风险极高。最后,执法不力。执法人员素质不高、执法不力,再加上行政力量的干预,使得目前出版市场执法状况较为混乱。

第二,出版物市场制度存在缺陷。首先,出版物市场制度不全面。目前,出版物市场制度制定主要是经批准的正规出版企业、传统出版业、出版商品市场方面,而关于民营出版企业、数字出版业和出版要素市场等的制度制定则比较滞后。如缺乏民营出版企业身份的确定,运营行为的规范,民营出版企业的某些不规范的经营行为也缺乏相应制度进行规制,这是"统一开放竞争有序"的出版物市场体系发展的内伤和硬伤。而出版要素市场中,如版权制度不完善,尤其是缺乏数字出版版权相关制度,出版市场盗版泛滥没有得到很好的遏制,严重影响了传统出版企业与数字出版企业的合作。其次,出版制度的实施依赖行政力量。一直以来,行政权力和行政机制大规模介入出版业,出版行为完全属于行政审批的范围,市场的作用十分有限。如出版企业的数量、出版物品种及总量、出版物的重点选题等都完全由行政部门审批,出版资本市场的发展以行政改革的速度为标志等等。政府对企业的过度干预也造成了出版企业对政府的路径依赖,政企不分在我国出版业内成为一个长期存在的突出问题,这与市场体系的发展要求出版企业摆脱对政府的依赖及政府对企业的过度干预,成为独立自主的运营主体不相符。

第三,出版物市场体系建设相关政策不配套。首先,与出版物市场体系建设直接相关的政策不配套。如《中央宣传部、国家广电总局、新闻出版总署关于深化新闻出版广播影视业改革的若干意见》及新闻出版总署制定的实施细则,提出了出版物市场体系建设的原则性的意见。而经过一段时间发展的出版物市场体系还需要更具操作性的政策,以保障有章可循。目前,与出版物市场体系建设相关的,具有可操作性的政策还比较缺乏。其次,与出版物市场体系建设间接联系的政策不配套。这主要表现在出版要素市场方面。出版要素市场的发展依赖于相关要素市场的发展进度,与出版物市场体系间接联系的要素市场政策不配套,阻碍了要素的流动和出版要素市场的形成。如资本市场要作用于出版领域进行跨地区并购,但受到银行只对当地企业放贷的制度阻碍。

(二)出版物市场体系主体建设不力

出版企业没有成为真正的市场主体。作为出版物市场体系的主体,应该由数量众多的、各种类型的、多元化的、建立了现代出版企业制度的出版企业构成。这是发展出版产业,建设出版物市场体系的前提。而目前我国出版物市场体系建设过程中,缺乏这样的现代出版企业。出版物市场体系建设中市场主体建设不力主要表现在:出版企业数量太少;出版企业相关制度不全;出版企业组织形式不规范。

第一,出版企业数量太少。相对于出版业发达国家而言,我国出版企业数量太少。这使得一方面,市场竞争有限,难以培育出具有竞争力的出版企业。另一方面,整个市场体系难以形成合力和规模效应以应对日益激烈的国际市场竞争,从而使我国出版物市场体系在融入世界出版物市场体系过程中处在不利地位。如在出版社的设立方面。国外出版物市场体系主体多在上千甚至上万家。如美国拥有2.1万家出版社,德国拥有3000多家出版社,英国拥有2400多家出版社,法国拥有4000多家出版社,日本拥有4500多家出版社。而在我国,即便是在入世以后,出版企业面临着跨国出版集团的严峻挑战,政府也没有放松对新增出版社的审批,图书出版单位一直徘徊在580家左右。虽然民营出版公司、出版工作室有了很大程度的发展,2010年,民营企业在全国13.1万家新闻出版企业中所占比重由2009年的72.0%提高到76.1%。① 但这些企业也只能通过与出版社合作间接地获得出版的权利,并非国家承认的合法的出版单位。再加上民营出版企业在法律上身份不明,其不规范的市场行为也破坏了市场秩序。

第二,出版企业相关制度不全。出版企业制度在这里主要指企业产权制度和企业组织制度。首先,出版企业产权制度不全。产业发展过程中,深层次的约束是产权约束。我国出版体制改革过程中,出版单位"空手道"现象多的重要原因就是我国没有形成有效的产权制度。其一,我国出版企业主要是国有企业,没有实现产权多元化、社会化。具体来看,企业的市场进入/退出只受行政壁垒约束;企业经营方面依赖政策支持,如以新华书店和出版社自有发行为主的国有发行单位占据着发行市场的绝大部分份额,其最主要的利润来源依靠中小学教材教辅的发行;出版从业人员尤其是领导层

---

① 2010年新闻出版产业分析报告[EB/OL]. http://www.gapp.gov.cn/cbfzs/oldcbcyfzs/contents/3758/143470.html.

多是有编制的体制内人士,其工资绩效、工作前景等只受行政约束,缺乏激励机制。其二,出版企业没有建立规范的公司治理结构。规范的公司治理结构首要的是做到所有者和经营者分离,在所有者和经营者之间形成制衡关系。目前,出版企业通常由各级政府指定出资人代表,授权对其管理的国有资产行使所有者职能,同时作为出版企业所有者代表进行经营,需要履行经营职责,所有者和经营者之间的角色难以平衡,不存在制衡关系。现代企业制度的核心就是相互制衡的治理结构,做不到这一点就谈不上建立现代企业制度。即便出版企业进行产权委托管理,但一般情况下,委托代理结构也是不尽合理的,是严重的责权不对称的软约束。因此,我国的出版企业即便完成了转企改制或建立了出版发行集团,也远未达到现代企业的要求。出版业资本构成中的个人和社会机构投资者的投资比重明显不足,远不能满足我国出版企业市场化发展的需要。其次,出版企业组织制度不全。目前出版企业的规模大都处于一种不大不小的状态,这与出版企业组织结构不合理紧密相关。主要表现在两个方面:其一,出版企业组织"同构化"。以图书出版社为例。出版企业地区分布"同构"。除了北京、上海外,全国其他地区的出版社的数量大体相当,同时主要分布在中心城市。其二,出版企业地域形态"同构"。按照计划,各省基本上形成了以"人民出版社""教育出版社""大学出版社""科技出版社""少儿出版社""文艺出版社"等类型为主的出版格局。出版社类型、经营范围相同,规模相当,导致了图书出版同质化竞争。即便建立了出版集团,并在出版业内提出"打破专业分工","同构化"的出版企业发展形态也没能得到大的改善。此外,各省的教育社都因承担着教材出版任务成为本省上缴利润的大户。其三,出版企业结构"同构"。从计划经济时期开始,各出版社形成了一致的组织结构,包括编辑、出版、发行三大业务为主的编辑部、出版部、发行部的"小而全"的组织结构。在市场化理念的深入下,各出版企业又都形成"策划部""市场部"。僵化体制下的出版企业结构"同构化"分散了出版资源,造成低水平重复出版。

第三,出版企业组织形式不规范。首先,国有民营严格区分,规范性迥异。对出版物市场的行政约束只限于国有出版企业,涉及国有出版企业的设立、人员聘用及待遇、出版活动、运营活动等方方面面。同时国有出版企业也能享受到税收、银行融资等方面的支持。但对民营出版企业,既无法律上的承认,又缺乏相关行业标准和发展导向,任由其如"散沙"状发展。这种纵容和不理睬的行业政策更加剧了民营出版企业的非法性。其次,出版集团与子出版社之间组织形式不健全。尽管国务院批准的《关于深化大型企业集团试点工作的意见》中明确要求企业集团要建立以资本为纽带的母子公司体制。但是由于出版集团授予国有资产经营权或授权不到位,出版集团和子出版企业之间不存在出资关系,也就不存在建立母子公司体制的产权基础。因此,目前的出版集团几乎都是由原有出版企业进行简单的数量叠加,还未发生"化学反应"。

(三)出版物市场体系的信用问题凸显

市场经济是信用经济,在发达国家,商业交易绝大部分是建立在信用基础上的交易,而在我国出版业中,信用交易的缺失使得出版企业的经营承担了巨大的风险,出版业的效益受到损害。信用问题在出版业各环节均有表现:

第一,在出版环节,部分出版社利用其"事业单位性质,企业化管理"的优势,将自身掌握的公共资源进行交易,如出版社买卖书号、期刊买卖版面、学术期刊向作者收取高额的版面费等行为屡禁不止。而在编辑环节,把关不严,出版内容平庸、质量低劣的图书,以及"跟风图书""克隆图书""伪书"来糊弄、欺骗读者,甚至出版一些内容不健康、格调低下的出版物迎合一部分人不健康的需求……这些现象扰乱了出版物市场经济秩序,也危害了我国社会意识形态。更不用说出版物市场中的老大难问题——盗版了。据业内人士估计,畅销的正版图书与盗版图书的比例至少为1∶1。① 如在郭敬明本人还未创作完成"爵迹"系列之第二部《爵迹·风津道》时,伪书已经在全国各地销售。据估算,盗版数目有10万册之多,涉及全国。②

第二,在发行环节,竞争混乱、无序,缺乏商业诚信成为制约出版产业发展的顽疾。在出版企业的经营策略方面,首先,竞争过度依赖价格,进行"高定价、低折扣"竞争。直到2009年,出版业仍被称为中国十大暴利行业。其次,出版企业的出版物营销依赖虚假宣传、不实广告占领市场。如当当网、亚马逊网的畅销书《男孩的进化史》的封面显示其获得"纽伯瑞金奖"就是虚假宣传的行为。再次,出版企业普遍面临拖延货款现象,商业诚信普遍缺失。出版物交易过程中结账难,账期长。我国出版业中"三个月账期"是为时已久的行业惯例,而在事实上,1～2年结账甚至长久赊欠的现象比比皆是,在出版业"账期"博弈中,从事内容制造的出版企业处于弱势,发行企业则处于强势地位。在市场经济对出版业各环节的推动下,资金的流动性非常强,为了收回书款,出版企业不得不加大新书品种的推出,通过增添新货结算旧账。由此,出版物品种急剧增长,市场逐渐趋于饱和,且质量相对下滑,大批出版物在历经一段时间的库存后就直接退货化浆。

出版物市场体系信用问题频繁主要有两个方面的原因:一是出版业信用体系缺失。由于我国市场经济发育还不充分,整个市场信用体系尚未建立。再加上出版业转型较晚,信用体系建设非常缓慢。究其原因。一方面,国家信用管理体系不健全,缺乏有效的失信惩罚机制。既无信用经济方面法律规范和约束,也无行业失信惩戒机制,失信行为得不到相应的惩罚,失信的机会收益高于机会成本,因此,也纵容了失信行为。而出版社将失信行为诉诸法律的成本太高,也只能私下解决了事。另一方面,出版业市场信用交易不发达,信用意识淡薄。无论是出版企业还是发行企业,都普遍缺乏信用意识和信用道德观念。在出版社内部,缺乏规范的信用管理制度,编辑以"文责自负推脱责任",而大部分出版社的出版物产品质量尤其是账款回收情况直接由发行人员一并承担。此外,我国的信用中介机构没有建立自己的信用资料数据库,或数据库规模小,信息不完整,无法反映企业的真实信用情况,做出公正的、客观的评估。二是出版业信用信息的开放度低。由于我国信用管理方面法律的缺失,企业信用数据掌握在政府部门及专业机构中,局限于政府相关部门使用,如公安机关、工商局、税务系

---

① 刘伯根.出版集团战略投资论[M].北京:新星出版社,2011:90.
② 罗皓菱.郭敬明新书《爵迹》第二部未上市10万伪书已横行[EB/OL].北京青年报,2012-6-9.http://www.ce.cn/culture/gd/201206/09/t20120609_23394601.shtml.

统、统计部门、人事局等,大量的企业信息资源没有公开,增加了征信的难度。对出版企业的经营来说,缺乏对交易对象最基本的经营与否、合法与否、经营中重大负面行为相关信息的了解,存在很大的交易风险。

第四章

我国出版物市场体系建设目标及其运作模式

第一节 我国出版物市场体系的评价体系

出版物市场体系的基本特征是"统一性、开放性、竞争性、有序性"。一个合理的市场体系必须是有效竞争的,在竞争过程中促使市场体系不断统一、开放和有序。有效竞争是对出版物市场行为理想状态的概括,既能促使出版物市场结构不断趋于合理,又能平衡和提高出版物市场的经济效益和社会效益。美国著名经济学者史蒂芬·索斯尼克(Stephen Sosnick)以产业组织理论的经典范式"市场结构—市场行为—市场绩效"(SCP)三段式研究范式为依据,对20世纪50年代末之前的所有文献作出评论,并概括出有效竞争的15条标准,规范了有效竞争的评价指标。这对本书的出版物市场体系评价指标的设计提供了思路。

近年我国传统出版物市场规模不断扩大,数字出版市场迅猛发展,信息技术,尤其是数字出版技术已经成为出版业发展的重要动力,推动传统出版业转型并与其他产业融合,催生了数字出版业这种新的产业形态,使出版业的内涵更加丰富,出版物市场中的有效竞争行为更加多样化。因此,我们有必要建立更为合理的、丰富的指标对我国出版物市场体系进行评价。

一、指标体系设计

已有对出版物市场进行定量分析或定性分析的研究中,多存在参数不一致或指标之间不可加的问题,影响了评价的可操作性及结果的科学性。本书遵循科学性、系统优化、通用可比性、实用性、目标导向等五个科学的评价指标设计原则[①],以SCP范式为指导,结合出版物市场体系中,图书出版市场具有的重要作用及数字技术推动出版产业融合的产业现状,以图书出版物市场的相关情况为例建立出版物市场体系的指标体系。基于相关数据的权威性、可获得性,及基本能够反映出版物市场体系的基本状况等缘由,本书选择了以下12项指标对出版物市场体系的有效竞争情况进行评价。

X_1=出版社数量,该指标反映图书出版产业的竞争主体规模。

---

① 廖泉文.人力资源考评系统[M].济南:山东人民出版社,2000:31-36.

X_2 = 总品种：图书出版品种数，该指标反映图书出版产业的生产种类规模。

X_3 = 总印数：图书总印刷册数，该指标反映图书出版产业的生产印制规模。

X_4 = 总金额：图书出版总码洋，该指标反映图书出版产业的定价总额。

X_5 = 单品种销售收入：销售收入/总品种，该指标反映图书单品种的规模效益。

X_6 = 人均销售收入：销售收入/行业从业人员数，该指标反映图书出版产业的劳动生产效率。

X_7 = 库存率：库存码洋/定价总金额×100%，该指标反映图书出版企业的有效供给能力及生产周转能力。

X_8 = 再版率：(出书总数中重印书种数+再版书种数)/图书种数，该指标反映图书内容质量及图书出版企业的资源利用能力。

X_9 = 电子图书销售收入，该指标反映图书内容多渠道销售情况和图书载体的开发能力。

X_{10} = 平均印数：总印数/总品种，也即单品种平均印刷册/张数，该指标反映图书需求数量。

X_{11} = 平均印张：定价总金额/总印张，即单册图书平均用纸的数量，该指标反映图书出版成本高低和内容信息量多少。

X_{12} = 新书种数：该指标反映图书出版产业主体创新进行开发及适应新需求的能力。

二、数据来源及处理

本书的样本数据是 2000—2012 年图书出版物市场的相关数据。这些数据来源于《中国出版年鉴》(2001—2013 年卷)、《新闻出版资料统计汇编》(2001—2013 年卷)、《中国图书出版产业报告》(2005—2007 年)，《中国数字出版产业年度报告》(2006—2013 年)、《传媒蓝皮书 2010》以及北京开卷信息技术公司于 2013 年年初发布了《2012 年中国图书零售市场报告》，并进行了相应计算得出。

表 4-1 是利用 SPSS18.0 软件对数据标准化后的结果。

表 4-1　2000—2012 年图书出版物市场相关指标数据

指标体系变量年份	出版社数量（家）	总品种（种）	总印数（亿册、张）	总金额（亿元）	单品种销售收入（万元/种）	人均销售收入（万元/人）	库存率（%）	再版率（%）	电子书销售收入（亿元）	平均印数（万册张/种）	平均印张（印张/册）	新书出版品种（种）
	X_1	X_2	X_3	X_4	X_5	X_6	X_7	X_8	X_9	X_{10}	X_{11}	X_{12}
2000	-1.28659	-1.28740	-0.98407	-1.25890	3.17384	1.00999	-1.51725	-0.92019	-0.50453	1.79212	-1.12399	-1.25113
2001	-1.92376	-1.15389	-0.91748	-1.09973	-0.22041	-1.28470	-1.46911	-1.17030	-0.49361	1.43369	-1.07480	-1.09856
2002	-0.96801	-0.95708	0.11838	-0.80367	-0.21512	-1.19430	-1.40860	-1.00560	-0.47783	1.36201	-0.97640	-0.90160
2003	-0.64942	-0.72444	-0.25157	-0.68793	-0.19623	-1.06281	-0.41152	-0.58468	-0.45720	0.74074	-0.73041	-0.68670

续表

指标体系变量年份	出版社数量（家）	总品种（种）	总印数（亿册、张）	总金额（亿元）	单品种销售收入（万元/种）	人均销售收入（万元/人）	库存率（%）	再版率（%）	电子书销售收入（亿元）	平均印数（万张/种）	平均印张（印张/册）	新书出版品种（种）
	X_1	X_2	X_3	X_4	X_5	X_6	X_7	X_8	X_9	X_{10}	X_{11}	X_{12}
2004	−0.33084	−0.51006	−0.72696	−0.55325	−0.30731	−0.53137	0.18122	−0.69449	−0.42928	−0.76464	−0.48441	−0.45765
2005	−0.17155	−0.34028	−0.62892	−0.38251	−0.49999	−0.73774	0.26786	−0.33457	−0.39287	0.03584	−0.43522	−0.30939
2006	−0.17155	−0.20260	−0.73621	−0.30947	−0.54533	−0.70578	0.88536	0.95867	−0.35646	−0.16726	−0.48441	−0.27358
2007	0.78421	−0.03122	−0.94893	−0.18987	0.26546	1.02551	1.26356	1.44669	−0.26422	−0.40621	0.10597	−0.14696
2008	0.78421	0.29669	0.24047	0.30736	0.18460	1.30949	1.45335	1.72830	−0.17440	−0.43011	0.20436	0.14531
2009	0.94350	0.60863	0.42730	0.55275	0.10073	1.59256	0.43840	0.89157	−0.05303	−0.65711	0.64715	0.53414
2010	1.10279	0.92796	0.67516	0.93408	−0.45314	0.34158	0.60343	−0.24307	0.06834	−0.83632	0.84394	0.98011
2011	0.94350	1.42053	1.66294	1.48480	−0.60351	0.14343	0.16609	0.66586	0.31109	−0.94385	1.53272	1.36687
2012	0.94350	1.95317	2.06989	2.00631	−0.68360	0.09412	−0.45278	−0.73719	3.22401	−1.15890	1.97550	2.09915

三、评价指标因子分析

出版业发展受众多因素的影响，为了全面系统地研究出版业情况，本书选取了12个指标，在分析中也称变量。由于指标比较多，而且各指标反映的是图书出版业的不同剖面，各指标之间难以直接进行比较。本书采用降维的思想，选择主成分分析法进行因子分析，以确定我国图书出版物市场体系发展过程中起重要作用的指标，从而在建设出版物市场体系目标中予以特别重视。从指标相关矩阵内部的依赖关系出发，将信息重复、关系错综复杂的多数变量归结为少数几个不相关的综合指标。即以变量之间的相关性为依据进行分组，使得同一组内变量的相关性较高，而组别之间变量则不相关或相关性较低。从而重新构建几个综合性指标分别代表其组内的基本结构，反映整体以及变量之间的相关关系。

以下是运用SPSS18.0软件对标准化后的样本数据采用主成分分析法进行因子分析（factor analysis）的结果，可以确定我国图书出版物市场体系合理化的重要影响因子。

（一）确定保留公共因子变量的数目

从分析的结果来看，如表4-2综合评价因子方差分析表，有三个较大的特征值，并且其累积贡献率达到94.698%，是主成分，包含指标的大部分信息。因而，可以提取前三个公共因子变量，其对原始指标变量的信息描述具有显著作用。

表 4-2 综合评价因子方差分析表

Component	Initial Eigenvalues			Extraction Sums of Squared Loadings			Rotation Sums of Squared Loadings		
	Total	% of Variance	Cumulative %	Total	% of Variance	Cumulative %	Total	% of Variance	Cumulative %
1	7.699	64.159	64.159	7.699	64.159	64.159	6.337	52.805	52.805
2	2.306	19.217	83.376	2.306	19.217	83.376	3.530	29.421	82.226
3	1.359	11.322	94.698	1.359	11.322	94.698	1.497	12.472	94.698
4	.271	2.261	96.959						
5	.199	1.657	98.616						
6	.059	.494	99.110						
7	.053	.445	99.555						
8	.035	.289	99.843						
9	.015	.125	99.968						
10	.004	.031	99.999						
11	.000	.001	100.000						
12	8.167E-7	6.806E-6	100.000						

Extraction Method: Principal Component Analysis.

(二)因子分析效果

从共同度表(表 4-3)中,我们可以看到,12 个指标的共同度都在 0.8 以上,与 1 接近,由此,我们可以知道,原始指标变量所携带的信息不能被公共因子变量解释的部分比较小。也就是说,我们所提取的公共因子变量比较能够反映原始指标变量的信息,因子分析的效果是比较好的。

表 4-3 共同度表

	Initial	Extraction
Zscore(出版社数量)	1.000	.961
Zscore(总品种)	1.000	.994
Zscore(总印数)	1.000	.898
Zscore(总金额)	1.000	.992
Zscore(单品种销售收入)	1.000	.970
Zscore(人均销售收入)	1.000	.971
Zscore(库存率)	1.000	.967
Zscore(再版率)	1.000	.889
Zscore(电子书销售收入)	1.000	.835
Zscore(平均印数)	1.000	.907
Zscore(平均印张)	1.000	.987
Zscore(新书出版品种)	1.000	.994

Extraction Method: Principal Component Analysis.

(三)因子命名和解释

表 4-4 是采用方差极大法对因子荷载矩阵进行旋转后得结果。

表 4-4　旋转后因子载荷矩阵表

	Component				Component		
	1	2	3		1	2	3
Zscore(出版社数量)	.048	.168	.039	Zscore(新书出版品种)	.949	.292	-.090
Zscore(总品种)	.144	.007	.004	Zscore(总金额)	.945	.305	-.076
Zscore(总印数)	.202	-.136	.027	Zscore(总印数)	.944	-.007	-.074
Zscore(总金额)	.156	-.017	.006	Zscore(平均印张)	.938	.327	-.010
Zscore(单品种销售收入)	.033	-.093	.611	Zscore(总品种)	.926	.363	-.072
Zscore(人均销售收入)	.042	.125	.522	Zscore(电子书销售收入)	.900	-.159	-.009
Zscore(库存率)	-.128	.361	-.135	Zscore(平均印数)	-.661	-.644	.233
Zscore(再版率)	-.115	.340	.044	Zscore(库存率)	.109	.970	-.119
Zscore(电子书销售收入)	.220	-.192	.078	Zscore(再版率)	.045	.931	.140
Zscore(平均印数)	-.031	-.163	.148	Zscore(出版社数量)	.677	.707	.039
Zscore(平均印张)	.157	-.012	.051	Zscore(单品种销售收入)	-.343	-.231	.894
Zscore(新书出版品种)	.158	-.022	-.003	Zscore(人均销售收入)	.277	.558	.763

由表 4-4 可以看出,每个公共因子都有着明确的经济含义。第一公因子反映了图书出版产业的经济效益情况。其中,新书出版品种、总金额、总印数、平均印张、总品种、电子书销售收入、库存率在第一公因子的载荷分别达到 0.949、0.945、0.944、0.938、0.926、0.900、0.109,较大的生产规模、较高的销售收入及较低的库存率情况下,图书出版产业能获得最大的经济效益。命名为有效竞争因子;第二公因子反映了图书出版产业的资源配置能力,其中,再版率、出版社数量在第二公因子的载荷分别为 0.931、0.707,数量众多的出版企业及企业出版的图书有着较高的再版率说明企业的自由配置能力强,这对企业融合各方面因素进行生产和发展的能力有着较高的要求。命名为融合发展能力因子。第三公因子反映了图书出版企业在满足和引导消费者需求方面的能力,其中,单品种销售收入、人均销售收入在该因子上的载荷分别达到 0.894、0.763,单品种图书的收入高、人均销售收入高说明图书出版企业的图书能够较好地满足读者需求,而读者的需求越来越体现出个性化的一面,因此,命名为个性化需求生产因子。

(四) 因子得分和分析

首先,根据因子得分系数矩阵,我们可以计算出以上三个公共因子的因子得分值,如表 4-5。

其次,根据表 4-2 中,各因子方差贡献率在三个因子方差贡献率之和中所占的比重得出综合得分权重。经计算,F_1 有效竞争因子的权重为 0.55763816;F_2 融合发展能力因子的权重为 0.31063006;F_3 个性化需求生产因子的权重为 0.13173178。三个因子在评价体系中的比重如图 4-1。

最后,通过对三个因子的综合得分权重进行加权得出综合因子得分函数($F_{综}$ = 0.55763816 F_1 + 0.31063006 F_2 + 0.13173178 F_3),算出综合得分值,见表 4-5。

第四章 我国出版物市场体系建设目标及其运作模式

表 4-5　2000—2012 年各指标因子综合得分值

年份	F_1	F_2	F_3	综合得分
2000	−0.73682	−1.25377	2.71490	−0.44269899
2001	−0.84922	−1.35760	−0.64827	−0.980666609
2002	−0.49023	−1.25021	−0.53607	−0.732341218
2003	−0.57128	−0.53921	−0.64569	−0.571120256
2004	−0.51663	0.06422	−0.72835	−0.364090782
2005	−0.49139	0.08001	−0.81542	−0.356581032
2006	−0.69701	0.79060	−0.88392	−0.259535603
2007	−0.51538	1.43377	0.52137	0.226657504
2008	−0.11579	1.45121	0.65076	0.4719463
2009	0.41200	0.84348	0.85787	0.604765907
2010	0.74678	0.39572	−0.19869	0.513181765
2011	1.25924	0.32252	−0.23293	0.7717004
2012	2.56572	−0.98074	−0.05557	1.119601024

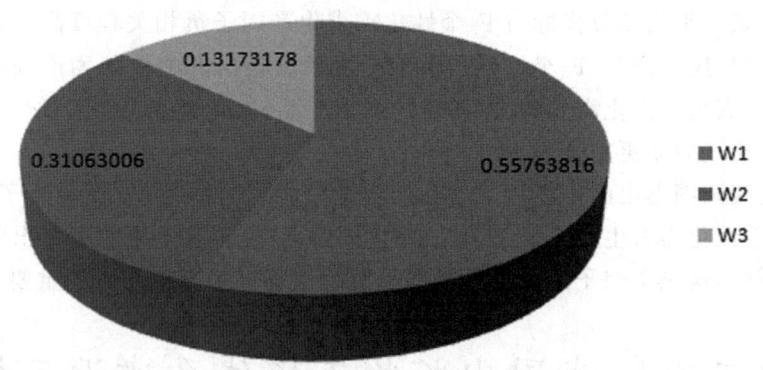

图 4-1　三个因子在评价体系中的比重图

根据表 4-5,绘制了各因子得分值及综合得分值变化的折线图,如图 4-2。

根据图 4-2,2000—2012 年各综合因子得分变化图,可知:

第一,图 4-2 中,综合得分曲线与 F_1 有效竞争因子得分曲线高度相似,表明在综合评价我国图书出版市场组织优化目标时,有效竞争因子起主导作用。

第二,从 F_1 有效竞争因子得分曲线来看,2000—2005 年,我国图书出版物市场的有效竞争水平处于下滑和不稳定的状态,2006 年开始持续上升。上升的原因是 F_2 融合发展能力因子的主导作用。而反映 F_2 融合发展能力因子的是再版率及电子图书销售收入两个指标,这表明,提高内容资源的重复利用效率,创新资源的利用方式、利用

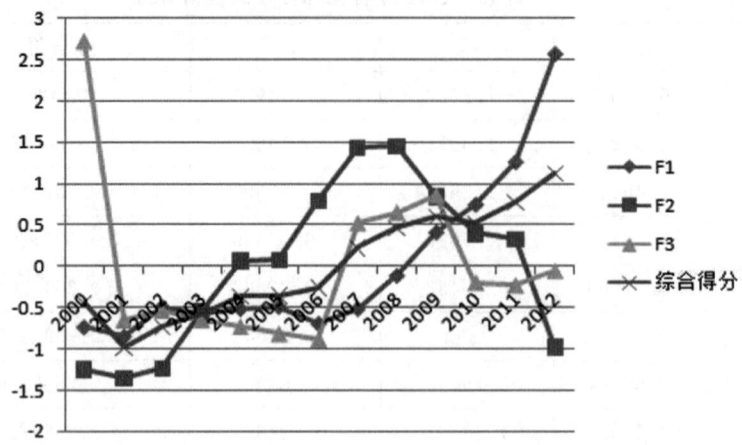

图 4-2 2000—2012 年各因子综合得分变化图

渠道是提高图书出版物市场发展水平和推进图书出版物市场组织优化的重要途径。

第三，F_3 个性化需求生产因子得分曲线波动较大，反映 F_3 的是平均印数、平均印张和新书出版种数三个指标，与 F_3 呈正相关程度高的是平均印张和新书出版种数两个指标，与 F_3 呈负相关程度高的是平均印数指标。平均印张表示的是图书中的信息含量多少，新书出版种数体现的是图书出版创新能力，而平均印数指标则表示单品种图书的需求量。平均印数指标与 F_3 个性化需求生产因子负相关程度高正好反映了图书市场存在"长尾利润"。F_3 个性化需求生产因子反映出图书出版物市场能够提供信息含量大的、满足个性化需要的、多样化的图书产品，出版企业按照需求生产能够促进图书出版物市场体系更加合理。

以上对我国图书出版市场相关指标的实证分析，构建了有效竞争因子、融合发展能力因子、个性化需求生产因子三个综合评价因子，基本符合我国图书出版物市场发展情况。同时，这三个因子也是评价我国出版物市场体系合理与否的重要标准。

第二节 我国出版物市场体系建设目标及其运作模式构建

基于出版物市场体系的评价体系，本书构建我国出版物市场体系目标。为了以更为直观的形式呈现这个目标，构建了出版物市场体系的运作模式。

一、我国出版物市场体系的建设目标

出版物市场体系目标应该是一个系统的、组织化的对象。综合上述分析，可知出版物市场体系合理化评价有三个指标：有效竞争因子、融合发展能力因子和个性化需求生产因子。因此，本书提出，我国要建设的出版物市场体系不但是一个有效竞争的

组织,是一个融合发展的系统,而且应具有满足个性化需求的生产能力。

表 4-6　我国出版物市场体系建设的目标

衡量指标			目标
有效竞争	市场结构	市场主体规模	企业数量众多、规模不一、类型多元
		市场集中度	教育出版领域寡头主导,整个市场呈"大—中—小"型企业相结合的结构
		产品差异化	差异化程度高,专业化程度高,实现范围经济效益,重视获取长尾经济利润
		进入和退出壁垒	资源自由流动,大众出版市场进入/退出壁垒低,专业出版市场和教育出版市场进入/退出壁垒高
		价格竞争	出版物价格基本放开,实现企业根据市场需求自主定价
	市场行为	产品竞争	重视和激励创新,满足消费者的差异化偏好
		兼并与收购	跨行业并购、跨媒体并购、通过"引进来"和"走出去"进行跨地域并购
		技术竞争	重视自主创新技术,同时对外界新技术进行吸收和创造性应用
	市场绩效	经济绩效	资源配置效率高、扩大规模收益、技术进步
		社会绩效	减少内容不健康的、平庸的、伪劣的出版物,增强外部性
融合发展		资源利用率	深度开发内容,重视内容开发质量,提高内容资源重复利用率
		协同效应	构建企业增值型价值网从而实现协作,实现在出版企业内部运营协同,出版行业内部、出版行业与其他行业之间通过标准、资本、技术等的融合而协同
个性化需求生产		按需生产	存在大量的小规模出版企业,通过灵活的经营方式,在充分的市场调查基础上,创新生产流程、提高编辑内容加工能力,升级技术进行个性化内容定制

(一)出版物市场体系是一个有效竞争的市场组织

有效竞争是指既具有规模经济,又具有竞争活力的长期均衡且有效发展的竞争格局。根据 SCP 范式,我们可以对有效竞争的出版物市场体系从市场结构、市场行为和市场绩效三个方面来考量。第一,在出版市场结构方面,出版物市场体系应该是开放的,由众多的、各种类型的出版企业组成的一个既具有竞争性又有一定程度垄断性的体系。其主体是由较多规模大小不一、类型多元,国企、民营、外资、合资等形式不限的企业形成的，呈现"大—中—小"企业相结合的市场结构。由于教育出版的严肃性和普及知识的任务，可以培育少数几个教育出版寡头，建立教育出版品牌；在产品结构方面，整个市场产品差异化程度高，从专业的角度实现范围经济，并且重视获取长尾经济利润；在市场的进入/退出壁垒方面，市场资源是自由流动的，大众出版市场进入/退出壁垒低，而在专业出版市场、教育出版市场上，由于其严肃性可以适当提高进入/退出市场的要求。第二，在出版市场行为方面，出版物市场体系应是在一定的产业政策指导下通过对创意、技术和资本的投入，形成各出版企业产品差异化程度较高、经营行为新颖的体系。具体来看，主要包括出版物价格方面基本实现企业自主定价；在产品方面重视和激励进行产品创新，满足消费者差异化偏好；在技术方面以自主创新为主，同时注意对新技术的吸收和创意性应用；在全球市场进行跨行业并购、跨媒体并购、通过"引进来"和"走出去"进行跨地域并购。第三，在出版市场绩效方面，出版物市场体系应是具有范围经济效益，同时又能兼顾其社会效益的体系。出版物市场体系应实现高效率的资源配置，以扩大规模收益。对于出版企业来说，通过提高自身生产、管理、技术水平和企业内部的组织协调实现规模收益，增强对外的竞争力。同时抵制内容不健康的、平庸的、伪劣的出版物，提高社会效益。

在美国、德国、英国、日本等出版业发达国家，出版物市场的有效竞争表现明显。出版市场上，企业数量多，且积极进行市场竞争，既发挥大型出版传媒集团的规模经营能力，又发挥数量众多的小型出版社、书店在某些领域的专业性及灵活创新性。中等规模的出版企业则不断被大型出版企业并购。截至2001年年底，美国约有出版社2.8万家。其中，年销售额在3000万美元或员工在150人以上的大型出版社不过40家，其余绝大多数是年出版图书1种至3种的小出版社。[①] 一方面，出版业发达国家都非常重视通过资本市场运作促进出版市场规模经济与竞争并存。自20世纪六七十年代开始，美国出版业就兴起了并购风潮，且交易数额巨大。正是通过一系列的并购重组，使得美国出版业的集中度越来越高。在出版资源不断流向大型出版集团的过程中，使得规模经济与竞争并存，出版企业在出版产品质量、品种、品牌、服务、广告以及产品差异化等方面凭借实力和效率进行全方位的竞争。从而形成了基于高质量出版产品的规模经济效应、协同效应和资源配置高效率。根据美国出版周刊报道，截至2013年6月1日，美国共有出版社12703家，平均每24053人一家。其中，前50的出版公司占据了美国本土80%的市场。在教育出版领域，麦格劳-希尔出版公司、培生教育出版集团、汤姆森集团、霍顿·米福林·哈考特集团等4家公司掌控了美国基础教育图书市场，份额加起来占70%，3家公司控制美国高等教育市场，份额超过80%；英国教育出版领域前5家公司占67%的市场份额。[②]另一方面，出版业发达国家非常重视保护和发挥小型出版企业生产、经营和创新的灵活性。如德国CAMPUS出版社通过媒体的宣传，极大地提高了出版社的品牌影响力，在中国、法国、匈牙利、印尼、意大利、荷

---

① 杨贵山.国际出版业导论[M].北京:北京大学出版社,2010:27.
② 程三国.理解现代出版业[N].中国图书商报,2002-10-11.

兰、波兰、西班牙等地委托代理机构开展版权输出业务,不断拓展海外市场。①

(二)出版物市场体系是一个融合发展的系统

出版物市场体系是一个各类要素在不断融合中获得发展的体系。一方面,随着各类要素市场的发展,单个企业在发展中的经营成本越来越高。如资源开发成本、人力成本、办公场地、经营管理等成本越来越高,而在越来越激烈的市场竞争中,企业的经营管理难度也越来越大。另一方面,随着各经济部门的融合发展,与出版产业关联度较大的电信、互联网、传媒产业因为对内容、信息的传递而联系在一起。在这样的情况下,各出版企业有了以下两种需求:第一,深度开发内容资源,提高内容资源的再版、再利用率。从理论上讲,对内容资源的开发是无止境的,大量的开发内容资源既是对资源的滥用,也给企业增加了很多不必要的成本,导致出版企业粗放经营,运行效率低下。在我国出版业中,目前出版企业重视开发图书出版品种,而企业的实际销售却不尽如人意的情况比比皆是。出版企业生产经营的出版物是以内容为根本的产品,出版企业要获得持续发展,就必须加大内容资源开发的深度,形成企业的核心竞争力,整合企业内外部资源形成企业在某方面内容市场上的生产经营优势地位,同时不断优化内容、创新出版形式提高内容资源的再版、再利用率,提高内容资源的利用效率,形成内容的规模优势。第二,构建企业增值型价值网进行协作,实现在出版企业内部协同、出版行业内部协同、出版业与其他行业的协同。在企业的生产经营成本越来越高的情况下,尤其是技术成本、人力资源成本越来越高的情况下,我国目前出版企业规模均等,不大不小的状态难以单独完成出版技术的开发和出版尖端人才培养等对企业或产业有重大影响的事项。对单个出版企业来说,只有加强与其他企业协作,如采用项目运作制等形式,与技术开发企业合作,进行内容开发、组织、展示和存储技术的研发,与传媒企业协作通过多种渠道传播内容资源,与电信企业在内容传递方式方面合作等,通过多样化的合作方式提高企业的内容资源利用率,能够实现在节约成本的前提下提高企业的核心竞争力,促进出版企业自身的发展。对于出版产业来说,既要完善和规范出版行业内标准,使得行业内部运作规范,又要不断与其他行业标准相融合,便利出版业与其他行业间通过标准相联结,加大企业协作的可能。如通过技术信息、资本、行业标准融合等方式构建企业增值型价值网。在发达国家,大型出版传媒集团通过业务、区域、研发等方面进行协同实现了集团内部的管理协同。在集团内部,各子公司利用共有的客户群、营销渠道、交叉销售方式来扩大销售网络,实现多赢。如贝塔斯曼通过这种协同在全球实现业务共享。而新闻集团(旗下有哈伯柯林斯出版公司)在开曼群岛、百慕大、荷属安的列斯群岛等低税率的地方建立子公司,将高税率国家或地区的经营利润转移过去。

(三)出版物市场体系应该具有满足个性化需求的生产功能

出版物市场体系必须能够满足消费者的个性化需求。出版物本质上是精神产品,

---

① 崔斌箴.德国出版"走出去"正在重铸辉煌[J].出版参考,2012(7)上:50.

消费者根据自身对出版物内容及其表现形式的不同偏好进行消费。消费者的需求意味着巨大的市场,出版物消费越来越个性化的趋势意味着出版产业的传统运作模式需要转型。第一,出版物市场体系要具有这样的功能,就需要降低市场进入壁垒,培育大量的小规模出版企业,发挥其经营的灵活性。小型独立出版社是出版市场创新的重要主体,根据美国鲍克公司提供的资料显示:美国每年大约出版12万种新书,78%的新书都是由小出版商出版。[①] 出版企业要满足这些不同的偏好就需要在充分的市场调查的基础上,创新企业生产流程,提高编辑内容加工能力,升级技术进行个性化内容定制。第二,出版物市场体系要能够满足消费者的个性化需求就需要进行生产模式变革,从大量生产向精细化生产变革,从大量定制生产向即时顾客化定制方面发展,实现企业自身生产角度向消费者个性化需求生产角度转变。这就需要各出版企业在生产过程中,突破传统的需求预测方法局限,基于技术将个性化和多样化的消费需求可视化,共享需求相关信息,同时不断提升理解和转换需求相关信息的能力。如今数字化阅读盛行,Zite、ZAKER、FlowReader、博众资讯、腾讯爱看等阅读软件不断出现,引领着数字化阅读向社会化转变。这些阅读软件没有自制内容,但通过在技术方面进行创新,实现了将各种媒体及网站的信息以读者需要的方式呈现出来的特色功能和个性化服务。艾瑞咨询的研究结果显示,Zite以内容算法为长,无须订阅,即可读取用户平时的阅读习惯推荐内容;Google Currents凭借谷歌强大的搜索技术背景,为用户提供每小时的新闻热点追踪;SkyGrid定位为商务社交新闻聚合应用,更多专注于金融财经类资讯。[②]

二、我国出版物市场体系的运作模式构建

运作模式是指一项事物进行中的工作状态,是前人对事物运行过程中抽象出来的经验总结,是事物运行的形式上的规律,而非实质上的规律。运作模式是对客观事物的内外部机制的直观而简洁的描述,是理论的简化形式,可以向人们提供客观事物的整体内容。构建我国出版物市场体系的运作模式是对出版物市场体系中各类要素相互作用的逻辑结构和特征的描述,有利于更加直观地理解出版物市场体系这个复杂的系统。

从出版物市场体系的概念看,它是由出版物市场交易中的相互影响、相互作用的出版商品市场和出版要素市场共同构成的有机系统。一方面,出版物市场体系中各类市场是相辅相成和相互制约的,同时,相互独立的各类出版企业随市场机遇的出现和消失而进行协作或单独运作。另一方面,出版物市场体系的顺利运作对规范的发展环境要求甚高,如完善的法律体系、成熟的行业环境及现代化的出版企业主体。同时,出版物市场体系的顺利运作还依赖于畅通的信息传递,包括各种内容资源信息以及出版企业活动信息、出版产业政策信息等。因此,我们可以知道出版物市场体系有其独特

---

① 肖东发,张文彦.出版创新与中国文化软实力[M].北京:中国社会科学出版社,2011:225.
② 社会化阅读成为资讯获取主要手段 内容同质化促进产品特色化[EB/OL].艾瑞咨询,2012-7-31. http://www.iresearch.com.cn/View/178026.html.

的优势,同时也存在固有的劣势。故在出版物市场体系运作模式的构建过程中,应充分反映和发挥其优势,注意克服和避免其劣势。同时,出版物市场体系是将独立运行的各种要素有效地组织起来的动态组织,其成员来源于不同的要素市场,因而传统的理论和方法难以将出版物市场体系的要素有效组织起来以实现共同目标,需要创新管理组织理论和方法指导出版物市场体系的建立和运行。

(一)我国出版物市场体系运作模式的构建原则

根据出版物市场体系自身的特点,构建我国出版物市场体系运作模式应该遵循以下原则:

第一,动态性原则。动态性原则是出版物市场体系运行的基本原则。出版物市场体系是一个开放的体系,存在市场机遇时,众多出版企业进入市场,而当市场机遇消失时,也存在大批出版企业退出市场。只有保证"动态性",才能赋予出版物市场体系运作具有较大的灵活性,以应对迅速变化的市场。就出版企业自身来说,还应不断优化企业内部组织结构,使出版企业充满活力地运行,以应对来自其他企业的合作请求以及竞争对手的重大经营策略挑战,并能够敏捷地做出反应。

第二,有序性原则。良好的秩序是出版物市场体系顺利运行的保障。出版物市场体系的运行需要有完善的法律规章、体制机制保证其健康的、持续的运行,或在出版物市场体系运行不畅时迅速解决并进行规范。在出版物市场体系运行过程中,由于企业生产经营的逐利性,在市场机制固有缺陷的作用下,短期出版行为、内容不健康出版物的出版行为、市场交易中的无信用或低信用行为都需要法律规章进行规范,同时也需要政府对出版企业的行为进行引导,如通过制定产业发展规划政策、扶持政策、税收政策或严格禁止的出版内容及出版行为的限定等政策为出版物市场体系的健康有序运行提供保障。

第三,互补性原则。出版物市场体系的运行是各种类型、各种性质、各种规模的企业有效竞争,并不断融合的过程。在这个过程中,将伴随着出版企业之间以及出版企业与业外优势企业、大企业之间的联合、兼并,增大规模,强化优势,形成核心竞争力,并借此优势与其他企业进行联盟、互补性协作,实现整个出版物市场体系的资源合理配置。

第四,共享性原则。出版物市场体系是一个系统性的组织,组织中各要素主体进行协作必然有着共同基础,并共享成果。首先,出版物市场体系的运行必须是信息共享的。只有各类信息实现共享,出版物市场体系供给和需求才能顺畅,出版企业才有对自身优劣势的评估,出版企业之间的协作才有了可能,而各种要素也将由于相关信息的共享而实现优化配置。其次,出版物市场体系中各主体须进行利益共享。出版物市场体系中的各出版企业属于不同的利益实体,其进行合作的原因就在于合作取得的收益超过了企业单独操作取得的收益。因此,出版物市场体系的顺利运作必须保障利益共享,出版企业之间实现双赢或多赢的目标。

(二)我国出版物市场体系运作模式的具体设计

基于出版物市场体系评价标准及出版物市场体系运作模式构建原则的分析,出版物市场体系运作模式应该是一个可重构的、不断扩充的动态过程。

1.出版物市场体系运作模式的类型

根据出版物市场发展主导因素的不同,我们将国内外出版物市场体系的运作模式主要分为以下几种类别。

首先,政府拉动型运作模式。

政府拉动型出版物市场体系运作模式,主要是政府为了迅速发展出版业,而运用行政力量集中各种资源进行出版物市场建设的运作模式。这种运作模式的特点是以行政部门为主要运作主体,以行政命令、行政规划为主要运作方式,制定运作的规则、方向和战略。一切按照行政计划来,几乎不发挥或很少发挥市场机制的作用。因此,政府拉动型运作模式下的出版物市场体系不是真正的市场体系。

政府拉动型运作模式有其优点和缺点。其主要优点有:其一,能够在短时间内,集中各方力量迅速扩大出版物市场发展规模。在卖方市场情况下,能够很好地平衡出版市场总供给和总需求,在出版业发展的初期其优势能够得到较好的体现。其二,能够解决出版物市场体系的外部性,把控和引导主流意识,保障国家文化安全。主要的缺点是压制或忽视了市场机制的作用。单纯的政府机制,以行政指令和行政命令的方式管理市场极容易导致脱离客观实际的命令主义和瞎指挥,下级单位以完成任务为最终目标,缺乏积极性、主动性和创造性,从而造成资源浪费,市场运作处于被动、僵化的状态。

采用这种运作模式的主要有新中国成立以后,为迅速恢复出版业的宣传教育功能而采用的计划方式发展出版业;在俄罗斯,虽有《新闻出版法》,但联邦对出版业的法律管理具有高度服从于行政管理的特点,总体来说,出版业的宏观管理体系是以行政管理为主。此外,在各国的教育出版内容领域也多采用这种模式。根据日本《学校教育法》,小学、中学、大学都必须使用经文部大臣审定或以文部省名义编著的教科书。而其审定主要是遵照《教科用图书审定规则》(文部省颁布令),经"教科用图书审定调查审议会"讨论,由文部大臣决定合格与否。

其次,外部市场依赖型运作模式。

外部市场依赖型出版物市场体系运作模式,主要是根据地域的不同,出版物市场体系外部市场(国外市场)的销售比内部市场(国内市场)的销售高出很多,甚至出版物市场体系的运作主要依靠外部市场。这种运作模式的特点是出版物市场体系本身地域狭小或市场饱和,出版物市场体系能量的发挥受到限制,从而在外围市场寻求突破。在出版企业的运作过程中,对外部市场的运作极为重视,甚至超过了内部市场(国内市场)。因此,外部市场依赖型运作模式下的出版物市场体系可以说是完全的开放性市场,是积极融入世界出版物市场的表现。

外部市场依赖型运作模式下的出版物市场体系重在外部市场,出版企业面对的是更广领域的企业,面临的竞争更加激烈。这种运作模式有利于出版企业在更广的市场范围中不断优化自身资源,在更为激烈的市场竞争中提升资源运作能力和生产经营能力。对本国出版业来说,有利于文化输出。然而这种运作模式使出版企业置身于更大的市场,对企业本身的生产经营能力要求比较高,同时承担更高的运作风险。

这种运作模式在英国出版物市场发展过程中表现得尤为明显。英国的图书出口占世界图书出口总额的三分之一,是世界上最大的图书出口国。其图书出口额约占图书销售总额的40%左右。英国出版商在策划图书选题时就以是否能进行版权交易,以及出口图书的数量预测作为图书是否出版的决策依据之一。同时,英国出版社的销售部人员一般每年都要在海外工作一到两个月,或直接设立国际销售主管领导的各地区销售经理团队,以确保海外市场销售业绩。

再次,出版要素市场推动型运作模式。

出版要素市场推动型运作模式下的出版物市场体系,突破了出版物市场体系只限于商品市场的局限,充分发挥了各类要素市场作用的能量,使得出版物市场获得了来自市场化的、社会化的各类要素的支持。这种类型的出版物市场体系是由各类发达的要素市场发挥对出版商品市场的支持作用,从而实现出版物市场体系自身的运转。主要特点是出版要素市场发达,出版商品市场发展亟待转型。出版要素推动型出版物市场体系运作模式是一种通过优化市场体系内部结构实现自组织的良性运作的模式。

出版要素市场推动型的出版物市场运作模式是出版物市场体系内部组织相互作用的运作模式,有利于出版物市场体系内部结构不断优化。但这种模式的依赖性比较强:一是出版物要素市场无法实现自身的增长,需要依赖相应的要素市场的发展。二是出版要素市场无法直接发生作用,需要作用在一定的出版商品市场上才能发挥作用。三是出版要素市场发展依赖规范的市场环境,包括完善的法律制度、行业制度及现代企业制度。

出版要素市场推动型运作模式下的出版物市场体系非常重视要素市场,尤其是无形要素市场的作用。出版业发达国家都非常重视出版资本市场的发展。自20世纪六七十年代开始,美国出版业就兴起了并购的风潮。1960—1969年间,美国出版业发生的并购交易共233起;1970—1979年间共177起;1980—1989年共213起;1996—2000年发生的并购,出资10亿美元以上的共324家。① 正是通过一系列的并购重组,使得美国出版业的集中度越来越高。2007年美国前十大出版公司的市场占有率之和达64%,排名第一的兰登书屋市场占有率达16.2%。② 在不断的资本运作过程中,美国出版市场因"不差钱"而蓬勃发展。近年国外大的出版企业并购频繁,且多是几百万美元至几十亿美元,其并购行为直接引起世界出版格局的变动。

复次,出版行业协会协调型运作模式。

出版行业协会协调型运作模式下的出版物市场体系是出版行业协会为主导力量的运作模式。这种运作模式下的出版物市场体系运作过程中,出版行业协会充分发挥其企业与政府之间桥梁的作用,集合出版行业内意见,上传给相关行政部门,甚至影响政府的出版产业政策。出版行业协会协调型运作模式下的出版物市场体系的特点是出版行业协会作为各类出版企业的代表,其主导的运作模式充分体现了市场机制的作用。

---

① 魏龙泉,邵岩.纵览美国图书出版与发行[M].北京:中国经济出版社,2007:20.
② 张哲铭.吉林省图书出版产业研究[D].吉林大学硕士论文,2008.

出版行业协会协调型运作模式下的出版物市场体系有利于充分体现各类出版企业的意志,通过出版行业协会的协调,市场机制与政府机制的作用得到了很好的发挥。但在某些情况下,出版行业协会极容易被行政力量或行业垄断势力控制,丧失了真正作为出版企业代言的立场。

在德国出版物市场中,出版商书商协会是德国图书制作、发行和销售的重要代表机构,代表着约7000家会员公司的利益。① 在德国的出版业宏观管理体系中,政府控制和行业协会权威是两大特色。虽然整个行政管理体系比较分散,但德国政府对于出版行业的行政管理力度比较强,管辖范围也比较大。同时,德国出版行业协会的权威性是绝无仅有的,即使政府制定相关行政干预措施和立法程序也往往在很大程度上受到协会决策的影响。

最后,出版中介组织主导型运作模式。

出版中介组织主导型运作模式下的出版物市场体系,是以中介组织为出版物市场体系主导力量的运作模式。这种运作模式下的出版物市场体系运作过程中,出版中介组织发挥了联结出版物市场各主体的作用,便利了出版企业之间的协作以及出版资源的优化配置。出版中介组织运作模式下的出版物市场体系非常有利于充分发挥市场机制的重要作用。

出版中介组织主导型出版物市场体系运作模式是有利于出版物生产经营相关的各类主体之间相互联结,互补合作,实现相关主体资源的优化配置。但出版中介组织主导的运作模式主要是在微观市场中发挥作用,无法实现在更高层次上左右出版物市场体系的运作。

在德国,有着较为成熟的出版中介组织,出版社只需遴选一两家中间商进行合作,从而能够将精力集中于出版业务。德国大约有10多家中间商,排名前6位的中间商占整个市场份额的80%,而其中最大的两家中间商已经形成绝对优势。

2. 我国出版物市场体系运作模式的设计

上述出版物市场体系的运作模式各有利弊,不同国家在出版业发展的不同阶段采用了不同的运作模式,并且这些运作模式还会不断发展和演变。我国出版物市场体系由于历史原因存在积弊,也面临一些新的政策机遇及市场机遇,目前,最适合我国出版业的就是出版要素市场推动型运作模式,同时也需要吸收其他运作模式的优点。

出版物市场体系是一个综合而独立的运作系统,我国出版物市场体系运作模式有其自身特点。一方面,我国出版物市场体系的建设主要是在出版商品市场领域。出版商品市场已达到一定规模,但有形出版商品市场建设只是出版物市场体系的一小部分,更重要的是出版要素市场,尤其是出版资本市场和出版技术市场、出版生产资料市场中的版权市场等无形要素市场的建设。建设和发展出版要素市场才是真正发挥市场化、社会化的要素对出版商品市场的支持和牵动作用,现代出版物市场体系才有可能建立和健康运行。另一方面,我国长期由政府因素拉动的出版物市场体系运作模式

---

① 杨贵山.国际出版业导论[M].北京:北京大学出版社,2010:120.

形成出版物市场体系发展过程中的高度行政垄断,导致出版物市场运行效率低的不良后果。但是,完全的市场机制发挥作用的出版物市场又是不存在的,还有其固有缺陷。因此,在出版物市场体系运作模式的构建中,有必要使政府行政机制回归本位进行宏观管理,行业协会进行协调管理,中介组织服务市场体系运行,充分发挥市场机制的作用。

基于以上分析,本书构建了基于出版要素市场推动的我国出版物市场体系运作模式,如图4-3。

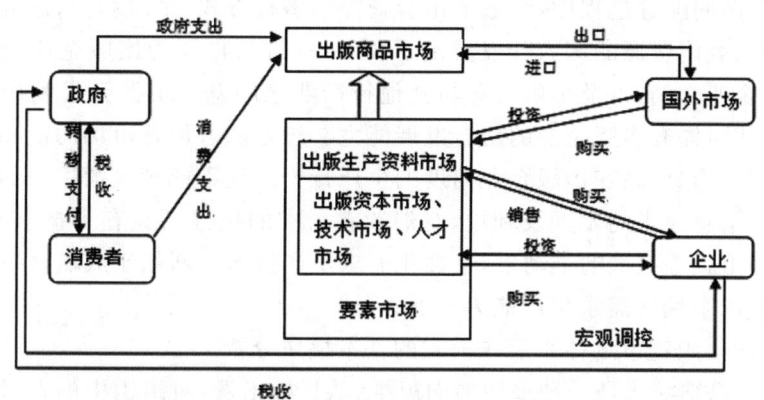

图4-3 基于出版要素市场推动的出版物市场体系运作模式

基于出版要素市场推动的出版物市场体系运作模式分析:

其一,基于出版要素市场推动的出版物市场体系运作模式是比较完善的。

完善的出版物市场体系是包括出版物市场体系的主体结构、客体结构、时间结构、空间结构和形态结构等要素复合而成的,是这些要素的有机结合。上述基于出版要素市场推动的出版物市场体系运作模式包含了出版物市场体系各要素。首先,从主体结构看,出版物市场体系中存在大量的、各种类型的出版企业。既有国内企业又有外资企业;既有投资要素市场的出版要素市场企业,也有购买出版生产资料进行生产经营活动的出版商品市场企业。这些出版企业构成了出版物市场体系交易活动的卖方;其次,从客体结构看,出版物市场体系中存在关于出版商品和出版要素两种客体的交易,对出版要素的交易属于出版企业之间的生产和生产性消费的交易,不是最终的消费品交易;再次,从时间结构看,出版物市场体系包括现货市场和期货市场,现货市场主要是出版商品市场及有形出版生产资料市场,交易双方进行现货交易,是单纯的买卖关系,不存在延期执行而造成虚假交易的情况。期货市场主要是无形出版要素市场的交易,进行出版期货交易双方的权利让渡和交易对象转换存在时间差,且在到达交割期限前,允许买卖双方转卖或买回。期货市场的买进和卖出均无实物和货款,存在投机行为,风险比较大;最后,从空间结构看,出版物市场体系包括国内出版市场和国外出版市场,这两个市场是通过出版商品的进出口贸易以及出版要素市场的投资,如版权贸易实现的。

其二,基于出版要素市场推动的出版物市场体系运作模式与我们要构建的有效竞争、融合发展、具有个性化需求生产能力的出版物市场体系是不谋而合的。

一是出版物市场体系中,存在大量的、多种类型的、多种性质的出版企业对出版要素市场进行投资和购买行为,是出版物市场体系中有效竞争的基础。有竞争力的内容才能使出版商品具有市场竞争力,从而获得更大的盈利。因此,就出版物市场体系整体来说,将重点放在要素市场的作用方面,尤其是发挥生产要素对出版商品市场的支撑作用,不断提高出版商品质量,才能使出版商品市场更具活力,促进出版物市场体系的升级。二是各种要素必须通过对出版生产资料市场发生作用来促进出版商品市场的发展。在资源的配置过程中,将形成出版资源的多种方式、多次利用,这就对出版企业的内容资源、载体资源的深入开发提出了要求。因此,也就为出版企业内部各部门之间、各出版企业之间,以及出版行业与其他行产业之间基于资源开发利用进行协作提供了可能,从而提升出版企业的融合发展能力。三是随着消费市场的饱和以及消费者个性化需求的凸显,站在出版企业角度的生产行为已经不能满足消费者的需求。随着信息挖掘等信息技术的发展及利用,对消费者需求的把握已经有了技术保障,而在3D打印、按需出版等技术的推动下,个性化需求生产技术不断趋于成熟。技术要素推动了出版企业的个性化需求生产能力发展。

其三,我国出版物市场体系运作模式的基本模块分析。

CSM系统思维模式是一种采用逆向思维,从目标出发,对组织中的人、资源、目标环境三个基本要素进行系统思维的管理模式。即在考虑组织内外的整个大系统的基础上设计目标;为了达到目标将人的创造性智慧激发,并进行内外资源的整合。[①] 以复杂科学管理理论为指导,出版物市场体系运作模式由三个模块组成:出版物市场体系主体模块;出版物市场体系资源模块;出版物市场体系目标环境模块。概括地说,出版物市场体系的运作过程可以看作出版企业在一定环境下对资源的使用。

一是出版物市场体系主体模块。

出版物市场体系主体模块主要是由出版物市场卖方的各类主体组成的,主要是出版商品市场企业和出版要素市场企业,是出版物市场体系运行的直接推动力量。出版商品生产经营企业通过直接购买生产资料生产出版物,从而为出版商品市场提供丰富的商品。出版要素市场企业(包括外资企业)通过投入版权、设备、资本、技术、信息、地产等要素作用于出版商品市场发展,推动出版物市场体系运转。由于资源的稀缺性,在资源的交易过程中,存在各类出版商品市场企业、要素市场企业之间的竞争。

实现基于出版要素推动的出版物市场体系运作模式,是建立现代出版企业的基础。目前,出版物市场体系主体建设主要存在的问题有两个方面:一方面,出版要素市场缺乏发生作用的载体。出版要素以现代化的成规模的出版商品市场企业为载体,而我国出版物市场中缺少符合要求的出版商品生产经营企业,导致出版要素市场企业少而且发展异常缓慢。因此,推动我国国有企业进行体制改革,推动民营企业建立现代公司制度,是建设出版物市场体系主体模块的必经之路,也是出版要素市场企业发展

---

① 徐绪松.复杂科学管理[M].北京:科学出版社,2010:47.

的前提。另一方面,除去少量经过审批的出版商品生产经营企业,大量民营企业的地位不被认可,经营行为无法规范。放开出版企业的行政审批制度是发展和培育出版物市场体系主体的必要抉择。

二是出版物市场体系资源模块。

资源是人类社会赖以生存和发展的基础。在出版物市场体系中,资源主要是指出版物内容的选题资源,以及为出版物生产提供支持的各类生产资料要素、资本要素、人力要素、技术要素等资源。出版物市场体系资源模块是由各类出版要素构成的。在某些情况下,已出版了的出版商品也可以作为生产要素投入新的生产过程中。在出版企业投资和购买出版要素的过程中,各类出版要素资源不断整合、优化,从而促进出版商品质量的提高和整个出版物市场体系的升级。相应的,各类出版企业之间也存在融合发展的可能。在市场饱和的情况下,针对消费者的个性化需求,出版企业也能够进行个性化需求生产。

目前,我国出版市场上内容同质化、生产跟风化、盗版化、经营方式无新意、盈利模式雷同等状况都表明出版企业在资源开发方面投入不足。

三是出版物市场体系目标环境模块。

出版物市场体系目标环境模块是由政府机制和市场机制两种机制在对出版物市场体系作用中进行博弈而形成的,包括出版物市场体系的宏观环境、出版行业中观环境、出版企业内部微观环境。出版物市场的运作需要更加突出市场机制的基础作用。这主要是针对我国出版市场中的高度行政垄断,市场机制作用得不到很好发挥的市场现状来讲的。一方面,从出版物市场体系的运行机制来看,出版物市场体系运作过程中,出版企业的进入和退出市场、出版企业的经营行为、出版企业购买生产资料、投资出版要素、销售出版商品行为,以及消费者的购买消费行为,出版商品进出口贸易等市场行为是由市场机制起基础作用的。另一方面,出版产业发展过程中,政府机制回归到宏观调控方面,加强对出版物市场的导向作用。政府通过税收等方式对出版企业生产行为进行调控,通过政府支出等方式作用于出版商品市场,通过税收及转移支付等方式作用于由广大消费者组成的出版物消费市场。政府的宏观调控作用是出版物市场体系顺畅运作的保障。此外,摆脱出版行政机构的依赖,充分发挥出版行业协会及中介组织的桥梁作用,利于形成良好的"企业－市场－政府"关系。

第三节 实现我国出版物市场体系建设目标的原则

实现我国出版物市场体系建设目标既要把握好出版物市场体系的文化性和经济性,要明确政府和市场在出版物市场体系建设中的角色,还不能脱离我国出版产业的发展趋势。

一、实现出版物市场体系建设目标必须协调好文化性与经济性的关系

(一)把握出版物市场体系的文化根本属性和经济基本属性

出版物本身具有文化属性与经济属性的双重属性,以出版物为交易对象的出版物市场体系自然也具有文化和经济的双重属性。但是这两种属性是相互区别的。第一,文化属性是出版物市场体系的根本属性。出版物市场体系的交换对象是出版物。出版物之所以成为出版物而不是一般物品的根本原因就是其内涵的科学、文化、艺术、信息等知识,这些知识、信息所含的文化构成了出版物的文化属性,是出版物的根本属性。消费者购买和消费出版物也正是因为其内涵的文化知识。而以出版物为交易对象的出版物市场体系也因此具有了文化根本属性。出版物市场体系与其他经济部门市场体系的根本区别也就在于此。第二,经济属性是出版物市场体系的基本属性。一旦出版物进入市场中进行交换就会伴随着对其价值的衡量,也就有了经济属性。这和其他商品进入市场的过程是相同的,经济属性是商品进入市场进行交换所具有的基本属性。以出版物为交易对象的出版物市场体系自然也是有着经济基本属性的。因此,出版物市场体系是具有文化根本属性和经济基本属性的统一体。

(二)出版物市场体系的文化性和经济性不可分割

出版物市场体系的文化性和经济性是不可分割的。一方面,作为出版物市场体系交易对象的出版物是不可分割的,在商品交易中,无法指出出版物的哪一部分是其文化性,哪一部分是其经济性。另一方面,出版物市场体系的文化性和经济性是相辅相成的。文化价值越高,经济价值就越好。出版是一种经济行为,讲码洋、利润和效益,更是一种文化事业,具有文化所必然具有的一般属性,它的利益的实现与它的文化含量,从本质上讲是成正比的。① 因此,我们可以知道,进行出版活动的过程中越是注重对其内涵的文化价值取向的坚守和弘扬,出版物的竞争力就越强,从而为出版企业带来经济利益。在出版物市场体系中,其文化性越浓,所获得的经济效益就越好。经济价值越高,就越需要文化价值的提高。企业进入市场是以赢利为目标和动力的,出版企业在市场上获得高收益多是由于企业出版的内容满足了消费者的需求,当消费者的需求得到满足,且自身素质提高后,企业要想获得更多的、后续的利益就必须提供文化价值更高的、更能满足消费者需求的出版物产品。因此,出版物市场的文化性和经济性是不可分割,且相辅相成的。

(三)出版物市场体系的文化性和经济性之间存在矛盾,需设法兼顾

一方面,出版活动是一项经济活动,由于市场主体行为具有短期性的特点,以及市场机制本身的自流性等缺陷,在短期内,出版业的市场主体必然因为其经济目的(经济性)而影响出版物内容质量,进而影响整个出版物市场体系出版结构。另一方面,出

---

① 李继峰.经济效益是编辑出版的基本目标[J].编辑之友,2004(2):36-38.

经济活动在本质上是一项文化活动,出版业的根本价值和独特之处还是在于它的文化价值(文化性),具有非市场性。尤其是当出版活动涉及国家安全、社会稳定、民族团结及文化传承等内容时,无法简单地将这些出版内容纳入经济效益至上的市场机制作用。由于出版物市场体系的文化性和经济性在有些情况下是互补的,有些情况下又是背离的,出版物市场体系的这种文化性和经济性是存在冲突和矛盾的,这就需要我们设法进行协同。因此,在建设出版物市场体系的过程中,不能仅仅以遵循"价值规律"而不顾出版物市场体系的文化性。即便是大型跨国集团新闻集团的总裁默多克也认为"书籍、报纸、电影、杂志和电视,这些都远不止闲暇的消遣:它们是一个民族参与世界范围伟大思想交流的必经之路。媒体对国家和企业的作用绝不仅仅是赚钱,它们能够对其所属的社会起到持续推动的作用。"①我国作为社会主义国家,在进行出版转企改制、出版集团组建等改革过程中,要立足于提高出版业的国际竞争力,一方面,出版业要实行产业化,加大产业实力,提高竞争力;另一方面,产业化问题必须立足于文化。② 从而实现出版物市场体系的文化性和经济性两种属性兼顾。

二、实现出版物市场体系建设目标必须明确政府和市场机制在出版资源配置中的角色

明确政府和市场机制在出版物市场体系资源配置中的角色是建设现代出版物市场体系的核心问题。只要理顺政府与市场的关系,明确各自的职责,现代的、健康的出版物市场体系就有望实现。十八届三中全会《中共中央关于全面深化改革若干重大问题的决定》提出:经济体制改革是全面深化改革的重点,核心问题是处理好政府和市场的关系,使市场在资源配置中起决定性作用和更好发挥政府作用。市场决定资源配置是市场经济的一般规律,健全社会主义市场经济体制必须遵循这条规律,着力解决市场体系不完善、政府干预过多和监管不到位问题。在出版物市场体系建设过程中,明确政府和市场两种机制在出版物市场体系资源配置中的角色也就是我们建设出版物市场体系的关键。

(一)政府在出版资源配置的宏观调控角色

制度经济学大师卡尔·波兰尼早就指出:"通往自由市场的大道,是依靠大量而持久之统一筹划的干涉主义而加以打通并保持畅通的;自由放任本身,也是有政府强行实施的;如果让事物自然发展,则绝对不会产生自由市场。"也就是说"自由是相对的,是政府赋予的,而政府规制则是一定的。"③在出版市场体系的资源配置过程中,政府发生作用也是如此。

从整个中国经济的市场化进程来看,政府规制实际上是社会经济体制改革不可分

---

① 鲁伯特·默多克.文化产业的价值——新闻集团董事长兼首席执行官鲁伯特·默多克在中共中央党校的演讲[N].学习时报,2003-10-20.
② 尹章池.中国出版体制改革研究[M].武汉:湖北人民出版社,2006:79.
③ 卡尔·波兰尼.巨变:当代政治、经济起源[M].北京:社会科学文献出版社,2013:238-239.

割的组成部分,通过政府规制出版业发展有其特殊的历史使命。通过政府作用配置出版资源,加快出版物市场体系建设的进程,更是我国出版业的内在发展要求。政府配置出版市场资源能够从宏观上最大限度地发挥出版资源的作用,保证资源配置方向的正确,杜绝资源配置浪费;政策法规的允许、禁止、支持(大力支持、有限度支持)鼓励与倡导等都会直接指引具体产业的发展;政府规制对于产业发展的影响通常比较直接,尤其是产业政策和产业促进法。① 政府作用于一个产业,应当以产业经济学理论为依据,以产业布局、产业融合和产业结构调整为基础,②通过对当地各种资源进行协调,从而塑造一定的适合产业发展的环境。即合理的产业政策更能促使产业较容易地形成强大的竞争力。从这个意义上讲,体制、机制的创新影响和创造了整体的产业环境,而政策和措施的合力推动了产业的优势形成。如拉斯维加斯作为无边沙漠中一座无特色的小城,与外界交通、交流都不畅,而在政府将赌博业作为当地合法的支柱产业,并进行大力建设后,拉斯维加斯作为全球最大最豪华赌城的形象深刻地植根于人们心中。在我国城市化建设过程中,大量的报刊亭、实体书店被关停。在这样的背景下,住房和城乡建设部联合下发了《关于加强城乡出版物发行网点建设的通知》,要求各地在城乡建设和文化建设规划中必须保证有足够的出版物发行网点,为出版企业实体店的发展提供了政策保证,也说明了政府在出版资源配置中的宏观调控者地位。

(二)市场机制在出版资源配置中是决定者的角色

市场机制是依靠市场表现出的供需矛盾进行资源的分配和组织生产的一种机制。市场机制中的各构成要素如供求机制、价格机制、竞争机制是市场机制赖以发生作用的条件,他们之间互为因果,相互作用。但只有形成整体,才能发挥作用,形成市场运行的内在推动力。市场机制的各构成要素之间是相互联动的,构成市场机制的运行过程。

市场机制配置资源最主要的功能就是解决资源配置的有效性,在资源配置中能够起到决定性作用。由于竞争机制的影响,竞争体制能够利用价格体系迅速而有效地传递信息。出版物市场上的生产者会根据价格信号迅速进行决策,决定生产何种产品、生产产量,以及最小生产成本,从而开展生产活动。这样,从宏观上来说,整个市场就形成了统一的大市场,资源从低效率地区自动流向高效率地区、高效益行业。对单个出版企业来说,资源由于优势原则配置到市场短缺的或最需要的并使其能够产生效益最大化的部门。

(三)出版资源配置需要进行"可操作竞争"

世纪出版集团总裁陈昕提出:"中国出版产业集团化的动力来自两股相反相成的

---

① 马小强.产业发展动力论:基于虚拟资本与产业互动的视角[M].北京:中国经济出版社,2008:10.

② 马小强.产业发展动力论:基于虚拟资本与产业互动的视角[M].北京:中国经济出版社,2008:3.

力量:首先是行政力量的'第一推动力',其次是市场力量的优胜劣汰。"① 政府和市场机制在资源配置中都有着重要的地位,其发挥作用又对市场环境有着特殊的要求。政府配置资源需要在政府绝对地控制资源产权,及由高素质人才制定产业政策的情况下才可能实现最优配置。市场发挥作用要达到最高效率是要在市场完全竞争和信息无障碍情况下进行。但这两种情况在现实中是不可能完全实现的。从科学方法论的角度来讲,一个复杂系统,在有序和无序之间存在一个中间状态,在这样的情况下进行运作是最好的。这也就是一些学者提出实行"准市场机制",进行"可操作竞争"。

具体来说,准市场机制是相对于市场机制而言的,是一种除了依靠市场表现出的供需矛盾进行资源的分配和组织生产与服务外,还要发挥政府行政指令机制的宏观调控作用以及职业道德调节的约束作用,即在具有市场性的出版经营环节运用市场机制运营,而在非市场性的出版环节要重视机制创新,以利于出版业的产品生产或服务在保证以社会效益为首的前提下,实现社会效益与经济效益有机结合。② 总的来说,就是要以市场机制决定,以政府调控为辅,使市场运行良好、充分发挥其积极功能的准完全竞争条件。凭借出版商品价格信息这个中介,使市场在国家宏观调控下发挥出版物市场体系资源决定作用机制,是现实中最有效的一种资源配置机制。一方面,采用"准市场机制"可以回避或减少两种机制的消极面。把出版物市场体系作为社会主义市场经济体系的一部分与尊重出版物市场体系自身特性较好地结合在一起。我国出版业中,过度使用行政手段"操作"市场运行存在弊端。而出版业作为我国党和政府的喉舌和舆论宣传地位,决定了出版经营活动不可能任由市场机制作用,完全市场化。另一方面,引入"准市场机制"进行"可操作竞争"的同时,要明确政府和市场机制各自发生作用的界限。政府主要是发挥其宏观调控的职能,而在微观方面,政府应该放手,让市场机制充分发挥其优势。在我国目前较高"行政垄断"的出版物市场体系建设中,最主要的就是响应十八大提出的发挥市场在资源配置中的决定作用,强化"竞争"。

三、实现出版物市场体系建设目标必须符合出版行业发展的趋势要求

目前,我国出版业进入了一个深度调整的时期。首先,作为出版业利润最大板块的中小学教材教辅市场不断改革,进入"微利"时代。随着中小学教材中准价的持续下调,中小学教材出版发行招投标的实施,教材市场的利润水分几乎被挤干。而中小学教材由政府免费提供,及"教材循环使用"的推广、"电子书包"的分羹,基础教育市场利润不断下滑,出版业"暴利"的时代已经成为过去式。其次,大众出版领域发展秩序混乱,"伪书"、跟风出版等低水平的竞争使得现有的经营模式、盈利模式难以为继,转型压力大。最后,随着出版"转企改制"的深入,出版企业在其组织结构、业务结构、产品结构、人员结构等方面重新调整,企业的运营能力不断提高。然而,跳出严格的出版行业、出版市场,从世界范围及整个国民经济大市场环境来考察出版业,在适应行业发

---

① 陈昕.中国图书出版产业增长方式转变研究[M].桂林:广西师范大学出版社,2008:83.
② 孙宝寅,崔保国.准市场机制运营——中国的出版集团发展与现状[M].北京:清华大学出版社,2007:171.

趋势的情况下,进行出版业结构的调整和不断完善,对出版物市场体系的建设更有意义。

(一)出版产业与传媒产业、信息产业相互融合的趋势

作为趋势,产业结构是随着经济增长而不断变化的,经济增长是产业结构演变的基础,而产业结构的及时、合理调整又是经济总量获得新增长的必要条件,产业结构的转化升级促进了经济的较快增长。① 信息化时代,产业结构演进的新态势在于产业结构软化。20世纪70年代以来,数字技术、网络技术及信息技术的迅猛发展带来了全球范围内的各产业革命,当然也促进了传统出版业与传媒、信息产业融合。一般认为,传媒产业主要侧重于对信息进行传播,使之普及,例如新闻报道。而出版产业主要是对与文化深度联系的知识、思想、科学技术等广泛内容的传播,需要读者通过思考进行理解。电信产业是指电子信息和信息服务产业。电信产业的中心逐渐"软化",转移为信息服务产业。三大产业的融合过程中,出现了产业边界范围扩大和交叉的"产业边界软化"情况,三大产业的规模特征也将发生根本性变化。如图4-4。这种转变使得三大传统产业在出版资源配置方面出现相互整合的需求。

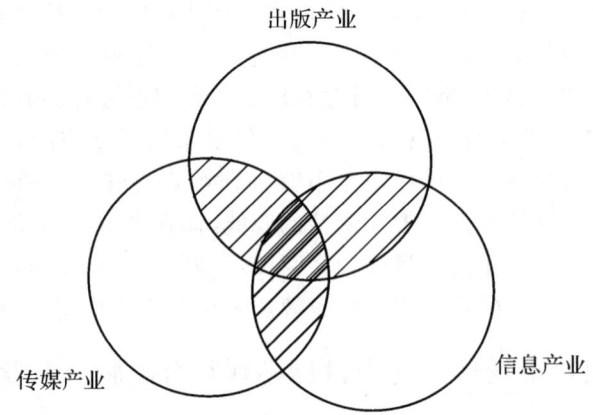

图4-4 出版产业与传媒产业、信息产业相互融合的趋势图

三大产业融合的最直接表现就是产品融合,这种融合其实是建立在技术融合的基础之上的,其实质是数字技术对传统产业的重新整合。在技术的推动下,以内容为中心,三大产业相关的企业在产品结构、业务结构以及组织结构等方面都会出现重新整合的趋势。随着资源在更大范围内进行合理配置,交叉产品、交叉平台,收益共享将进一步实现。目前出版产业已经发展成为传媒产业的一个重要组成部分,作为跨媒体的传播手段之一进行内容传播。中国移动等电信运营商也凭借平台优势进军内容领域,力图在个性需求的信息服务方面成为占据内容产业链的制高点。而与传媒集团、电信集团等集团相比,出版企业或出版集团的规模非常之小,出版产业在资源配置、产业融

---

① 马云泽.产业结构软化理论研究[M].北京:中国财经出版社,2006:1.

合中处于弱势。因此,在这种产业融合的过程中,出版产业内部结构亟待调整,出版价值链亟待重新理顺。

(二)出版产业从属于内容产业的角色定位愈见清晰

进行内容生产是当代出版企业的任务和使命。本质上来说,出版在技术变革中保持了相对独立性,究其原因在于出版业实质是内容产业,所有的技术投入都是服务于不断创新满足人们精神需求的内容,彰显出版产业作为内容产业的原初意义。对出版企业而言,其最大优势与核心竞争力在于内容生产方面。而对出版企业来说,定位为内容提供商,将自身内容优势与出版物市场的个性化信息服务结合起来,是在出版市场竞争中占据主导地位的关键。

第一,随着出版业的内容生产功能被放大,出版产业内部,出版、印刷、发行的纵向一体化的组织形式将逐渐被瓦解。首先,出版环节与印刷环节逐渐疏离。由于印刷设备专用程度大大降低,以及出版物内容数字化、按需印刷、3D打印等的发展,印刷产品可在统一操作平台上进行,出版企业同印刷企业的关系不再紧密,逐渐疏离。其次,出版环节与发行环节实现分流。在技术的推动下,现代物流体系形成、数字发行迅猛发展,出版物发行将不再是困扰出版企业的问题,出版环节与发行环节的关系也逐渐分流。未来的出版业越来越强调内容的专业化和应用的便捷性,出版业将积极创新内容的开发、挖掘、处理、加工和营销,充分利用优质信息资源,调整业务结构,及时转型为内容提供商。从而实现依据内容知识产权建立内容品牌,开发信息产品和信息服务,形成真正意义上的出版产业。如西方很多大型传媒集团进入世界500强的行列,并对整个社会的舆论导向产生决定性的影响。这些传媒集团在发挥信息传播功能的基础上,已经成为现代经济的有机组成部分。[①]

第二,出版企业作为内容提供者,其主要功能是进行出版创新,提供更多更好的内容产品。首先,出版企业将成为出版活动的组织者和创新者。作为内容提供商,出版企业不应局限于对出版物产品的编辑出版和简单传播工作,而是应该掌握出版物出版的主动权,如挖掘信息,组织和主导出版创新活动,对出版活动进行前瞻性的规划和组织,开发新的市场能够接受的出版物形式。如国外出版商在教材出版、工具书编纂和畅销书组织领域就处在创新主体的位置。其次,出版企业将更加注重内容竞争力。其一,在内容的基础上,出版企业更加注重提供具有本企业特色的出版物产品,并将其发展成为出版企业的品牌产品。欧美出版集团将自身定位为内容提供商,集中精力于企业最有优势的价值环节,将某方面内容做精做细,同时通过并购、重组、兼并等资本运作进行"专业化重组",把资源及经营重点放在最具比较优势的领域,强化核心业务,弱化或剥离非核心业务,树立品牌战略,注重收购品牌与自有品牌的整合,使得品牌特色更加鲜明。其二,作为内容提供者,出版企业将更加注重自主知识产权。出版市场要进行扩张特别是在进行出版贸易过程中,交易的内容主要是知识产权,拥有自主知识

---

① 周蔚华.出版产业研究[M].北京:中国人民大学出版社,2005:6.

产权的出版企业不必事事受制于人,在交易中占据主导地位。在对内容进行创新性组织和开发的过程中,出版企业投入了大量的资源,借此企业也将获得大量利润。这也使得出版企业越来越重视自主知识产权。此外,数字化阅读市场的飞速发展吸引着出版企业自主进行内容的数字化转变。如2009年,电子工业出版社成立了数字出版中心,进行内容的数字化建设,通过对纸质书进行分类和聚合,深度加工内容。

(三)我国出版市场融入国际出版大市场的趋势

从市场发展角度来说,目前,世界已从经济开发时代——经济全球化,步入文化开发时代——文化全球化,经济、文化与发展已成为一体。这种发展趋势使任何一个国家或区域的文化产业发展都脱离不了这种大背景。[①] 从技术上来讲,网络技术的创新使世界越来越扁平。随着全球统一大市场的形成,任何一个企业都不可能控制产业链上的所有环节,产业融合将促进图书出版企业运用互联网技术,联合多个企业的知识和能力,实现资源动态整合,共同创造某项产品和服务,并实现从单一传媒组织内部价值链运营管理到跨越不同媒介形态的传媒组织及相关行业的价值链接,实现多元化扩张与产业链的重塑。利用国内国外两种市场、两种资源,积极融入国际出版市场,这在英国出版市场发展中有着很好的体现。英国国内市场狭小,出版商自19世纪以来就开始热衷国际化。英国出版企业在进行选题策划时,将能否卖出版权、出口数量预测作为图书出版决策的要素,或者直接将国外市场作为主营业务市场。英国图书出口额约占图书销售总额的40%左右,英国以占世界图书出口总额三分之一的图书出口市场成为世界最大的图书出口国。

我国出版市场融入国际出版大市场既有被动的因素,又有主动的因素。第一,我国出版市场被动融入国际出版大市场。这是因为外资早已通过各种途径进入我国出版市场。我国加入世界贸易组织(WTO)前,早在1995年,世界传媒巨头贝塔斯曼集团与上海的中国科技图书公司就合资成立了上海贝塔斯曼文化实业公司,建立贝塔斯曼书友会,以俱乐部形式进入我国图书零售市场,之后又相继在北京、上海成立了6家相关企业。随着我国加入WTO,出版物发行市场对外资全面开放,外资在中国出版市场上投资发行活动不受限制。国外各大出版集团以合作出版、共建出版公司等不同方式介入中国出版业。如2004年,亚马逊网收购卓越网上书店;培生集团通过"培生的选择"项目,以其教育方面的优势渗入出版领域;兰登书屋则试图控制我国优秀作者群,使其成为集团全球出版资源的一部分。同时,也有国外出版企业试图在我国数字出版规制不完善、数字出版企业发展不成熟的情况下,抢先进入数字出版领域,开展电子期刊、数据库等新兴出版业务,拓展电子图书市场、远程教育体系。国外出版集团相对于我国出版企业来说具有资金、技术、市场营销及管理等方面的先进经验,对我国的民族出版企业构成巨大威胁。第二,我国出版市场主动融入国际出版大市场。我国出版企业不能就地"坐吃等死",只有在与对手交锋的过程中才能学会搏斗的技巧。国家

---

① 左惠.文化产品供给论——文化产业发展的经济学分析[M].北京:经济科学出版社,2009:1.

出版行政部门制定了多项政策鼓励我国出版企业"走出去",主动融入全球出版市场有利于提升在全球市场上的竞争力。目前,我国图书、期刊、电子出版物以及音像制品的出版没有向国外出版企业开放,但在2006年年底,我国已全面开放了出版物分销和印刷领域。具体来说,在图书出版领域,相关政策不允许外资进入编辑环节,但开放了单本书的项目合作;在印刷领域,出版物印刷企业必须由中方控股,而其他的印刷企业都已全部开放。目前已获得批准进入印刷领域的中外合资、外商独资企业有2000多家。在发行领域,已经获得批准的外资投资的分销服务企业有38家,其中14家具有批发权。在出版物分销领域,国营、民营、外资三种性质的资本已形成一定的竞争态势。这说明我国出版市场已经引入了竞争机制。在我国出版物市场体系融入全球出版市场的过程中,除增强出版企业竞争力外,还有利于我们了解国内、国外两个市场的需求,利用两个市场的资源,在引进国外先进科技知识的同时,输出我国优秀文化。

第五章

加强我国出版物市场体系建设的思路

进入21世纪以后,随着科技、经济等因素的发展,各种事物都处在复杂的环境中,分析问题所要面对的首要因素就是事物的复杂性,复杂科学管理理论因研究对象的复杂性、系统性和研究模式的科学性而逐渐受到重视。出版物市场体系是一个系统性的目标,以CSM系统思维模式分析和提出建设思路能促使建成后的出版物市场体系更具有整体性、系统性和自组织性。

本章针对要建立的出版物市场体系目标和基于出版要素推动的出版物市场体系运作模式,结合我国出版物市场体系存在的问题,以CSM理论为指导,提出了加强我国出版物市场体系建设的思路,主要包括大力加强现代出版要素市场建设,优化出版物市场体系的资源配置,改善出版物市场体系的发展环境。

第一节 大力加强现代出版要素市场建设

目前,我国出版物市场体系的建设主要局限在出版商品市场领域。出版商品市场是有形市场,是市场体系中的一小部分。缺乏来自真正市场化、社会化的出版要素市场的支持和牵动,现代出版物市场体系就不可能实现。因此,建立出版物市场体系,就要大力加强出版要素市场的建设。如通过积极培育出版要素市场主体、科学降低出版要素市场交易成本、创造出版要素市场发挥作用的条件促进要素市场的发展。

一、积极培育现代出版要素市场主体

现代出版要素市场主体是出版要素市场的基本构成要素,培育现代出版要素市场主体,一是重点发展以无形要素市场为主的出版要素市场主体;二是发动国有、民营两方面市场力量,加快国有出版单位改革,引入民营及外资发展出版要素市场主体;三是培育出版中介组织,服务出版要素市场主体的发展。

(一)发展以无形要素市场为主的出版要素市场主体

出版要素市场的发展壮大,以及各类出版要素资源实现自由流动的首要因素就是存在大量的、各种类型出版要素市场主体在发挥作用。根据要素的形态可分为有形要素市场和无形要素市场,培育出版要素市场主体的重点则是在无形要素市场方面。一方面,有形出版要素市场主体的发展不可控。有形出版要素可替代性强,且其发展依

赖所属要素领域的发展。如出版商品市场主体对其生产、印刷或销售的场地依赖性并不高,使用的印刷设备可以是 A 品牌,也可以换成 B 品牌。而纸质出版物生产所需的油墨、印刷设备等要素也并非出版业专用,其发展变化是由油墨、生产设备所属的产业发展变化主导的,出版要素市场主体是被动的,随所属的要素市场发展而发展。另一方面,无形要素市场的发展具有强大的推动力,只有无形要素市场的发展才是市场体系真正的启动。如在版权市场中,当前发达国家 GDP 的 80% 来源于服务业,而版权及版权相关产业是现代服务业的重要组成部分。如迪士尼乐园的收入包括其主题公园、动画片、玩具等产品,其每年在全世界靠版权及相关产业的收入就有 140 亿美元。

发展以无形要素市场主体为主的出版要素市场主体,如在涉及经济命脉与市场根本秩序的资本市场上,可以适当培育几家出版银行,通过资本运作,主要在出版领域对各类出版项目、出版活动进行投资。如资本经营成为我国报刊市场中,继发行经营、广告经营之后的一种巨大能量,报业集团通过经营性资产的剥离、重组,参股入股,组建了股份公司,并上市进行资本运作。

(二)加快国有出版单位改革,引入民营及外资发展出版要素市场主体

培育现代出版物市场体系的市场主体主要有两个途径:加快国有出版单位改革和引入民营资本及外资,使其成为现代化的出版要素市场主体。

首先,深化国有企业改革,建立现代企业制度,成为现代化出版要素市场主体。由于出版要素市场对所属要素市场的依赖,以及大部分的出版物生产所需的纸张、油墨、机器设备、房地产等都是由国有企业经营,深化国有企业改革,是发展出版要素市场主体,搞活出版要素市场的关键。在拥有大部分版权的传统出版企业方面,除了人民出版社、盲文出版社等出版社保持事业单位性质外,其他出版社在形式上都完成了转企改制。深化出版社、出版集团的改革最重要的就是进行股份制改造,建立现代企业制度,从而激发转企改制后的现代出版企业能量,成为真正的符合现代出版物市场体系需要的出版要素市场主体。

其次,放宽出版物市场准入条件,引入民营及外资力量,鼓励非公有制企业发展为出版要素市场主体。由于出版业的意识形态属性和我国的具体国情等原因,我国文化领域形成了分层次、分领域逐步开放的格局。主要是分四步走:首先对系统内部开放,其次对系统外国有单位开放,再次对民营资本和社会资本开放,最后对外资开放。2005 年国务院出台了《关于非公有资本进入文化单位的若干决定》,明确提出进一步鼓励、支持和引导非公有制经济大力发展文化单位。在发展出版要素市场主体中,要注重发挥民营资本、外资等非公有资本的力量,成为出版要素市场主体,共同推动出版要素市场的发展。发挥民营资本及外资的力量,就需要放宽出版物市场准入条件,明确民营出版企业的身份,明确外资活动范围,引导和规范民营及外资在出版物市场体系运作中发挥作用。

(三)培育出版中介组织,服务出版要素市场主体

尽管近年来我国中介组织发展迅速,但出版企业的中介组织发展明显落后于其他

行业。无论是发展规模还是服务质量,我国出版中介组织、中介机构的发展处于比较低的层次,大大增加了出版要素市场主体发生作用的交易费用。

中介组织是出版物市场上介于各类出版物市场主体之间,以及作者与出版企业之间,起着联系和纽带作用的机构。中介组织的存在对于提高市场交易的透明化程度,加强市场的规范化管理,保护市场的公平竞争和经营者、消费者的合法权益,对市场行为进行监督等方面有着极为重要的作用。德国发达的出版业得益于市场的规范性及发展成熟的中介组织,在中间商的支持下,出版企业只需专注于出版物的市场营销工作,利用其专业的中介服务实现与众多的销售商合作,而不必与销售企业一一对应进行交易。一般来说,出版中介组织主要是由愿意进入出版市场,从事中介服务工作的企业组成。通过一般中介组织进入出版领域,发展成为出版中介组织。从出版市场的发展趋势来看,出版企业向着规模化、连锁化方向发展,出版物产品向着个性化、增值化、互动化方面发展的趋势又对出版中介组织提出了更高的要求。

首先,大力培育各种类型的出版中介组织。完善的中介服务能够为出版要素市场企业发挥作用提供便利,主要包括代理与经济类出版中介组织、咨询类出版中介组织、认证与资信评估机构、担保类出版中介组织、交易类出版中介组织、社团类出版中介组织。如表5-1。其一,要鼓励发展代理和经济类出版中介组织。在如今出版市场发展秩序比较混乱的时候,专业的代理和经济类出版中介组织有助于出版企业活动的落实。其二,发展咨询类出版中介组织。随着出版市场的发展,专业化的内容、专业化的生产经营才是出版企业发展的出路。在出版企业专业化发展的需求下,存在对较为专深的出版市场信息的市场需求,咨询类出版中介组织有其发展的空间。其三,发展认证与资信评估机构、担保类出版中介组织、交易类出版中介组织。出版市场的发展秩序,出版企业的行为需要一定的机构进行评估,尤其是对企业的要素资源进行评估,这就需要认证与资信评估机构、担保类出版中介组织、交易类出版中介组织的存在。其四,发展社团类出版中介组织。对出版市场行为、出版市场发展的经验进行总结、评定和预测。

表5-1　出版中介组织类型及提供服务

类型		具体服务
代理与经济类出版中介组织	代理类	版权代理、发行代理、书稿拍卖、出版项目策划、出版广告代理、出版信息发布代理、网络服务代理等
	经济类	出版项目管理经纪、出版项目接洽、出版项目投融资经纪、作者及出版者演出或代言经纪、出版物产品推广、电子游戏软件推广、出版人经济等
咨询类出版中介组织		出版信息咨询、出版人才咨询、出版政策法规咨询、出版技术咨询、出版营销策划、出版活动咨询、投融资咨询等

续表

类型		具体服务
认证与资信评估机构、担保类出版中介组织、交易类出版中介组织	认证与资信评估机构	出版产权评估机构、出版企业资信评价机构、出版公证和仲裁机构、出版类会计师事务所、出版类律师事务所
	担保类出版中介组织	出版物市场投融资资格担保、出版企业投融资信用担保等
	交易类出版中介组织	出版企业产权交易所、出版技术产权交易所、出版企业资产转化机构等
社团类出版中介组织		出版研究所、出版活动组织等

其次，不断拓宽中介组织的服务范围，提升服务能力。当前我国的版权代理机构无法满足版权贸易的需求。这些公司的代理范围相当狭窄，参与国际图书版权贸易的种类相对单一；多数代理机构仅向作品使用者提供版权法律咨询、代理收转版权使用费和图书代理等基础服务，能提供诉讼代理、协调版权纠纷的很少；对已成为国际版权贸易新增长点的音像制品、电子出版物等领域则鲜有涉及。[①] 在出版业中出现的纠纷完全由行政处罚处理，对于履行合同中出现的问题能够通过仲裁机构得到满意解决的很少。随着出版物市场竞争压力的增强，出版要素市场企业要发挥作用，需要中介组织为出版产品研究及出版企业的运营不断提出新的服务方案，才能实现其商业价值。因此，发展出版中介组织需要不断拓宽中介组织的服务范围，如代理类出版中介组织要创新版权贸易形式，出版认证及资信评估机构要能够提供专业的出版活动诉讼代理、调节版权纠纷等等，从而更好地服务出版要素市场。

最后，规范中介组织的行为。我国出版中介组织不仅应有的功能发挥不到位，还存在服务差、乱收费等行为不规范问题。中介组织行为不规范将影响出版物市场体系的顺畅运行，规范中介组织行为就非常有必要。如通过制定科学的中介组织相关行业规章规范中介组织的设立，建立规范现代化中介组织的机构，颁布各种条例进行引导、规范并监督中介组织的市场行为，使其有据可依。

二、科学降低出版要素市场交易成本

1937 年，美国经济学家罗纳德·科斯在其论文《企业的性质》中提出交易成本的概念。所谓交易成本(transaction costs)又称交易费用，是指在一定的社会关系中，人们自愿交往、彼此合作达成交易所支付的成本，也即人—人关系成本。它与一般的生

---

① 姬沈育.当前我国版权贸易存在的问题与对策[J].国际经贸探索，2008(3):71-74.

产成本(人—自然界关系成本)是对应概念。根据交易的阶段,市场交易活动需要付出以下几个方面的成本:搜寻成本、信息成本、议价成本、决策成本、监督交易进行的成本以及危机成本。交易成本的产生主要是由于人的有限理性,资产的专用性、不确定性与复杂性,少数交易,信息不对称,交易的气氛要求等因素而产生。出版要素市场的发展壮大必然是通过大量的市场交易发生的,在交易中也必然存在交易成本,对这些成本的节约将提高交易的效益。在我国,由于出版物市场体系中非市场行为较多,行政垄断、短期行为、地域分割较为严重,这阻碍了出版要素资源的自由流动、出版要素市场交易。对出版物市场体系来说,降低出版要素市场交易成本就是要通过各种方式便利出版要素的流动,如发展出版电子商务降低信息成本,完善出版流通体系降低流通成本,建立出版信用体系降低信用成本。

(一)发展出版电子商务降低信息成本

利用互联网进行电子商务交易能够很好地降低交易成本,并避免传统交易方式中高昂的信息成本弊端。利用计算机进行电子商务交易,能够搜集到全世界范围内的出版信息,而由于互联网的即时互动功能,出版要素市场企业之间,出版商品市场企业之间,出版要素市场企业与出版商品市场企业之间,出版商品市场企业与出版物消费者之间都可即时进行信息交互,大大降低传统交易中面对面所耗费的各种成本。出版业的电子商务包括出版企业之间的电子商务以及出版企业与消费者之间的电子商务,即网上购书。

得益于图书发行市场的开放和准入门槛低,网上书店队伍不断扩大。未来网上书店的发展将依托3个增长点,即国际市场、网络连接和多种经营。[①] 亚马逊作为网络书店中的巨无霸,其经营的国际化,以及除了出版物外进行多种经营的方式早已证实了这一点。近年来,我国出版企业与消费者之间的电子商务方式发展迅猛,网上书店的发展是导致实体书店大批倒闭的直接原因。然而出版物市场体系要实现真正的发展,更具有影响力的必将是出版企业之间的电子商务,尤其是出版要素市场企业与出版商品市场企业之间进行的电子商务。

出版要素市场企业与出版商品市场企业之间的交易是一个资源配置的过程,通过电子商务,实现了信息的畅通,降低了出版资源配置的信息成本。这主要表现在以下两个方面:首先,出版要素市场企业进行电子商务可以直接减少因信息搜寻、交换而产生的支出。在出版要素市场企业交易的准备、谈判、后续联络过程中,需要付出较高的人力成本、交通费用、谈判的气氛等费用。出版要素市场企业与出版商品市场企业的传统出版交易活动所产生的交易成本多是由于信息流通不畅而产生的,而出版要素市场企业发展电子商务能够降低信息成本。其次,出版要素市场企业进行电子商务容易实现信息对接,较好地实现供应链管理。根据出版商品生产经营企业的需求信息,出版要素市场企业可以调整其要素产品的生产结构、产量、产地、供应方式等供应情况。

---

① 杨贵山.国际出版业导论[M].北京:北京大学出版社,2010:105.

同时,在互联网中,出版要素市场企业可以找到出价最高的出版企业,根据客户需求,调整库存量及库存结构,实现较为精确的存货控制。

(二)完善出版流通体系降低流通成本

培育出版流通体系可以降低出版要素市场流通成本,这是建设我国出版物市场体系的重要步骤。完善出版流通体系主要包括以下几个方面:

首先,要推进出版物流的信息化和标准化,建立物流信息数据库。信息化和标准化是推进现代物流发展的两个轮子,是区别传统物流与现代物流的重要标志。出版物流标准化是指在书业物流过程中,对重复性的物流活动和概念,通过制定、发布和实施书业物流标准,达到统一,以获得最佳的秩序和社会效益。[①] 出版物流信息化则是为了适应信息采集的实时化、设施自动化和经营网络化的需求。[②]。推进出版物流标准化、信息化,可以做到对图书物流链上所有环节的运输、包装、装卸、搬运、储存、配送等物流信息进行标准的、规范的、及时的管理。同时,建立以城市为中心,覆盖全国的强大数据库,提供准确而及时的信息。在此基础上,不断完善发行管理模式,建立一系列数据化平台,为管理、采购、结算、配送、营销推广等活动提供信息支持,优化管理流程。这既有利于推进出版产品流通体制改革、降低流通成本,又是促进出版业技术改造和产业升级的重要手段。日本有世界上最先进的物流,机器自动化和流程化的运用最大限度地保证了图书市场的有序运转。如东贩的退货流程中,自动与手工工作比例为8∶2,其物流体系便利地实现全国4000多家出版社和几千家书店的中转。[③]

其次,利用新技术进行出版企业渠道建设。出版要素市场企业与出版物发行企业之间建立具有产权关系或者资本契约关系、自主、开放、可控的出版物流通渠道。包括出版要素分销或零售中心、数字化出版要素信息传播渠道,或与其他要素企业进行销售网络互换。不局限物流内容,进行性质相同或相近的物品发行多元经营,寻求出版物流网络的边际效应。如开发出版物流总代理模式和连锁经营模式。不局限物流层级,在必要的时候开展二级批发业务或代销业务等。不局限实体或虚拟物流,充分利用网络资源,实现规模经营,提升业务规模,实现规模经济效益。在电子图书领域,采用"复本数"积极与国际接轨。复本因能有效地保护出版社和作者的利益,被世界上许多国家的图书馆所接受而成为电子图书行业主流销售模式。在2005年中国电子图书产业年会上,包括北京出版社出版集团、上海世纪出版集团等在内的100多家出版社共同发出倡议,表示应用"复本数"模式,实现中国电子书可持续发展。

最后,构建全国出版物流网络,同时加强城乡网点建设。我国幅员辽阔,地方保护和封锁的现象时有出现。一般来说,通过企业联盟、收购兼并、业务协作、自建或加盟连锁等方式逐步建立起覆盖全国、以城市为中心的出版物流网络系统,旗下分公司遍布全国各地,出版物发行地方封锁的局面将逐渐被打破。随着科技的进步,互联网的

---

① 刘灿姣.中国书业物流发展研究[M].湘潭:湘潭大学出版社,2009:119.
② 刘灿姣.中国书业物流发展研究[M].湘潭:湘潭大学出版社,2009:89.
③ 刘灿姣.中国书业物流发展研究[M].湘潭:湘潭大学出版社,2009:3.

迅速发展及社会配套服务的逐步完善，中盘有了全新的形成方式，即以互联网为基础的、网上银行及运输企业为支撑的电子中盘能够完成传统意义上中盘的所有功能，并且在规模和效率上都大大提高。如2007年11月16日，广东九州阳光传媒股份有限公司正式上市，公司明确将所筹集的部分资金用于建设连锁经营网点及其技术改造。同时，城乡地区有着广大的潜在消费市场，是出版物市场体系的重要组成部分。2010年年底我国城市化率已经达到47.5%，[①]住房和城乡建设部联合下发了《关于加强城乡出版物发行网点建设的通知》，要求各地在城乡建设和文化建设规划中必须保证有足够的出版物发行网点，这对出版物流体系的建立提供了政策支持。

(三)建立出版信用体系降低信用成本

目前，我国出版物市场信用危机严重，且在现代商品经济中，像信用这样的东西，并不是因为美好才被人们信奉，而是由于它有用、有利，才被人们遵守。[②] 建立出版信用市场体系，降低信用成本，主要通过以下方式实现：

首先，要建立出版行政部门的公信力。促进出版物市场体系的建立和发展，吸引要素自由平等地流向业内，关键要通过体制改革，使透明的法律体系、政府的可信承诺、有效的公司制度以及良好的多边信誉机制等构成市场信用制度核心因素，使其作用得到充分正常的发挥。通过体制改革，提升市场信用制度的发育水平，降低投资经营者因出版市场信用制度不完善、不配套而蒙受的制度性风险，增加投资者获取潜在利润的信心。建立行政部门的公信力，有利于加强投资者对出版业的信心。

其次，要建立正规的出版企业会计制度，加大信用考核力度，建立信用记录档案平台。建立正规的出版企业会计制度是加大信用考核力度，建立信用记录档案平台的基础。建立并实行正规的出版企业会计制度是出版企业厘清自身资金、债务、经营状况的首要条件，也是指导出版企业做出经营选择的重要方向盘。同时，在出版企业的经营及与其他企业的合作过程中，加大对出版企业的信用考核力度，建立信用记录档案平台定期发布出版企业信用信息，有利于规范出版企业的行为，实现公平、有序竞争。

最后，发挥出版职业道德的约束作用。出版人的职业道德同样对出版活动的有序与无序、理性与非理性产生着重要影响，并与市场、政府机制共同维系出版活动的和谐运转。许多理性的出版行为表明，在出版界开展职业道德教育，树立科学正确的出版价值观，对完善出版市场、坚持传播先进文化方向是十分重要的，而且出版集团可与出版行业协会、出版科研、教育机构一起发挥更多的作用。出版职业道德发挥作用最重要的是出版企业要加强自律，创造有利于产业发展的业态环境。如出版企业经营者要充分认识出版产业创意、创新的重要性，在内容生产的大平台下，实现出版产业与其他产业对接，找准赢利点，融入社会经济大循环。编辑要充分认识并坚决抵制伪书、跟风出版等行为，自觉规范合作出版行为，创造上下游产业链各环节共同发展、共同繁荣的局面。同时，由于唯利是图是引发出版信用危机的头号因素，出版企业重视出版的文

---

① 周一夫."十二五"末中国城市化率将超51%[N].中华工商时报，2011-9-28.
② 国彦兵.新制度经济学[M].上海：立信会计出版社，2006：64.

化性、公益性功能,不唯利润说话,注重出版物的品质和社会需求。过于重视出版利润在日本出版大崩坏中体现得淋漓尽致,我国出版业发展过程中应吸取其教训。而西方发达国家甚为重视出版物的品质和社会需求,则是我国出版企业及出版人员有必要学习的。德国菲舍尔出版集团的 S. 菲舍尔出版社社长莫妮卡·施勒说:"我们评价和对待作者也绝不会仅仅从市场出发。""任何出版领域中有水平的编辑必须关心图书的风格和内容,他们是不会满足于把利润作为衡量他的才能的唯一标准的。"[1]

三、创造出版要素市场发挥作用的条件

出版要素市场不能单独发挥作用,其发展及发生作用具有较强的依赖性,在建设出版要素市场的过程中要不断创造条件,促进出版要素市场作用的合理发挥。如发展出版要素市场发挥作用的平台,创新出版要素市场发挥作用的方式以及深化出版要素市场发挥作用的关联。

(一)发展出版要素市场发挥作用的平台

建立出版要素市场发挥作用的平台主要是培育具有一定规模的、规范的出版物生产、发行企业。一方面,由于要素本身作为商品生产的必要条件而非直接消费的特性决定了其发挥作用需要载体;另一方面,要素市场对出版业进行投入并非是培养出版企业的公益行为,而是市场利益驱动的。因此,出版要素市场要发挥作用需要在一定的平台载体上,这个平台必须是具有一定规模的、规范的出版企业。只有具有发展潜力和盈利能力的出版企业,才能满足要素投入的要求。然而目前,我国出版市场的企业主要是发展到一定规模但没有建立规范的公司制度的民营企业,以及体制机制比较陈旧的国有出版企业,这是出版要素市场的动力没有发挥出来的一个重要原因。因此,培育成规模的、规范的出版企业,是出版要素市场发挥作用的基本前提。如 2012 年 5 月 19 日,深圳出版发行集团与腾讯达成战略合作协议,双方在移动阅读平台、电子版权营销平台、教育资源整合以及文化影视等方面合作,这是外界资本对成熟的、规范的出版企业的作用行为。

(二)创新出版要素市场发挥作用的方式

随着市场经济的深入发展,企业所面临的经营环境日益复杂。出版要素市场维持原有的作用方式不能适应新形势下商品市场的发展,出版商品市场发展止步不前。创新作用方式有利于出版要素市场作用的发挥。一是,出版要素市场企业要积极引进和利用新科技,更新作用方式。科技对企业甚至整个产业的动力作用是不可估量的,对科技的利用就是对企业生产运营方式的升级,通过突破原有资源开发、利用、管理方式,挖掘其更深层次意义,使其发挥更大作用。在出版印刷设备生产企业中,加大投入,更多地引进和应用科技手段控制,能够提高印刷准确率和印刷效率,新的科技手段

---

[1] 小赫伯特·S.贝利.图书出版的艺术与科学[M].王益,译.北京:中国书籍出版社,1995:20.

也能创造更多类型的印刷方式。如传统印刷设备需要大量的人工,一般是成规模地印刷,数量在1000本以上,而利用按需印刷机则能够减少人工成本,在设置好后,能够自动配色、选择印刷数量。按需印刷方式适应了现代个性化阅读需求,以及出版市场长尾利润的趋势。二是,加强企业联结,提高共同要素的多重使用率。面对复杂的、多元的市场环境,出版企业的经营过程中,不确定影响因素越来越多,出版要素市场企业之间加强合作,提高共同要素的利用率能够抵御一定的风险,促进自身发展。加强企业联结主要依靠信息化和标准化两个关键因素。一方面,增强企业的内部信息系统的建设,建立模块化组织,采取模块化经营,加强企业内部信息协同,同时与其他企业建立信息沟通渠道;另一方面,加强标准建设。既要加强企业内部经营行为的标准化,又要加强行业之间标准的一致、协调性。通过标准化,使得各企业、各系统进行协同,提高共同要素的使用率,实现更多的功能,产生规模经济效益。

(三)增强出版要素市场发挥作用的黏度

要使出版要素在出版商品市场中发挥更大的作用,除了要建立出版要素发挥作用的平台,创新作用方式以外,最重要的工作就是增强出版要素市场发挥作用的黏度。这既需要出版要素市场企业加强与出版商品市场企业的关联,绑定利益,又需要出版要素市场以内容为基点来发挥作用。

第一,加强各出版要素市场主体与出版商品市场主体的关联。在我国出版物市场体系中,无论是在出版要素市场上还是在出版商品市场上,垄断,尤其是行政垄断的痕迹非常严重。各要素市场之间、要素市场与商品市场之间的联系被人为割断。这也是我国出版物市场体系发展进程迟滞的重要原因之一。根据钱纳里的两缺口模型,一个经济体可以在两种条件下采取不同方式解决资本要素不足的问题:一是在封闭条件下,采取扭曲的宏观政策;二是在开放条件下,积极引进外部资本。① 笔者认为,两缺口模型不只适用于资本市场,还适用于整个出版物市场体系的建设。"通过集中各种不同份额的生产要素,进行联合生产经营,并按入股的份额参与管理和分配的经济组织形式"②,加强各出版要素市场主体与出版商品市场主体之间的关联,使得彼此之间的利益休戚相关。

第二,出版要素市场以内容为基点来发挥作用。在出版物市场体系各主体的运营与关联中,要以出版物内容为基点,强调主业经营。出版市场主体加强关联发展出版业,就需要各出版企业在经营过程中以出版相关业务为主,同时强调各种要素为主业经营服务。内容是出版企业最根本的、最核心的资本,各类出版主体的经营行为需要以内容为基点,服务于内容的开发、呈现、传播等。如根据出版业务发展的需要,盘活存量资本,提高现有资本的利用率,并积极开发新的内容资源,为出版业务的经营提供充足的资源保证;根据企业的主营业务竞争的需要,采取科学、适当的方式,在短期内调动各要素的配置方向和速度,助力出版企业内容生产经营的增值,提升出版企业的

---

① 尹章池.中国出版体制改革研究[M].武汉:湖北人民出版社,2006:74.
② 杜飞进.企业集团论[M].北京:人民出版社,1994:198.

实力和竞争力;以出版企业主营业务为基点,应用合资、合作、并购、参股等资本运营模式,向相关行业领域和业务范围进行扩张。

第二节 优化出版物市场体系的资源配置

范军提出"文化资源是文化产业发展的基础"。① 而出版业作为一种文化产业,与其他产业一样,其发展离不开赖以生存的基础——出版资源。出版资源的开发利用状况决定出版业发展的速度、规模与结构。② 西方国家图书出版资源、生产要素是可以跨媒体、跨行业、跨国界流动的,这种流动是按市场机制进行的,像德国的贝塔斯曼集团就是在全球范围内开展电视、图书、印刷、音乐、传媒等服务。然而对资源的整合是需要一定视角的,必须站在整体的高度整合资源才能实现预期目标。CSM新资源观提出创造新资源、改变资源创造财富的能力、改变资源的产出方式,在资源整合过程中形成一种互动的动力机制。这为出版物市场体系的资源配置提供了很好的指导。基于我国出版资源的现状,在优化现代出版物市场体系的资源配置过程中,应从以下三个方面入手:首先,开发出版企业的资源配置能力;其次,创新出版物市场体系资源开发方式;最后,加大出版物市场体系资源开发力度。

一、挖掘出版企业的资源配置能力

作为资源配置的主体,出版企业配置资源的能力是决定资源是否优化配置的最重要因素。因此,出版企业应注重以下三方面的能力:一是出版企业辨识资源,创造供给的能力;二是出版企业多元发展,科学利用资源的能力;三是搭建信息平台,协同开发资源的能力。

(一)重视创新,科学辨识资源潜力的能力

对出版企业来说,辨识资源和发现需求是紧密关联的,对资源的辨识伴随着将这部分资源开发后所供给的市场需求,同样,在发现一个空白的市场时,通过分辨出这部分市场需要什么样的出版产品及信息知识服务,从而进行相应的出版资源开发。在如今市场供给充足的情况下,出版企业更需要一种创造供给的能力。这是出版企业主动引导市场需求,培育市场需求,告诉读者其需求实质的一个过程。

辨识资源主要体现在选题创新这一重要环节,但又不局限于选题领域,还包括对各种技术、信息、地产、人力资源等资源要素的发掘。如建设出版企业网站进行直销,与地产集团合作开发文化地产,建立出版物大卖场等。一般来说,辨识资源遵循着四个原则:首先,辨识资源的基点是出版企业自身的实际情况。根据出版企业自身已有的优势、特色及各种资源开发条件来进行选题创新。一个选题即使很有市场,但如果

---

① 范军,等.出版文化与产业专题研究[M].武汉:华中师范大学出版社,2012:3.
② 罗紫初,徐进.论出版资源及其配置[J].出版人,2005(11):33-37.

出版企业运营该选题将需要进行大量投入,并存在入不敷出的隐患时,会使企业因为资源的滥用而丢失自身的优势市场。其次,辨识资源是以对市场的充分了解为基础的,需要进行充分的市场调查工作。这既可从直接的市场需求中开发读者需求空白点,也可以从企业销售情况的反馈中来发掘,还可以从全球出版市场的需求倾向中获得。再次,辨识资源不应只着眼于出版产品领域。出版业的竞争已经从产品竞争向品牌竞争转变。出版企业辨识资源应致力于提出一种理念,乃至引领社会潮流。如亚马逊从最初的经营网上书店的企业发展为全球电子商务企业,成为网上书店甚至电子商务领域的领头羊。最后,辨识资源还需要一系列的保障条件。如完备的知识产权保护机制、出版企业选题创新激励机制等。这些保障机制能够激发员工的创新积极性,使其享受成功辨识资源的乐趣和实际利益。

(二)多元经营,深度挖掘资源能量的能力

多元化战略又称多角化战略、多样化战略,是企业开展多种经营或开发多种产品品种的长期规划。其实质是以拓展业务范围、业务领域,培育企业新的竞争优势,使得企业市场壮大、势力增强。发达国家为了降低出版集团的成本和风险,以实现更稳定和更大的利润,大多进行了多元化经营,经营结构具体由三个部分组成:传统出版业务,主要指传统的图书、杂志的出版;传媒领域的非出版业务,主要指广播影视以及网络方面的业务;非传媒领域的业务,即一些完全通过资本运作而扩展的业务。它们大多是在与出版业务本身关系甚小的领域,如金融、房产、旅游等。[①] 但从其发展历程来看,如培生、艾斯维尔、贝塔斯曼、企鹅、维亚康姆等知名出版传媒集团大都经历了"专业化—多元化—专业化"的发展过程。这与我国出版企业在多元化过程中,将资金投入到经济效益好的市场完全不同。如前几年我国房地产市场火爆,许多出版集团利用上市筹集的资金投资房地产建设。这些出版企业的行为始终不是长久之计,既无法做好主业,又会搅乱整个市场运行秩序。

真正的出版企业多元化是有章可循的,首先,出版产业是内容产业,出版内容创新是出版产业发展的核心。其次,出版业发展过程中伴随着技术要素的推动,出版技术是出版产业发展的动力。因此,真正的出版企业多元化应该是从内容关联和技术关联的角度进行多元化发展,只有这样的多元化才能够科学地利用出版资源。

首先,基于内容关联的出版企业多元化发展方式。一是对相同的内容资源通过多种媒体互动开发,拉伸内容的产业链。如对同一内容,进行期刊、报纸连载,出版纸质图书、电子图书、有声书等出版物,开发成录像制品、绘画版本等等形式。二是以内容为中心建立出版品牌,通过对内容进行延伸开发,尽可能地延长产品的价值链,覆盖更广泛的市场。如喜羊羊、虹猫蓝兔等动画片在发行后,开发卡通图书和音像制品以及卡通形象所衍生的产品,包括服装、玩具、饮料、漫画、游戏软件、商品授权、主题公园等,从而建立以内容为中心的出版品牌。

---

① 李苓.外国出版集团发展透视[J].编辑之友,2007(3):50-53.

其次,基于技术关联的出版企业多元化发展方式。这是出版企业基于一定的技术形成企业竞争力,进而发展壮大的发展方式。其主要方式包括:一是出版企业通过开发和利用新技术,掌控出版物的生产、呈现的核心技术,加强在数字出版产业链中的话语权。二是利用技术不断拓展企业的内容经营空间。除了进行传统纸质内容供应外,积极开发面向电子书、电子词典、学习机、互联网杂志、手机短信、彩信、MP3/MP4/MP5 等信息传递方式的内容供应,不断开辟企业的赢利空间。

(三)建立平台,高度协同资源开发的能力

搭建平台,尤其是出版信息平台,有助于出版企业间形成联结效应,共同协作开发资源。出版企业要搭建的信息平台主要有以下两种类型:

一是内容信息平台。出版企业将内容开发成不同的模块,供企业的不同部门根据需要将该模块内容开发成一定的出版传媒产品。同时,对外的内容信息模块将便利出版企业间对内容协作开发的实现。2012 年,新华社上海分社、经济参考报社和道琼斯公司共同建设"新华—道琼斯移动资讯发布平台",该平台以 24 小时不间断的道琼斯全球资讯数据库和新华社数据库信息为信息源,在第一时间报道和分析全球重要财经新闻,并形成高端资讯产品《新华—道琼斯手机报》。

二是出版活动信息平台。这类平台将提供各种出版物生产、流通、宣传等活动信息。如建立出版物发行信息平台,采用以全球卫星定位技术、地理信息系统技术主导的标准化物流信息,消费者在网上随时查找和跟踪所购买出版物的配送情况。而出版物市场监管部门也可通过对出版物市场体系的企业经营行为进行实时性监管和追踪。对少数盗版、色情、非法出版物出版发行行为,及时掌握动向,精准打击,促进出版市场环境净化。

二、创新出版物市场体系资源开发方式

高新技术的发展给传递信息、传播知识的出版产业带来了前所未有的机遇和挑战。自 20 世纪 90 年代开始,随着数字技术、网络技术的推动,传播载体及方式的界限已经完全打破,交流实现双向互动,文字、数字、图片、声音等在数字出版物中融合,数字发行随着人们阅读习惯的转变而发展。大型出版集团均把信息技术与互联网业务的开发和利用放在至关重要的位置,力图使所有内容文本数字化。在企业内部管理方面,多数企业建立了 ERP 系统。随着移动阅读方式的盛行,大型出版集团进入互联网领域的步伐也不断加快。如高等教育出版社建立了内容管理系统,将各种出版资源集中管理,实现了资源社区共享,为提供在线服务奠定了基础。在数字化的基础上,大量投入和利用新兴技术、引进高端人才或投入大量资本,创新出版资源的开发方式,有利于开发出适合市场需求的内容产品。

(一)利用新兴技术创新出版物市场体系资源的开发方式

技术创新既是产业发展的助推力,也是产业发展本身的重要内容。技术的快速发展决定了产业的发展速度,不断扩大产业的空间或容量。技术发展水平决定了产业内

产品线的宽度和产业链的长度,从而扩大了产业规模,提高了产品的质量和技术含量,直接推进产业升级。① 技术与出版产业的发展如影随形,在出版历史上每一个重大的变革时期,技术都是出版业的助推力。在如今,新兴技术的使用带来了出版流程升级,促使出版产业在制度、组织和管理等方面进行创新,出版产业向着现代信息产业的方向发展。在出版物市场体系资源开发方面,新兴技术也将有着很大的发挥空间。英国出版科技集团(Publishing Technology Plc.)是世界上出版技术领域最大的技术、方案和服务提供商,全世界排名前 15 位的出版集团中,有超过 10 家采用了该集团的技术。全球 80% 以上的大型出版集团如兰登、哈珀·柯林斯、励德·爱思维尔、施普林格、剑桥大学出版社等都在使用该集团的技术服务和产品。英国出版科技集团可以提供的技术和服务覆盖出版产业的全流程,包括数字资源管理系统、专业及学术内容发行平台、数字图书馆平台、大众类读者俱乐部平台、教科书版权保护平台等,还提供数字资源加工、文件格式转换接口、商务结算接口、全球发行代理等一体化的技术支撑和商务服务。②

出版企业使用的技术主要是通过引进新技术或与相关技术开发公司联系,按照出版企业需求定制企业资源开发技术服务。出版企业自身研发技术需要巨大的资金投入,一般较少自主研发。日本数字出版业的增长得益于技术及技术企业的支持,通过电子制造业的设计制造能力,开发出适合日本市场的电子阅读终端;通过和 IT 制造企业联合,成立各种联盟企业进行数字出版业务创新。一般来说,出版企业利用新技术创新出版物市场体系资源的开发方式有:其一,采用统计技术及相关软件对出版企业的市场需要、市场优势进行系统分析,针对企业的细分市场,确定企业可用资源。其二,采用计算机互联网等信息技术搜集资源相关信息,如资源的分布情况、资源的开发情况、资源使用企业的情况,即面临的竞争对手的情况等。其三,采用情报分析技术,通过数据挖掘、数据计量等技术手段进行资源相关信息分析,将资源与企业开发条件相匹配,并将所有与资源相关的信息存入数据库,以备企业随时调用。

(二)引进高端人才创新出版物市场体系资源的开发方式

人才是产业发展的支撑力量,任何产业的发展缺少了人才的支持都难以为继。在出版物市场体系资源开发这一个重要环节中,高端人才的作用是不可或缺的。在如今数字出版当道的时代,出版业高端人才最起码要能够具有综合内容、市场、技术载体三个方面的能力,才能够开发出好的资源。因此,出版业高端人才主要包括两种人才:一是对市场需求极为敏感的,具有一定经验的内容编辑人才。二是对内容及其载体的契合度具有一定经验的技术人员。

首先,对市场需求极为敏感的,具有一定经验的内容编辑人才。其对市场的把握具有经验,对资源开发既有以往成功经验、失败教训的指导,又有着对市场需求的警

---

① 马小强.产业发展动力论:基于虚拟资本与产业互动的视角[M].北京:中国经济出版社,2008:11.
② 英国出版科技集团为中国出版社定制数字技术服务[N].中国出版传媒商报,2013-9-3.

觉,其对出版物市场体系资源的开发能力是工作中积累得来的。一般,引进这种高端人才主要有以下几种方式:聘请与本企业出版范围相近的国内外出版企业的编辑、发行人员作为企业的编外顾问,为企业资源开发出谋划策;聘请学界的、研究所的专家作为企业的顾问;引进退休的老编辑、老发行人员,依据他们对出版市场多年的经验,对不同的内容资源选择不同的资源开发方式;企业派遣精英员工参加国内外各种出版、传媒会议,了解出版行业最新资讯以及行业人才情况。

其次,对内容及其载体的契合度敏感,具有一定经验的技术人员。未来的出版物一定是不同的内容对应不同的出版物载体,即便各类出版物载体可通用、可转换,但特定的内容对其表现形式、载体还是有一定要求的,这主要由消费者的阅读习惯及该内容特点对表现形式的需要决定的。如学术性图书的出版将会附带学术词库、相关知识链接等等;而儿童图书则不宜过多地拓展,这将剥夺儿童的注意力、想象力和对知识自我拓展的能力。这种类型的出版人才既需要对出版物内容有着透彻的了解,还需要对读者心理需求,对出版技术、出版载体的特性具有一定的了解,为出版物内容选择合适的载体将对出版物的销量提高有很大的促进作用。一般情况下,引进这种高端人才主要有以下几种方式:引进国内外出版界技术性人才作为企业的顾问,吸取国外同行的经验;出版企业派员工在出版技术开发、出版载体制作相关企业进行学习。

(三)投入大量资本创新出版物市场体系资源的开发方式

出版企业进行资源开发不是一个冲动的行为,更不是一个凭着理想就可以完成的行为。对出版资源进行开发的过程中产生的人员、技术及硬件等各方面的费用都需要大量资本支持。企业应积极投入资本,建立项目跟投制①开发资源。

以往我国传统出版企业中,出版企业领导的绩效与出版企业的绩效不挂钩,并且大量的资本投入不可能即时获得回报。因此,大多数情况下,出版企业领导是不太批准在资源开发方面进行过多投入。即便需要进行资源开发,也是尽量外包。而外包行为,尤其是选题外包造成出版企业的核心竞争力不断弱化的恶果。在现代出版物市场体系中,出版企业是现代化的企业,进行资源开发、资本投入都有一套正规的制度。本书提出在出版企业资源开发中,应建立出版项目跟投制,发动出版企业内部员工积极性,规范项目开发的责、权、利,进行有效的资源开发。在大型项目上,联合其他出版企业共同投资,加强企业协作性。如今,一些电子商务企业因其庞大的资金实力不断加大对出版业的投入,抢占资源。如2012年,网易启动了原创精品文学计划,京东商城成立了电子书刊平台,阿里巴巴成立天猫书城,豆瓣网成立阅读作品商店等,大量资本的投入非常有助于出版物市场体系资源的开发。

三、加大出版物市场体系资源开发力度

较高的出版物库存直接反映了出版企业生产的出版产品不能满足读者的信息需

---

① 项目跟投制,是一种原则上要求项目所在一线管理层和该项目管理人员,必须跟随公司一起投资的制度。

求。同时,又反映了出版企业创新能力不足,在选题策划、市场营销、信息技术利用等方面的创新不够。在2013年7月的数字出版博览会上,"知识资源"被多次提及。"知识资源开发强调的是对资源进行深度加工,高效利用。这对传统出版社来说具有特殊的意义,这也是传统出版社向数字出版转型的战略重点和根本出路所在。"①传统出版实现转型和进行可持续发展,最根本还是要利用企业自身的特色和优势,在开发深度、开发范围、高效利用资源方面寻求出路。基于此,出版企业应该调动企业各方面资源,加强市场运作能力,开发出版物市场体系资源的利用价值。

(一)挖掘出版物市场体系资源的利用深度

从传统纸质出版物市场来说,挖掘出版物市场资源的利用深度直接体现为图书的再版工作。图书能够不断再版,说明图书内容资源被不断地进行开发、利用和完善。一方面,在原有出版资源不断优化和再利用的过程中,原有出版物市场不断被巩固。另一方面,再版书的先期投入已经形成,市场知名度已经打响,后期投入少而收益高。因此,出版业发达国家都非常重视图书的再版。20世纪70年代,在英国出版业中,平均算来,每出版一种新书的同时就会再版14种图书。并且再版书在很长一段时间内会不断被再版重印,是出版社利润的主要组成部分。根据经验,再版图书的利润平均比新书高出很多,出版社70%左右的利润要归于重印图书。② 如今,英国每年出版新书超过12万种,加上再版的书,每年印刷的图书种类超过100万种,年销售图书超过50亿英镑。③ 从数字出版市场来讲,随着大数据时代的到来,出版业在数字化方面深入发展,大多数出版企业根据自身特点建立了各类信息系统。包括企业内容数据库、发行管理信息系统、财务管理信息系统、编务管理信息系统、办公自动化(OA)、网络销售业务、企业资源计划系统(ERP)、内容资源管理系统(CMS)、客户关系管理系统(CRM)等。这些数据库都系统地储存了出版企业的结构性数据。此外,在互联网上,还存在日志、图片、音频、视频等信息,这些信息不断增多,且以零散的方式出现在互联网空间中。这些网络资源被称为非结构性数据,占数据资源的75%以上。这些结构性数据和非结构性数据构成如今数据时代的资源。

随着数据挖掘、数据分析技术、语义搜索技术、视觉分析技术、数字对象标识(DOI)等技术以及人机交互式搜索、定位与分类技术的不断提升,通过对消费者行为相关的大量数据进行分析,能够得到资源利用的指向。出版企业基于企业内容数据库,利用这些信息挖掘和分析技术,能够不断贴近消费者的精准需求。如在网上书店,通过对消费者购买时间、地点、内容、付款时间间隔、网络界面停留时间等方面的购买行为相关数据进行全面分析,能够得出对其阅读爱好的精准分析结果。通过对读者阅

---

① 沈水荣.现代知识资源开发产业的兴起与传统出版社的发展前途[EB/OL].中国出版网,2013-8-7. http://news.xinhuanet.com/book/2013-08/07/c_125129173.htm.
② 陈昕.中国图书出版产业增长方式转变研究[M].桂林:广西师范大学出版社,2008:19.
③ 驻英使馆经商处.英国出版业调研[EB/OL],2012-2-14. http://www.mofcom.gov.cn/aarticle/i/ck/201202/20120207965543.html.

读信息的分析,ZAKER、Flipboard等社会化阅读软件能够实现对读者阅读内容进行精准投送,并加以个性化的编辑,同时在适当的地方插入广告,精确营销定位等,为读者定制一本个性化的电子杂志。

(二)拓展出版物市场体系资源的利用范围

在互联网信息技术的推动下,出版、传媒、电信三大产业不断融合,各产业边际范围不断扩展,并提出了资源融合的要求。资源融合使得内容产业增值能力倍增,内容产业的价值链和产业链也表现为垂直和水平相混合的复合型结构。在出版业发达国家,出版集团通过深入开发和兼并重组不断整合资源,拓展了资源的利用范围,实现了企业自身业务转变,从而获得范围利益。世界著名的米高梅电影公司更是将电影衍生品的经营收入称为公司经营的"安全阀"。① 就我国出版业目前的情况来说,拓展出版物市场体系资源的利用范围主要有以下几个方面的工作。

一是出版集团走范围经济和规模经济并举的发展之路。这就要求出版集团进行多元化发展。从集团层面来说,一方面要进行跨领域出版,通过优势互补及资源重复利用获得利润回报;另一方面,在集团内部建立统一平台,以降低交易成本,提高资本运作效率。从集团下的子公司层面来说,应进行专注、深入的资源开发,集中于某一出版领域发展。二是出版企业围绕选题资源进行经营形式的创新。出版企业扩展资源利用范围的重要方式就是对出版企业的优质出版资源进行经营形式的创新,以形成核心竞争力。一方面,将选题资源开发成不同形式的内容,如单行本、丛书、漫画等;另一方面,进行多种媒体互动开发,创新进行图书、报刊、电视、电子书、广播、网络版等媒体形式的综合开发,将选题进行不同内容形态、不同载体形式的包装,最大限度地覆盖市场。2013年4月,盛大文学成立编剧公司,实现在网络出版、纸质图书、移动阅读和网络游戏等基础上,向影视改编等全媒体版权运营迈进。三是出版企业围绕出版品牌建设,获得更大的市场控制力。面对日益激烈的市场竞争,拓展出版企业的资源利用范围,更重要的是通过重组出版业务范围,调整企业的出版物产品结构,建立出版企业品牌,从而获得更大的市场影响力。如商务印书馆基于其语言工具书的品牌优势,开发了面向小学生的《新华字典》《汉语成语小字典》,面向中学生或中等文化水平的《现代汉语词典》《应用汉语词典》《新华词典》,并针对不同读者的需求开发了《新华拼写词典》《新华同义词词典》《新华反义词词典》等。

(三)深化出版物市场体系资源的关联利用

出版产业是一个关联性极强的产业,这主要表现在:一是出版产业的生产链长。包括作者对内容的原创,编辑对内容的选取、编辑、校对,以及印刷和发行等环节。二是出版产业内部包括相互关联的几个子产业。从出版流程角度讲,有出版、印刷、发行产业;从出版物类别角度讲,有图书产业、期刊产业、报纸产业、音像出版物产业、电

---

① 左惠.文化产品供给论——文化产业发展的经济学分析[M].北京:经济科学出版社,2009:50.

出版物产业等等。这些子产业之间是具有一定的竞争性和可替代性，也就为生产具有原创性出版物的衍生产品提供了很好的条件。三是出版产业对制造业等外行业具有非常强的辐射力。如电子书产业的发展带动了电子阅读器的生产。产业关联，是成本控制能力的间接体现，也是文化产业竞争力的重要标记。文化产业的最大特点之一，就是通过一个上下游联动的产业链条，利用文化资源的投入，对内容进行深入开发而达到反复产出，包括为相关产业提供丰富的市场附加值。① 对于出版业来说也是如此。深化出版物市场体系资源的利用关联度也是出版业控制成本、提高产业辐射力、带动力的重要体现。

深化出版物市场体系资源的利用关联度主要从以下三个方面进行：一是深化"内涵关联"。深化"内涵关联"主要是由于出版产业是内容产业，以出版物内容资源为核心，形成出版物内容原创、改编、演绎、出版物制作发行等关联服务。对出版企业来说，深化"内涵关联"主要就是从出版社的优势内容出发，形成专题数据库、服务平台以及服务工具。如人民出版社的党政图书馆，虽然只有1万册图书，但其产品系统覆盖了所有的马列著作及所有的法律法规，形成了对相关知识深度加工的数据库。其他出版企业、技术企业和电信企业都无法与其竞争。二是深化"服务关联"。深化"服务关联"，是指出版产业与其他产业及非盈利部门之间，虽然没有形成直接的上下游的产业链式的关系，却通过彼此之间的消费和产品供应，形成一个直接或者间接地以服务为主的关联。如出版企业通过与大学图书馆、公共图书馆的合作，提供专门的"馆配书"服务，也形成了一批"馆配书"书商。三是深化其他关联。越是文化密集度高的产业，其产业的文化附加值就越高，关联的带动力也越强。② 深化其他关联是指出版产业与其他产业相互关联，通过出版产业的发展为其他产业提供大量的附加值，增加其知识与文化含量，并通过出版产业与其他产业的互动，为其他产业创造了大量的市场机会，从而扩大了出版产业的整体效益。如法兰克福书展的举办既为德国展览业提供了一定的就业机会，又提高了举办城市的名气并增加了企业的市场机会。深化出版物市场体系资源的利用关联度，能够综合提高出版业的"经营能力"，从而在根本上提升我国出版业的产业化、市场化水准，形成建设出版物市场体系的合力。

第三节 改善出版物市场体系的发展环境

产业的发展是在一定的体制和机制的背景下进行的，作为产业载体的市场体系，也受到体制和机制的作用。对出版物市场体系来说，出版体制机制是出版物市场体系得以顺畅运行的法律性、制度性整体框架，是培育和发展出版生产力的规则性平台。出版机制是由行政部门的产业发展政策等构成的，对出版产业的竞争力将产生持久和根本的影响。2013年3月，新闻出版总署与广播电影电视总局撤销并成立国家新闻

---

① 花建,巫志南,郭洁敏,等.文化产业竞争力[M].广州：广东人民出版社,2005：23.
② 花建,巫志南,郭洁敏,等.文化产业竞争力[M].广州：广东人民出版社,2005：116.

出版广电总局,这为传媒业的融合管理奠定了基础。2016年3月,由国家新闻出版广电总局、工业和信息化部共同公布的《网络出版服务管理规定》将网络出版物范围规定为"通过信息网络向公众提供的,具有编辑、制作、加工等出版特征的数字化作品",这为媒介融合提供了参考,也为实现"大传媒"的统一管理体制提供法律保障。当前,媒体融合,纸媒颓势,网络出版层出不穷,全媒体统一监管势在必行。2018年,全国两会召开后设立了国家新闻出版署,并将国家新闻出版署、国家电影局等机构调整为直属中宣部领导,这反映出我国在大传媒管理的路径上开始了新的探索。归口中宣部统一管理的多部门将不断打破媒介业务分割管理的局面,为传媒业的融合、产业链的发展开启大门。伴随管理体制的融合,现代出版物市场体系的宏观环境、行业环境以及企业环境都将被重新塑造。

一、调控出版物市场体系的宏观环境

调控市场的宏观环境,一般来说就是对市场进行宏观调控。从本质上讲,宏观调控是国家管理、干预经济的最高形式。它主要是指一国政府从全国经济总体利益出发,通过弥补市场调节失灵、国家干预失败,防止或消除经济发展中的总量失衡和结构失衡,通过综合运用各种手段,优化资源配置和经济结构,优化政府的经济调控行为,保证总供给与总需求及经济结构的平衡,保证市场经济中公平与效率的平衡,促进社会经济的发展。[①]"宏观调控"是具有中国特色的,用来诠释政府与市场关系的关键词,宏观调控是国家和政府经济调节职能的集中体现,也是国家和政府宏观调控权力的运行活动。在产业发展中,宏观调控是重要的发展要素,宏观调控手段包括法律手段、行政手段和经济手段。

(一)不断完善出版物市场体系法律制度

市场经济从某种意义上来说就是法制经济,要发挥市场经济在出版物市场中的作用,也就必须实现"依法治出版"。政策法规是产业发展的第一要素,政策法规的允许、禁止、支持(大力支持/有限度支持)、鼓励与倡导等都会直接指引具体产业的发展。[②]出版物市场体系的建设如果没有法制环境做保证,将处于无序状态。一方面,出版物是具有意识形态性的,过度的商业化将会危及整个社会的意识形态,对国家和民族的文化安全产生威胁。另一方面,出版物内容极易复制,随着数字技术的普及,出版物内容的复制粘贴就是以"秒"计算的事情,盗版侵权行为极易发生,迫切需要版权保护。发达国家的出版业因为有完善的出版法规而健康地、高速地运行,而在我国,现有的出版法制体系混乱,法律层次低,各行政机关制定的法律制度只代表其部门利益,在执行中随意性强,缺乏权威性和约束力。法律手段是通过各种法律和制度来规范出版行

---

① 傅殷才,颜鹏飞.自由经营还是国家干预——西方两大经济思维概论[M].北京:经济科学出版社,1995:372.
② 马晓强.产业发展动力论:基于虚拟资本与产业互动的视角[M].北京:中国经济出版社,2008:10.

为、调控出版活动管理方式的,完善的法制体系将是理顺出版秩序、建立出版物市场体系的最重要手段。在党和国家提出建立出版物市场体系的今天,完善出版物市场法制体系势在必行。

首先,厘清出版相关的各种行政规章的关系。一方面,对某些不适应出版物市场体系发展的出版行政制度、条例进行调整,对有时效性的规章进行删除或更新。如对出版物内容管理中关于日历、挂历、相册、年画的规定是针对遏制90年代初风行的,以裸体模特或色情图片为主的出版物内容而制定的,如今这些出版物市场环境已大为改善,相关的管理规定已不适用,应及早更新。另一方面,根据中国加入世界贸易组织的承诺,厘清我国与世界贸易组织要求不一致的法律、法规、规章。兑现我国政府加入WTO时的庄严承诺,发出明确法治信号,树立我国出版法律在中国出版"走出去"及引进外资在中国出版市场投资过程中的严肃形象,为我国出版融入世界出版市场提供有利的法制环境。

其次,出台《出版法》,完善法律体系,做到"有法可依"。一方面,尽快出台《出版法》。现有的《出版管理条例》是管理出版物市场的最高层次的法律,以条例等方式呈现,显示出法制层次低,缺乏权威性和约束力。学界、业界都在呼喊颁布《出版法》,规范出版市场准入、从业资格、内容审查等涉及出版市场秩序的行为、限制垄断等。另一方面,修订并严格执行《著作权法》。目前,我国适用的《著作权法》是2010年修订的版本,其中对数字版权、数字发行等新概念还未能制定明确规定。应尽快修订《著作权法》,鼓励和保护出版创新,更好地为出版产业发展保驾护航。在数字出版时代,重视对出版物版权保护是出版业健康发展的保证。如美国国会分别于1997年和1998年通过了《反电子盗窃法》(*No Electronic Theft Act*)和《数字千年版权法》(*Digital Millennium Copgright Act*)两部法律,将版权法、联邦刑法及其相关法律进行了部分修正,试图强化对于通过电子方式构成的版权侵权的刑事处罚和对版权人的保护。这两部法律的颁布很好地杜绝了数字作品的侵权盗版,为数字出版发行和传播提供了较为完善的法律保障。目前美国82%以上的出版社都开展了e-Book出版。

最后,出版管理部门应深化依法行政观念,做到"有法必依,执法必严,违法必究"。在我国出版市场中,更为严峻的问题是在已有法律规定的情况下"有法不依"。如在非法出版和打击盗版方面,我国有着详细的法律,但此类现象依然严重,屡禁不止。再如中小学教材招投标中,出版行政部门有着明确的规定,而从各省市的执行情况来看,存在严重的地方保护主义倾向,丧失管理职责。笔者认为,应该把加大出版行政执法力度提高到与加强出版法制建设同样重要的地位,尤其是省及省级以下的出版管理部门的主要职责就是依法行政,加强执法工作。

(二)科学利用出版物市场体系行政手段

与其他宏观调控手段相比,利用行政上的隶属关系,通过行政指令或行政约束来调控出版业,具有直接、简洁、速效的特点。行政手段在世界各国的出版管理中都有所运用,但西方发达国家多是以法令手段为主、多种管理手段并用。其对出版物市场的管理着眼于出版物本身,而不干预出版过程,同时其行政手段侧重于引导和扶持,以支持本国出版业的发展。在我国,对出版业的管理则主要采用行政手段,且用得过多,管得过细。目前我国的出版宏观管理方式不适应社会主义市场经济和出版业发展的要求,转变政府管理职能,加强政府的宏观导向能力成为当前出版体制改革中的一项极为重要的任务。

首先,提高行政部门的宏观管理水平。加强政府宏观管理,将行政管理部门从过去的"办"出版业改变为"管"出版业,有助于推动和深化出版产业体制改革,建立优胜劣汰的竞争机制,规范出版行为,维护有序的市场和产业秩序。[①] 提高行政部门的宏观管理水平包括:一是加强政府宏观导向需要做减法,减少行政手段干预。一方面,政府只有从繁杂的、具体的出版工作中抽离出来,才能将精力、资源放在宏观导向方面。另一方面,在长期过于细致的行政规制背景下,出版单位普遍效率低下,缺乏明确的发展目标,也缺乏发展动力。加强政府宏观管理,就需要转变规制方向,放松对出版业的具体行为规制。二是加强宏观调控手段需要回归本位。针对我国出版宏观管理的现状,对行政手段在宏观调控中进行准确定位,这是行政调控不越位、不缺位、不错位的前提。政府作为各类出版市场主体平等竞争的保护者,其最基本的职能是为出版业主体的投资、生产和经营活动提供政策依据和法律保护等制度保障,通过财政、金融等制度对产业进行导引,提供公共信息与服务保证产业的公平与有效发展,成为出版市场中廉价高效的裁判员。因此,需要相关行政部门转变职能,在法律授予职权范围内,实施科学有效的出版行政政策。三是,加强宏观调控手段需要注意协调各方利益。从我国产业经济发展的实践来看,协调好不同性质的市场主体之间、不同地区之间、出版产业内的不同行业之间及城乡之间的利益,制定科学的出版产业政策,应当以产业经济学理论为依据,以产业布局、产业融合和产业结构调整为基础。

其次,强化出版行政管理的重点。加强政府宏观调控需要根据产业发展趋势,借鉴和学习国外出版业或其他行业行为。作为一个开放的市场,我国出版业要融入国际出版市场,须理清国际出版市场的规则。这就需要出版行政部门加强对国外出版业行政手段的借鉴和学习,为我国出版企业融入国际市场提供政策保障。国外有学者认为,政府在发展信息产业方面主要应发挥以下几方面的作用:一是对教育和培训的投入;二是保护知识产权,确保知识创造者的资产不会被侵害、成果不会被窃取;三是协调和制定行业标准。[②] 这些是值得我国行政部门在制定出版产业相关政策中学习的。结合出版业相关专家的意见,笔者认为出版行政部门的宏观导向重点应放在以下几个方面:一是规范出版市场秩序,建立明确的出版市场规制,从而理顺出版市场的产—供—销关系。同时对内容比较严肃的教育出版、专业出版领域设立较为严格的准入标准。二是重视从技术和智力两方面推动出版创新,从政策角度认可知识的价值。知识产生的附加价值是不可想象的,如截至 2013 年 10 月,北京非公文化创意产业的

---

① 李竹荣,董克柱,金雪涛,等.中国传媒产业效益评价研究[M].北京:中国传媒大学出版社,2009:118.
② 库苏马诺.互联网时代的竞争.探求智慧之旅:哈佛、麻省理工著名经济学家访谈录[M].廖理,等译.北京:北京大学出版社,2000:404.

收入与就业占80%。目前北京市文化创意产业资产、收入双过万亿元,增加值从2005年的674.1亿元增长到2012年的2205.2亿元,占北京GDP比重从9.7%提高到12.3%,成为首都经济新的增长点。① 知识创新对产业的驱动效应极为明显。目前我国文科类本书以项目方式进行计划式研究,经费以报账等方式发放体现了相关制度对知识价值的轻视。应从政策高度认可知识的价值,将对出版等文化创意产业的发展大有裨益。三是重视支持民营企业发展。民营企业对产业的壮大具有极强的推动力,是我国出版业发展的重要力量,民营企业的壮大对抵抗国外大型出版集团的威胁有着重要作用。从出版产业政策高度认可民营企业的贡献,对民营企业进行支持是壮大我国出版产业的必要举措。四是推动阅读,重视出版物消费市场的培育。市场消费是出版企业生产的动力,消费市场的培育有利于出版市场的壮大。利用行政手段培育出版物消费市场是出版业发达国家支持出版业发展的重要手段。例如德国政府通过支持德国作家创作,在世界各国办书展等方式支持德语出版资源输出。英国教育和技能部(DES)从2005年的世界图书日活动开始,联合各大出版社、书店和行业组织,共同推出了旨在提高英国阅读人群比率的"快速阅读"(quick reads)项目。"快速阅读"系列图书每本定价只有2.99英镑,还拨款500万英镑发行1英镑购书优惠券,力求让更多的人都积极地加入世界读书日的活动推广中。② 在美国,主要通过建设图书馆,大量进行政府采购来培育出版消费市场。美国的每个镇都必须有图书馆,几乎每个小区就有1~2个,当地政府以房产税作为建设和营运图书馆的资金,同时,政府也拨款促进图书馆大量购买。③

(三)强化出版物市场体系经济政策力度

对于出版业来说,政策是出版产业发展的第一要素。这一定位使得大部分出版企业在进行出版活动的同时会优先考虑是否符合政策,能否获得政府支持。政策引导出版业的发展,因此,相关部门更应该谨慎发挥这种作用,科学地把握政策支持的力度和方向。

首先,要建立出版业效益评价体系。将政府从"办"出版业的事物中解脱出来。将有利于改变国家宏观管理体制,从过去的"办"出版业改变为"管"出版业,有助于推动和深化出版产业体制改革,建立优胜劣汰的竞争机制,规范出版企业行为,维护有序的市场和产业秩序。效益评价体系的建立将促进出版产业提高管理水平,优化出版产业的资源配置,加强企业管理,提高我国出版产业的国际竞争力,找出与国家出版巨头的差距。由于出版企业的双重性质,笔者建议企业效益评价实行百分制,其中出版企业经济效益指标权重为70%,社会效益指标权重为30%,总计100%。对出版企业进行经济效益评价时,主要应该考虑其盈利能力;而由于生产和流通的产品为图书和音像

---

① 张景华.北京鼓励民间资本投资文化创意产业 加大资金支持[N].光明日报,2013-10-22.
② 杨壮振,舒三友.商业逻辑下的生存智慧与博弈策略[J].出版广角,2009(5):59-61.
③ 经济之声.美国公共图书馆分布图[EB/OL].长江商报,2014-1-16. http://society.kankanews.com/radio/2014-01-16/3709389.shtml.

制品,属于内容产品,带有社会属性,所以要评价其社会效益,如果出版企业有违法犯罪行为和侵犯知识产权的情况,将一票否决。接下来再考虑出版企业的运营能力、偿债能力、发展能力,这些对于正在走向产业化的出版企业来说是不可或缺的,企业规模和市场份额以及资本积累都影响着出版企业效益的评价。

其次,综合运用各种经济手段支持和引导出版产业的发展。经济手段是指政府在遵循价值规律的基础上借助经济杠杆,对国民经济进行宏观调控。一方面,通过制定和实施产业发展规划、产业发展计划等方式对市场主体的行为进行引导。如新闻出版总署(现国家新闻出版广电总局)制定《新闻出版业"十二五"时期发展规划》以时间为界限,制定我国出版产业在新的五年里重点发展的任务,及推动"十二五"时期新闻出版业发展的主要措施。另一方面,通过对产业内产品价格、税收、信贷、工资等方面政策对产业发展重点、速度等予以调节。如德国政府通过税收支持出版业的发展,对图书、期刊、报纸征收7%增值税,音像制品14%,对进口书刊征收7%进口税,对进口的音像制品征收3%~5.4%进口税。对出口书刊免征增值税,大力扶持书刊"走出去"。而美国最新发布的一份工资索引显示,媒体出版行业是过去12个月中工资最快的。媒体出版行业的工资相较于去年增长了3.9%。在美国工资涨得最快的18个行业中排名第一。[①]

最后,有针对性地利用经济政策手段。经济手段又包括财政、金融、税收、价格、产业等经济政策。良好的政策导向,不仅是对本国文化产业的优势和弱点进行分析的结果,也是对科技进步潮流和国际竞争综合评估、审时度势的结果。[②] 如在对出版产业影响最为深刻的中小学教材领域,继2007年秋季学期开始向全国农村中小学学生免费提供教科书,2008年春季开始建立部分教科书循环使用制度,2010年开始推动在全国范围内实施中小学教科书全部免费。这些都由中央财政直接承担或提供补助。同时要求在教材出版、发行领域实行招投标以及大力发展电子书包等一系列教材出版发行政策无疑是断了出版社依赖教材出版发行获取巨额利润的念头,出版社必须在自己擅长的领域进行出版发行工作。这是规范出版物市场秩序的一枚关键"棋子"。

二、规范出版物市场体系的行业环境

出版物市场体系的行业环境是直接作用于出版物市场体系运行的,市场体系运行科学与否,与行业环境的健康程度息息相关。健康的行业环境有利于市场结构的优化,有利于市场行为的规范,有利于市场绩效的提高,是市场体系的发展和升级的必要因素。而不合理的行业环境条件下,市场结构发展不合理,市场行为无法得到规范,市场秩序将会混乱,从而损害市场效益。从出版业发达国家的出版业发展情况来看,健康的出版行业环境必然是在完善的出版法律体系及行政、经济支持手段下形成的,推进整个行业实现信息化和标准化,充分发挥出版行业协会作用,建立出版行业监管体

---

① Max Nisen.美国工资涨得最快的18个行业 媒体出版业排第一[EB/OL].百道网,2013-10-14. http://www.bookdao.com/article/69133/.

② 花建,巫志南,郭洁敏,等.文化产业竞争力[M].广州:广东人民出版社,2005:111.

系的环境。

(一)推进出版行业信息化、标准化建设

　　促进出版物市场体系的信息化、标准化主要是发挥技术在出版企业生产经营中的作用。信息化和标准化是相辅相成的,只有实现信息化,出版企业的标准化才有实现的可能;也只有实现标准化,出版企业的信息化才有实现的可能,不然也只是一堆无章可循的信息垃圾。促进出版物市场体系的信息化、标准化建设既包括出版企业行为的标准化、信息化,又包括出版行业标准制定,以及出版信息监测平台的建设。

　　信息化的核心是获得大量有价值的信息和数据,并通过对各种信息、数据处理和管理来提高出版产业的运行效率。[①] 信息化以信息技术的发展升级为支撑,不同出版领域与信息技术的契合程度不同,按照出版基本功能,专业出版因其规范化、严肃性,与信息技术的契合度是最高的;大众出版有着较大灵活性,在形式、内容、用词等方面的替换性较强而无法精确识别,因此与信息技术的契合度是最低的;教育出版与信息技术的契合度则处于两者之间。标准化主要是使得各种出版流程、行为在一定标准范围内。这对于具有创造性的出版物内容不太适用,而多是应用在出版、印刷、物流等流程管理方面。如2012年5月25日,广西日报传媒集团全媒体采编平台成功实施并正式启用。在出版企业内部实现采编行为标准化、物流标准化。这是对重复性的物流活动和概念规范化,深入改革图书流通体制、降低交易成本的新举措,也是区别传统出版的重要标志。

　　促进出版物市场体系的信息化、标准化建设主要从以下几个方面入手:

　　首先,推进出版企业生产、交易行为标准化、信息化。要规范出版企业行为,进行标准化生产,推进出版企业交易行为信息化、标准化。同时,将出版业的资本、技术、人才等各种资源及市场需求信息化,利用互联网加强各种出版资源的供需信息交流,加强企业间的信息交流与合作,共同开发市场并应对风险。

　　其次,加快出版行业标准体系的建设。在不同类型的出版物市场中,标准化涉及的主体不同。出版物市场体系运作标准化就是要公平、公正地协调出版产业链条上中下游各方利益,综合各方力量形成版权保护标准、物流配送标准、分配标准等,从而推动出版物市场体系的科学发展。据尚普咨询发布的《2013—2017年中国数字出版市场分析调研报告》显示,我国数字出版市场潜在需求巨大,但行业标准体系缺失。未来要针对卫星数字发行这一新型业态以及游戏出版业等新领域进行标准建设的探索。要对数据库出版、电子教材、电子书包、内容资源加工等进行标准制订。同时,以国家标准的方式推行出版行业标准,以便在国际出版市场上占领标准化高地和话语权。如经国家标准化管理委员会批复,中国印刷技术协会获准承担国际标准化组织印刷技术委员会(iso/tc130)秘书处工作,改变了国际印刷标准化工作由欧美发达国家主导的局面,同时,我国主导制订的《国际标准文档关联编码》在2011年4月成功立项,这是对

---

　　① 陈昕.中国图书出版产业增长方式转变研究[M].桂林:广西师范大学出版社,2008:51.

多媒体印刷读物(MPR)出版物相关标准的制定,将提升我国出版业在有声读物方面的地位。

最后,建立出版物市场信息监测平台。对不规范的出版物市场信息、出版企业行为进行规范,对科学合理的出版行为进行宣传。建立一个公平、开放的环境,统一出版技术应用标准,使各种出版技术相互兼容。进行宣传推广的方式既包括在各大媒体上扩大标准的宣传,也包括建立学术理论研究平台,开展交流研讨,加强标准的科学性,同时,还可以建立标准化基地,对标准进行测试、开展标准应用培训,培养标准化方面的人才,采取多种方式对企业的信息化、标准化进行激励。

(二)发挥出版行业协会"自律""律他"作用

中国工业经济联合会认为:"行业协会是同行业企事业单位在自愿的基础上,为增进共同利益,维护合法权益,依法组织起来的非营利性、自律性的社会经济团体。"出版行业组织类型众多,不同的协会,其管理和服务的性质、理念、内容、方式各不相同。总之,它们按照各自的性质、宗旨和会员的不同而行使不同的职能。对整个国家来说,正是行业协会的这种各司其职、分类管理和分层管理方式,才使协会对整个行业的管理更加具体和完善。同时,行业组织的上传下达的角色也便利了政府收集"民意",成为制定具有"民意"的、适合出版物市场发展的政策的依据。在国外,从对出版业的管理内容不同,出版行业组织大体可以分为七类,一是协助政府部门对出版内容进行审查或管理;二是对市场的管理和规范;三是协调本行业与政府之间、本行业与其他行业之间的关系,进行行业自律;四是制定行业标准;五是提供出版业的信息动态;六是组织展览和对出版物的评奖等活动导向进行指导;七是组织出版业的教育和培训活动。英国文化委员会(British Council)是英国促进国际文化教育交流的准官方文化组织,在全球220多个城市设有办事处。德国出版业能取得如此骄人的成绩,在很大程度上得益于他们长期以来建立的先进出版机制,尤其德国出版行业协会的权威性是绝无仅有的,即使是政府的相关行政干预措施和立法程序也往往在很大程度上受到协会决策的影响。德国出版商书商协会是德国图书制作、发行和销售的重要代表机构,代表约7000家会员公司(其中,出版社约4700家,图书中介贸易组织约80家,出版商代表机构约60家)的利益。[①]

目前,我国的出版行业组织比较少,比较有影响力的还是中国出版协会、中国编辑学会、中国书刊业协会等协会,这些出版行业组织还处于政府行政部门干部的退休办地位,在很大程度上得不到出版企业的支持,作用还未全面发挥。而2010年年初由中国出版工作者协会、中国书刊发行业协会、中国新华书店协会针对图书打折销售,制定并颁布了《图书公平交易规则》,引来行业内各种声讨。最终只能作为行业协会的建议,可不硬性执行。这折射出出版行业协会的权威性面临考验,加强出版行业协会建设更显紧迫。

---

① 杨贵山.国际出版业导论[M].北京:北京大学出版社,2010:120.

首先，要厘清出版行业组织和政府的关系，独立于行政机构运行。行业协会主要是以行业协会的所有工作人员的富有高度责任感的高智商型的创造性的服务型劳动为前提，属于我国《民法》规定的社团法人，几乎不存在任何产权问题的羁绊和限制，也就回避了是否存在投资方或者投资人的问题。因此，行业协会没有任何理由必须具有"上级主管部门"。[①] 它不属于政府的管理机构系列，它只是政府与企业的桥梁和纽带。因此，出版行业协会应保持独立，转变自身"二政府"的形象。又要能够将企业对政策的诉求上传到行政部门进行谈判和提出要求，以形成良性的企—协—政关系。

其次，出版行业协会对出版企业市场行为进行各种自律性的行业管理，这是行业企业的必然职能。在做好自律的同时，行业协会等市场中间服务组织更重要的职能应当体现在"律他性"方面，对国内出版企业来说，出版行业协会"律他"体现为对出版企业行为进行规范的职能。在国内市场上，出版行业协会必须发展成为出版企业意志的代表，即将有利于市场发展的意见、大多数企业的合理意见整理成行业行规约束企业市场行为。对国外出版企业来说，出版行业协会应主导出版市场发展。出版行业协会必须成为我国出版市场发展的规划师。既要将我国成熟的市场经验设立成为行业规则，为境外企业设立一些门槛和标准，保护我国出版企业的发展，又要积极与境外出版传媒企业、协会加强联系，熟悉国际出版市场运营规则，为我国出版走出去创造条件。

（三）完善出版行业监管体系

行业秩序是产业政策运行、持续发展的基本条件，是业内企业的竞争优势得以发挥的保证。要使出版物市场体系秩序井然，科学的监管体系必不可少。建立科学的出版行业监管体系至少包括以下两个方面的工作：

首先，建立与完善出版市场运行规则。市场运行规则的建立与完善属于出版物市场体系软件建设的范畴，同购置一台电器还必须掌握其使用方法才完善一样。就出版产品市场而言，市场运行规则主要有：一是出版物市场进入、退出规则。对出版物市场中的主体进行一定条件的限定和规范是很有必要的，这保证了出版物市场的发展活力。二是出版物市场交易规则。对出版物市场中的交易双方行为进行规范，明确买卖双方的权利义务，一般来说，要求遵循"公平公正""等价交换""诚信交易"等交易原则。三是出版物市场竞争规则。对出版物市场中的竞争范围、竞争方式、竞争内容等方面进行规范，区分合法与非法竞争，尤其对非法竞争、垄断等行为要明令禁止。当然，这些规则并非是一成不变的，它是一个动态的、不断变迁与创新的、不断优化的结果。出版物市场运行规则的制定需要注意：一方面，出版物市场运行规则的建立需要注重系统性，出版物市场运行规则的框架及其内部各部分之间需要相互协调和融合。另一方面，出版物市场运行规则的建立需要充分考虑其适应性和可行性。不能脱离市场当时的发展现状，仅凭外界经验及地方形式而盲目断定。

其次，要明确出版行业监管机构及其权利义务。明确出版物市场监管机构及其权

---

① 张经.论现代市场体系若干问题[M].北京：中国工商出版社，2004：301.

利义务是使出版市场运行规则切实执行的首要条件。一般来说,出版行业的监管机构是国家新闻出版广电总局及各省、市、自治区、直辖市的新闻出版局。但是在如教材出版领域涉及教育部门,在音像出版物、网络游戏等领域涉及文化部门,等等这样的"多头管理"情况使得出版行业市场秩序混乱,争取利益时,各部门蜂拥而上,而追究责任时,相互推脱。因此,加强出版物市场归口管理是十分必要的,在综合性出版领域应设立包括相关部门人员在内的监管办公室,集合其部门意见履行职责也是可行的。

三、优化出版物市场体系的企业环境

搞活微观主体是我国文化体制改革的工作重点,培育现代出版物市场体系的主体是其具体体现。出版物市场主体是指活跃在出版物市场体系中的,进行出版生产经营活动的出版企业,是出版物市场体系的基本要素。培育现代出版物市场体系主体的过程,就是规范出版企业行为,将出版企业塑造成为符合现代出版物市场体系要求的主体的过程。出版企业要实现这种转变,就必须不断改善出版企业的内部环境。主要通过以下三种方式进行:

(一)建立现代出版企业制度

从出版企业角度来看,完成转企改制不久的出版企业在改制的深入过程中避免不了付出转型成本,在企业内部出现 X 非效率[①]。其根源就在于目前的出版企业还不是现代企业。一方面,出版企业产权主体不明晰,作为市场主体的地位未真正得到承认;另一方面,出版企业由"内部人"进行经营管理,缺乏公司治理结构。在遇到"内部人"利益不一致或遭遇行政干预时,企业运行的效率就会下降。因此,以市场为导向,建设现代出版物市场体系推动出版产业市场化进程的首要步骤就是建立现代出版企业制度。其特点是所有权与经营权分离。现代企业制度有两个基本内容:一是明晰产权关系,确立现代公司的多元所有制产权基础;二是在股权多元化的基础上,建立规范的法人治理结构[②]。十四届三中全会提出了"产权明晰、权责明确、政企分开、管理科学"的建立现代企业制度要求。在建立现代出版企业制度的过程中也同样需要遵循这个要求。

首先,明晰产权,实现产权多元化、社会化。产权是指由物的存在及使用所引起的人们之间相互认可的行为关系。产权制度则是一系列用来确定每个人相对于稀缺资源使用时的地位和社会关系。它能降低经济活动中的交易费用,提高资源的配置效率[③]。"归属清晰、权责明确、保护严格、流转顺畅"的产权制度是建立现代企业制度的基础。要明晰出版企业产权,实现产权的多元化、社会化有以下途径。第一,取消出版

---

① X—非效率(X—inefficiency)。市场结构理论表明,某一产业内企业数量越少,市场垄断力量就越大。而垄断企业在不存在市场竞争机制约束的状况下,就会放松内部管理和技术创新,从而导致了生产和经营低效率。
② 张伟民.文化软实力与出版体制机制创新[J].出版发行研究,2007(12):9-14.
③ 尹章池.中国出版体制改革研究[M].武汉:湖北人民出版社,2006:155.

企业行政级别,建立成员单位分类管理制度。转企改制后,出版企业要形成符合现代企业制度的内部运行机制,可以以"投入—产出"为基本方法,建立综合评价指标体系,对照相应行业评价标准,对所属单位特定经营时段的盈利能力、资产质量、债务风险、经营增长以及管理状况等进行综合评判,分成不同的等级,根据不同管理类别的成员企业制定差别管理措施。实行分级管理,并据此分配出版资源的比重,选择优秀出版企业在短期内快速做强。第二,加大股份制改造力度。积极探索股份制经营模式,紧紧抓住我国出版业资本市场迅速发展的有利契机,拓展融资规模和渠道,谋求新的发展。如出版集团在取得国有资产授权经营后,进行股份制改造,实现投资主体多元化与国有资产的多样化。出版集团由有限责任公司转变为股份有限公司,在发行、印刷等领域引进战略合作,进行投资主体多元化,解决发展中的资金问题,使出版企业的经营机制和管理机制随之发生变化。对一般中小出版企业来说,要制定标准,有选择地引入社会资本,与国有经济成分有效嫁接,优化出版企业的存量资本组合配置,完成企业产权结构、产品结构、组织结构、经营管理模式的转型,提高市场竞争力。李长春同志在考察湖南出版集团时说:"实践证明,谁的观念更新快,体制、机制创新大,谁就能夺取先机,出版集团要进一步,建立现代企业制度和现代产权制度,不仅能间接融资,还能够直接融资。"[1]第三,创新股份分配方式。由于我国出版业多是以国有资产为主,企业还存在部分员工拥有事业编制等特殊情况,进行股份制改革时应注意:一是鼓励人力、管理、技术等生产要素参与分配,实行"干股制",使员工获得股份,可以分红但不可以转让,这不仅有利于提高员工的积极性和创造性,也可以防止"内部人控制""所有者缺位"的各种不规范、不正当行为。[2] 二是在出版集团内部实行集团公司与子公司平等的以资产为基础的合作。三是出版集团进行产权多元化过程中,资本性质不限,合资形式不限,但在股权分配中,应将国家股设置为"黄金股"[3]。一方面,降低国有股比例,提高法人股比例,从而使得法人成为大股东,而国家处于参股地位以避免行政干预所造成的种种问题。另一方面,通过设置"黄金股"的方式,区别开国有资产的控制权和管理权,同时,使得国有资产的保值、增值任务也能得以保证。

其次,实行管理层与经营层的分离。建立现代企业制度应建立健全市场运营机制,实现管理层与经营层分离,在出版企业所有者和经营者之间形成制衡关系,形成规范的法人治理结构。早在1986年,邓小平同志就曾发文指出:"用多种形式把所有权和经营权分开,以调动企业积极性,这是改革的一个很重要的方面。"[4]这在不同出版

---

[1] 奉清清,蒙志军,张树忠.李长春考察湖南时寄语:让文化产业成为新经济增长点[EB/OL].潇湘晨报,http://www.hn.xinhuanet.com/cmjj/2003—12/16/content_1350017.htm
[2] 李治堂,张志成.中国出版业创新与发展[M].北京:印刷工业出版社,2009:113.
[3] 黄金股亦称特权优先股,指在国有企业改制过程中,被赋予可以优先于其他股份的某种特殊权利,原则上由政府相关部门持有,通常只有1股。黄金股的收益小于普通股,但具有事后表决权,确切来说是一种否决权,即非管理权而是控制权,在出版资本"存量盘活、增量进出"的过程中,黄金股发挥着重要的保障与稳定作用。
[4] 邓小平.企业改革和金融改革.邓小平文选(第三卷)[M].北京:人民出版社,1993:192.

企业中都有所体现。一是在出版集团的运营中构建统分结合的母子公司管理模式,明确集团内部的治理结构。出版集团公司作为母公司,定位为决策中心、投融资中心和管理协调中心,对各子公司行使出资人权利,依法考核子公司负责人的经营业绩;各成员出版单位作为子公司,定位为经营中心、创意策划中心、利润中心和成本中心,对母公司投入的国有资本承担保值增值的责任。明确出版集团母子公司责任的管理模式有利于发挥不同层级的优势,形成整体合力。二是在出版企业中通过建立职业经理人制度、出版项目跟投制度,让懂出版企业经营的人才发挥才干。在职业经理人选聘过程中,采用竞争的方式选拔任用,从知识结构、管理能力、经营才干及对出版物市场的把握能力等方面进行考察。同时,通过项目跟投制度的施行,让职业经理人所做的出版企业决策与其自身利益绑定,不断完善劳动合同管理制度和企业分配制度,建立公正的、良好人才激励机制。

(二)完善出版企业内容制度

出版企业作为既具有文化功能又具有经济功能的企业,在运行中既要遵循市场经济规律又要遵循自身发展逻辑。出版企业的制度建设与体制改革不同于一般企业的制度建设与体制改革,除了资本营运制度外,还必须进行内容制度的建设与改革创新,这也是出版体制改革的重中之重。建立了内容制度后,我国出版企业结构调整必将以出版资源和内容品牌为基础和中心,实现由出版业务的多元化经营者角色向基于内容生产与提供的多元经营角色转换。[①] 内容制度包括:其一,内容为主理念、品牌理念、精品理念。其二,内容创新主体制度。其三,价值与供应链管理制度。[②] 建立内容制度的出版企业一方面要以市场经济制度为基础,出版企业的内容制度服从于基本经济制度。另一方面,内容制度又能够与市场经济制度互动,规范和引导出版物市场制度、市场规则进行调整。

完善出版企业的内容制度,首先,要形成以内容为主的经营理念、品牌理念和精品理念。要形成这样的理念,第一,出版企业自身定位为内容生产企业。在内容生产过程中,出版企业要突破独自开发生产的观念,根据不同的内容产品生产线与其他出版企业合作,最大限度地开发和利用内容资源,降低成本。第二,注重内容质量。质量是所有产业的生命线和持续发展的根本动力,这对于内容产业本质的出版业企业来说更甚。在长期的精品内容开发和积累基础上,出版企业将形成具有深度文化内涵与价值的内容品牌,这是企业的无形资产。我国出版物市场上少有出版品牌的现状与出版物内容质量平庸有关,而纵观国外出版发达国家的出版集团,其频繁的并购活动无一不是围绕着品牌和知识产权展开的。出版社只有在具有自主知识产权的精品内容、品牌的基础上与资本要素结合才能发挥作用,真正引导产权和资本的扩张。

其次,要形成内容创新主体制度。作为内容提供者,出版企业要建立内容创新主体制度,向市场提供更多更好的信息文化产品。出版企业形成内容创新主体制度实际

---

① 尹章池.中国出版体制改革研究[M].武汉:湖北人民出版社,2006:202.
② 尹章池.中国出版体制改革研究[M].武汉:湖北人民出版社,2006:179.

上是提出出版企业应该成为创新活动的主导者和组织者,需要对各类学术文化创新活动进行前瞻性的规划和组织,并把它转化为市场所能够接受的形式。国外市场上,至少在教材出版、工具书编纂和畅销书组织这三个领域,出版企业成为最重要的创新主体。出版企业作为内容创新活动的主导者和组织者,能够出版拥有自主知识产权的具有出版企业特色的出版物,形成自己的品牌。这有助于提高出版企业的市场竞争力,扩大市场覆盖面。在英国,出版业是归于创意产业范围的,是创意产业的重中之重。该分类中的"出版"包括印刷与数字形式的图书报刊,2008年,出版大类的总经济增加值高达101亿英镑,而这其中仅图书一项就占据总值的1/3,对英国经济的贡献率为1%,这在整个文化创意产业中仅次于软件业,位居第二。[①]

最后,建立价值与供应链管理制度。出版产业链表现为垂直和水平相混合的复合型结构。打造出版价值与产业链有两种路径,一是对内容进行多种媒体传播形式的开发。如进行图书、报纸、期刊、广播、电视、电子书、手机、互联网出版物等多种形式的开发,将精品内容以多种媒体形式展现,最大限度地占领市场。二是根据内容品牌,开发延伸产品,延长内容的价值链。在这种情况下,出版企业只作为内容产品价值链条中的一环,提供内容服务而实现自身的经济利益。

(三)深化出版企业市场观念

近年来,人们对出版业的认识大致按着:出版功能的拨乱反正—对出版单位性质的科学界定—出版产权制度变革—出版管理体制与运行机制创新的过程发生着变化。[②] 这既反映了相关部门对出版业的规制逐渐放松,又反映了出版企业的市场自觉。在现代市场经济体系的背景下,出版企业应摆脱事业单位的残留,改善出版生产经营活动,以积极的态度参与激烈的市场竞争。可通过三个方面进行:

第一,选择富有企业家精神的领导者。企业素质尤其是企业家素质直接决定了该企业对所属行业的认识、企业自身的竞争战略及其市场行为,从而决定着竞争秩序,影响着市场环境。企业素质决定了竞争的内容、方式以及竞争激烈程度,从而决定了产业生命周期的演变。如我国的微波炉和新一代彩电制造业在行业发展中一味地以价格竞争为手段推动产业快速地到达成熟期使得产业应有的生命力过早过快地被挖掘殆尽。[③]但是由于我国出版业长期的事业单位性质,直至目前,出版企业的领导者还是由上级部门任命,其收入、职位与出版企业的经济效益不挂钩,又是极其缺乏"企业家精神"的。

出版物市场是以其内涵的文化价值为核心的产品,创新活力对其存在和发展具有极为重要的意义,以创新、创意为主的智能要素、管理要素、政策要素、信息要素等,对

---

① 英国文化、媒体与体育部.英国创意产业年度报告[R],2010:12.
② 孙宝寅,崔保国.准市场机制运营——中国的出版集团发展与现状[M].北京:清华大学出版社,2007:164.
③ 马晓强.产业发展动力论:基于虚拟资本与产业互动的视角[M].北京:中国经济出版社,2008:11.

出版物市场的发展才是最具有直观意义的。因此,也就对出版企业的领导者提出了更高的要求。甚至可以说,出版企业的第一重要的要素就是富有企业家才能的领导者。陈昕认为,"出版企业的领导者要集商业经营和文化创新的双重任务于一身,集商人的敏锐和文化人的智慧于一身,集盈利能力和社会责任感于一身。"①花建②等按照熊彼特的创新理论提出,作为"企业家精神"的重要内容的创新活动既包括新产品、新技术的开发应用,也包括开拓新的市场、创造实行新的管理方式的活动。因此,可以知道,富有企业家精神的领导者需要在出版企业经营中适时地提出进行产业链转移、调整的战略,发现和创新出版企业发展的商业模式,拓展出版企业的新发展空间,以保持出版企业的长盛不衰。对出版企业领导者的要求可见严苛,其存在也自然稀缺。目前,政府指定出版企业家的方式不可取,而是应该创造由市场发现和培育企业家的制度环境,创造适应出版业人才成长的环境,促使具有创新精神的领导者的大量涌现。

第二,倡导出版物市场主体经营"归核化"。出版物市场主体在经营方面有一个核心的理念,即"归核化"。所谓"归核化",是指企业通过资产重组和结构调整,精简非核心业务,改变多元化经营方式,集中力量发展核心业务,进行专业化经营的趋势。③ 对"归核化"可以这样理解,一是将公司业务聚焦于市场上最具竞争优势的行业;二是将经营重点放在核心行业价值链中,公司具有最大优势的环节上;三是强调对公司核心能力的培育、维护、发展;四是重视通过战略性外包手段剥离非核心业务和合作。"归核化"战略的基本步骤是:其一,在战略层次上,实施以剥离非核心业务、分化亏损资产为主要内容的资产重组,回归主业。不过,"归核化"并不等于专业化,专业化是集中资源生产一种或几种相关度较高的专业的产品。其二,在经营层次上,着力强化核心业务,通过企业再造、业务外包、人员精简等措施降低成本,以提高盈利率。④

只有专业的才可能是先进的,越专业就越有差异性和竞争力。如今市场经济体制时代,出版专业分工更有其合理性,据全球性战略咨询公司贝恩公司对超过 2000 家技术、服务和制造业公司进行的调查显示,那些获得持续增长的公司都有一个共同的特点:专注经营核心业务,并借助核心业务优势,努力拓展与核心业务相关的领域。在出版物市场体系甚至是出版产业链上,不同的出版企业,具有在市场细分、内容开发、形式制作、出版物流通、出版物经营等不同方面的优势。出版企业只有集中优势发挥最大能量,才能够在激烈的出版物市场竞争中站稳脚跟,并取得竞争优势。在日本,电子出版物暴增,而图书发行量不断增加,退货率接近 50%。多年持续的"大崩溃"听来惊悚,但由于日本的图书销售非常规范,出版企业间不存在相互压价竞争或发行企业将业务延伸至出版领域的情况,即便出版业多年不景气,东贩仍然是日本发行市场巨头,

---

① 陈昕.中国图书出版产业增长方式转变研究[M].桂林:广西师范大学出版社,2008:95.
② 花建,巫志南,郭洁敏,等.文化产业竞争力[M].广州:广东人民出版社,2005:91.
③ Pashley,Mary M,George C. Phippatos,Voluntary Divestiture and Corporate Lifecycle:Some Empirical Evedence,Applied Economics,1990(22).[M]//产业结构软化理论研究.马云,译.北京:中国财经出版社,2006:180.
④ 罗良忠.企业"归核化"战略及其实现途径[J].西南交通大学学报,2003(3):1-4.

是日本发行市场的支柱。

　　第三,促使出版企业经营由"生产主导"向按需生产转变。首先,转变生产理念,重视用户体验。出版企业的生产过程是对市场需求进行满足的一个过程。如今出版企业的出版能力暴涨而销售不尽如人意的状况直接反映了出版企业仍局限于生产导向观念。但事实是,整个市场大环境已转变为买方市场,出版物市场上的消费者有着个性化需求、多元化需求,从企业自身出发进行的出版物生产已经不能满足消费者需求。因此,出版企业应转变生产理念,在内容挖掘、出版物载体开发,及传播形式等方面不断满足市场需求。尤其在如今消费者更加注重体验的市场需求背景下,出版企业更要注重开发出版产品的视听、参与功能。2012年1月,国内首创的专为幼儿智力开发研制的大型多媒体数码出版工程"大耳娃"产品上市,获得了一致好评。其次,明晰发展目标,重视企业战略制定。美国经营史学家钱德勒(A. D. Chandler)认为,经营企业就是以企业未来的发展为出发点,为实现企业目标和发展,对企业所拥有的资源进行分配和调整的一系列活动。企业进行"经营",一是具有清晰的未来发展目标,二是具有丰厚的可经营资源或资本。① 对出版企业的发展来说,经营升级主要表现为出版企业经营战略制定及对出版要素的配置。如制定技术推动战略,利用信息、技术进行标准化、信息化经营,建立中外文互动平台,推动出版物销售。2008年6月,湖南出版集团收购韩国阿里泉出版株式会社,建立版权经济代理制度,打造了一支高水平的国际版权经纪人队伍。从版权"走出去"向资本和服务"走出去"转变,快速提升"走出去"水平。同时,建立出版资源要素战略。在国内的文化城市或海外建立战略基地或文化研究中心,为未来投资优质出版资源打基础。

---

① 齐峰.纵论出版产业的科学发展[M].太原:山西人民出版社,2008:93.

第 六 章

结论与展望

出版物市场体系是出版产业发展的载体,建设出版物市场体系是对出版产业发展规律的把握,是对出版产业发展趋势的探讨。只有将要建设的出版物市场体系从理论和实践两个方面同时研究,才能把握出版产业发展的重点。基于这样的认识,本书将研究聚焦于"出版物市场体系建设",通过系统地阅读国内外有关文化产业、出版产业等方面的研究文献,对出版物市场体系的基础理论、出版物市场体系的发展现状、建设目标及建设思路进行了探讨,初步形成了较为系统的出版物市场体系建设理论体系。从整体上看,本书围绕主体——如何有效建设出版物市场体系这个核心问题展开了较为全面的讨论,取得了一定的研究成果,然而,一些具体的研究仍有待进一步研究。

第一节 主要结论

本书基于建设出版物市场体系是发展出版产业的重要途径这一认识,紧紧围绕"出版物市场体系建设"这个命题,采用逆向思维的方法,按照"提出问题—分析问题—解决问题"的思路展开研究,系统分析了我国出版物市场体系建设的现状,梳理了我国出版物市场体系存在的问题,建立了出版物市场体系的评价体系,构建了出版物市场体系目标及运作模式,并针对出版物市场体系建设重点提出了相应的建设思路。具体来说,本书试图回答以下问题:"出版物市场体系是什么""出版物市场体系建设情况如何""该怎样建设出版物市场体系"。本书的研究结论回应了这几个问题。

一、出版物市场体系的形成是一个不断打破垄断的过程

出版物市场体系的形成就是要不断地打破各种垄断对市场的禁锢,包括行政垄断和市场垄断,包括行业垄断和地区垄断,也包括时间垄断和地域垄断等等。从地域角度来讲,出版物市场体系的形成是一个不断突破地区市场、国内市场的狭小市场空间,融入国际出版大市场的过程。出版物市场体系最基本的特性就是"统一、开放、竞争、有序"性。任何一个国家的出版物市场体系都不能是割裂的孤岛,只有将自己视为国际出版大市场的组成部分,才是真正开放的出版物市场体系。就像一湖水,只有是流动的,不断流向大海,也不断有其他江河甚至小溪的水流进来,才不至于成为"死水湖"。也只有这样,出版企业才能在与国际出版集团的较量中得到提升,整个国际出版大市场也才能升级。出版企业国际化主要体现为出版物的进出口、基于版权的国际贸

易、基于资本的国际化兼并组成跨国公司,以及出版资源的国际化整合。在信息网络的推动以及出版企业提高成本控制能力的需求下,建立更为有效、成本更低廉的社会大协作性产业组织模式,是出版企业进入国际出版大市场的途径。我国出版物市场体系融入国际出版大市场主要通过出版企业与大型传媒集团、电信、信息、软件等技术公司进行合作,基于资本重组为更大的内容传播集团。此外,我国出版企业融入国际出版大市场的首要方式是承接国际出版产业链的外包环节,如承接国际出版巨头的物流和印刷等环节,与国外出版社进行各种形式的合作,或者直接跨出国门对国外出版社进行并购。[①]

二、出版物市场体系的完善本质上是一个出版产业组织结构优化的过程

产业结构变动是经济增长过程中的必然现象,同时,产业结构的及时、合理调整又是经济总量获得新增长的必要条件。可以说,经济发展就是总量增长与结构转换的有机统一。[②] 完善出版物市场体系的实质就是出版产业内部组织结构不断优化的过程。一方面,出版物生产资源合理流动是出版产业结构合理化的根本标志。完善出版物市场体系要求各类出版市场发挥作用,各类出版物生产资源合理流动。由于不同出版资源的发展进度依其所属的资源市场发展程度而不同,各类出版资源的发展进度不同决定了其在市场配置过程中的速度、流向是不同的,这就对出版市场结构产生了不同程度的影响。一般来说,无形出版资源的流动对出版产业结构的影响远远大于有形出版资源的流动。另一方面,出版产业结构合理化要求产业内不同行业结构软化,相互融合。随着出版产业的发展,产业内各要素不断创新方式支持出版商品市场发展,使得各类出版行业结构软化,相互融合,并以新的形式呈现。如杂志书的出现就是图书行业和杂志行业的融合,听书的出现是图书和录音制品的融合。

三、出版物市场体系的成熟依赖于整个国民经济市场体系的动态完善

出版产业是国民经济系统的一部分,同时,出版产业所具有的外部性、文化性及意识形态性决定了其市场化程度低于其他经济部门。因此,完善的国民经济市场体系是建设完善的出版物市场体系的前提。在我国国民经济市场体系中,市场的发育还很不平衡,其中要素市场的成长远远滞后于商品市场。我国要素市场发展滞后的原因在于产权制度改革的不到位、政府管制力度不足等,由此出现高额的交易费用,市场配置的比重很低,许多要素市场交易难以进行,要素市场对产权的要求比商品市场对产权的要求高得多。[③] 作为子市场体系的出版物市场体系本身不是一个孤立的个体,是整个经济市场体系的组成部分。组成出版物市场体系的各市场也不是孤立的,是从属于相对应的国民经济市场的。如出版商品市场是整个商品市场的组成部分,出版生产资料市场是整个生产资料大市场的组成部分,出版资本市场是整个资本市场的组成部分,

---

① 陈昕.中国图书出版产业增长方式转变研究[M].桂林:广西师范大学出版社,2008:86.
② 马云泽.产业结构软化理论研究[M].北京:中国财经出版社,2006:1.
③ 尹章池.中国出版体制改革研究[M].武汉:湖北人民出版社,2006:36.

出版技术市场是整个技术市场的组成部分，出版信息市场是整个信息市场的组成部分，出版人才市场是整个人力资源市场的组成部分。在目前我国要素市场发展还不充分的宏观背景下，出版物市场体系的建设和完善受到了很大的限制。

第二节 研究的不足与展望

建设出版物市场体系是基于对政策的响应提出的。2009年4月7日，新闻出版总署印发的《关于进一步推进新闻出版体制改革的指导意见》提出推进新闻出版体制改革的目标任务是：加快新闻出版传播渠道建设，推进连锁经营、物流配送、电子商务，规范出版产品物流基地建设，形成统一开放、竞争有序、健康繁荣的现代出版物市场体系。由于提出建设出版物市场体系的时间不长，再加上出版产业正在实现传统向数字化的转型，本身有许多不确定因素。因此，当前直接将出版物市场体系作为对象的研究还比较少，大多是尝试性的探讨。尽管本书对建设出版物市场体系进行了较为系统的研究，但同样面临动态发展的出版产业变化及出版物市场体系的复杂性问题，再加上研究条件的限制，涉及的许多理论问题和实践问题有待进一步研究。依据本书的研究成果，结合出版产业的发展趋势，后期的研究工作可以从以下几个方面开展：

（1）根据已有成果分析发现以出版物市场体系为对象直接的研究成果非常少，因而本书尽量结合了文化市场体系、出版产业等相关研究成果建立出版物市场体系基础理论。较为系统地对出版物市场体系的概念、内涵、构成、特性、意义进行探索，但限于个人研究水平和研究视野的局限，这些基础理论的科学性有待在以后的理论研究及建设实践中进一步检验。

（2）一方面，由于出版产业的相关数据比较宏观，难以获得，国家新闻出版广电总局自2003年后未公开关于出版业资产、经营利润等方面信息，缺乏有力的数据，这给本书的实证研究带来不少困难。尽管本书力求紧密联系实践，选取了图书市场相关指标进行实证研究，但分析的严谨性还显得不足。后期的研究在实践研究方面需要不断完善方法、改进指标，获取更充足的数据予以支持。另一方面，关于出版要素市场的现状研究部分，尽管文中列举了许多数据并进行个案说明，但是其分析的系统性、规范性和严谨性仍有待加强，后期的研究工作将为建设出版物市场体系提供更充足的研究材料。此外，由于我国香港、澳门、台湾地区出版物市场情况与大陆的出版物市场差异大，本书的研究仅限于对大陆出版物市场体系的研究，后期在一定的积累上可进行对这三地的相关研究。

（3）本书通过对出版物市场体系的评价体系的实证研究，构建了出版物市场体系的目标系统及基于出版要素市场推动的运作模式。然而，由于现代出版物市场体系本身的复杂性，本书只是对出版物市场体系运作模式作了理论性、原则性的探讨，更为重要的出版物市场体系的内部如何相互作用，即"如何发挥出版要素市场对出版商品市场的作用"还有待进一步探索。

（4）本书关于出版物市场体系建设的思路是以CSM系统思维模式为指导，针对出版物市场体系建设目标和基于出版要素市场推动的出版物市场体系运作模式,从出版要素市场、出版市场资源、出版市场环境三个方面分别进行探讨的。然而,研究视角具有多样性,不同的研究市场得到的结论必定会有差异。因而,后期对出版物市场体系建设途径的研究还可以从不同视角进行探索,从而丰富出版物市场体系建设的理论成果。

总之,本书对出版物市场体系建设的研究只是对出版物市场体系的一次简单触碰。在此过程中,深感其复杂性。出版物市场体系建设毕竟是一个未完成的、开放性的研究领域,存在丰富的可能性,亟待后续的思考和探索。由于笔者研究的局限,在对出版物市场体系建设的研究中难免定论武断,存在不周之处。在今后的不断探寻和积累过程中,有关出版物市场体系建设的研究必将得到升华。

参考文献

一、著作

[1] 郝振省. 2012—2013 中国数字出版产业年度报告[R]. 北京：中国书籍出版社，2013.

[2] 张晓明，王家新，章建刚. 中国文化产业发展报告(2012—2013)[R]. 北京：社会科学文献出版社，2013.

[3] 中国出版年鉴社. 2012 年中国出版年鉴[R]. 北京：中国出版年鉴社，2013.

[4] 孙月沐. 中国书业年度报告(2011—2012)[M]. 北京：商务印书馆，2012.

[5] 范军等. 出版文化与产业专题研究[M]. 武汉：华中师范大学出版社，2012.

[6] 黄先蓉，罗紫初. 第三届数字时代出版产业发展与人才培养国际学术研讨会论文集：数字出版与出版教育，第三辑[C]. 北京：高等教育出版社，2012.

[7] 芮明杰. 产业经济学[M]. 上海：上海财经大学出版社，2012.

[8] 白永秀、任保平. 中国市场经济理论与实践[M]. 第二版. 北京：高等教育出版社，2011.

[9] 刘伯根. 出版集团战略投资论[M]. 上海：新星出版社，2011.

[10] 肖东发，张文彦. 出版创新与中国文化软实力[M]. 北京：中国社会科学出版社，2011.

[11] 张辉锋. 传媒经济学案例教程[M]. 北京：中国人民大学出版社，2011.

[12] 徐绪松. 复杂科学管理[M]. 北京：科学出版社，2010.

[13] 张新华. 转型期中国出版业制度分析[M]. 北京：中国传媒大学出版社，2010.

[14] 杨贵山. 国际出版业导论[M]. 北京：北京大学出版社，2010.

[15] 顾钰民. 健全现代市场体系[M]. 重庆：重庆出版社，2009.

[16] 本书编写组编. 中国出版业变革三十年[M]. 北京：人民出版社，2009.

[17] 王晨. 中国出版业的产业竞争与政府规制[M]. 北京：中国书籍出版社，2009.

[18] 张敬德. 图书质量与和谐出版[M]. 北京：中国科学技术出版社，2009.

[19] 林忠礼. 基于价值链重构的报业集团竞争战略研究[M]. 济南：山东大学出版社，2009.

[20] 刘灿姣. 中国书业物流发展研究[M]. 湘潭：湘潭大学出版社，2009.

[21] 左惠. 文化产品供给论——文化产业发展的经济学分析[M]. 北京：经济科学出版社，2009.

[22] 李治堂，张志成. 中国出版业创新与发展[M]. 北京：印刷工业出版社，2009.

[23] 李竹荣，董克柱，金雪涛，等. 中国传媒产业效益评价研究[M]. 北京：中国传媒大学出版社，2009.

[24]周蔚华.出版产业散论[M].上海:复旦大学出版社,2009.
[25]任兴洲.建立市场体系[M].北京:中国发展出版社,2008.
[26]马小强.产业发展动力论:基于虚拟资本与产业互动的视角[M].北京:中国经济出版社,2008.
[27]方卿.科技出版国际竞争力研究[M].武汉:武汉大学出版社,2008.
[28]齐峰.纵论出版产业的科学发展[M].太原:山西人民出版社,2008.
[29]陈昕.中国图书出版产业增长方式转变研究[M].桂林:广西师范大学出版社,2008.
[30]柳旭波.传媒业产业组织研究——一个拓展的RC-SCP产业组织分析框架[M].北京:经济科学出版社,2007.
[31]中国出版年鉴社.2006年中国出版年鉴[R].北京:中国出版年鉴社,2007.
[32]陈昕.美国数字出版考察报告[M].上海:上海人民出版社,2007.
[33]莫少昆.企业战略决策——如何建立竞争优势[M].北京:东方出版社,2007.
[34]孙宝寅,崔保国.准市场机制运营——中国的出版集团发展与现状[M].北京:清华大学出版社,2007.
[35]杨国亮.企业竞争优势论[M].北京:中国经济出版社,2007.
[36]马云泽.产业结构软化理论研究[M].北京:中国财经出版社,2006.
[37]李岚.电视产业价值链:理论与个案[M].北京:社会科学文献出版社,2006.
[38]国彦兵.新制度经济学[M].上海:立信会计出版社,2006.
[39]尹章池.中国出版体制改革研究[M].武汉:湖北人民出版社,2006.
[40]周蔚华.出版产业研究[M].北京:中国人民大学出版社,2005.
[41]黄健.出版产业论[M].南宁:广西人民出版社,2005.
[42]邵一明,蔡启明.企业战略管理[M].上海:立信会计出版社,2005.
[43]罗紫初,吴赟,王秋林.出版学基础[M].太原:山西人民出版社,2005.
[44]金观涛,华国凡.控制论与科学方法论[M].北京:新星出版社,2005.
[45]花建,巫志南,郭洁敏,等.文化产业竞争力[M].广州:广东人民出版社,2005.
[46]陈恩富,胡乐明.新制度经济学[M].北京:北京经济日报社,2005.
[47]黄先蓉.出版物市场管理概论[M].武汉:武汉大学出版社,2005.
[48]喻国明.变革传媒——解析中国传媒转型问题[M].北京:华夏出版社,2005.
[49]温孝卿.市场体系形成与发展[M].天津:天津大学出版社,2004.
[50]叶朗.中国文化产业年度发展报告(2004)[M].中国文化产业发展报告.2004.
[51]方卿.图书营销管理[M].上海:复旦大学出版社,2004.
[52]于有先.现代出版产业发展论[M].苏州:苏州大学出版社,2003.
[53]张经.论现代市场体系若干问题[M].北京:中国工商出版社,2003.
[54]廖泉文.人力资源考评系统[M].济南:山东人民出版社,2003.
[55]卢现祥.西方新制度经济学[M].北京:中国发展出版社,2003.

[56]王益,刘杲,陈昕,等.中国书业思考[M].沈阳:辽宁人民出版社,2002.

[57]曹建海.过度竞争论[M].北京:中国人民大学出版社,2000.

[58]黄凯卿,熊玉莲.跨世纪出版业发展研究."21世纪出版业发展及人才培养"学术研讨会论文集[C].武汉:武汉大学出版社,2000.

[59]廖理,等.探求智慧之旅[M].北京:北京大学出版社,2000.

[60]薛仲章.市场体系及其运作[M].天津:天津大学出版社,1995.

[61]杜飞进.企业集团论[M].北京:人民出版社,1994.

[62]邓小平.企业改革和金融改革.邓小平文选:第三卷[M].北京:人民出版社,1993.

[63] ALBERT N. GRECO, JIM MILLIOT, ROBERT M. WHARTON. Book Publishing Industry[M]. Routledge, 3rd Revised edition,2013.

[64]卡尔.波兰尼.巨变:当代政治、经济起源[M].北京:社会科学文献出版社,2013.

[65] RICHARD GUTHRIE. Publishing [M]. London:SAGE Publication Ltd,2011.

[66]TED STRIPHAS. The Late Age of Print:Everday Book Culture from Consumerism to Control [M]. New York:Columbia Unicersity Press,2011.

[67]艾尔布兰.传媒经济学——市场、产业与观念[M].第二版.陈鹏,译.北京:中国传媒大学出版社,2009.

[68]贾森·爱泼斯坦.图书业[M].杨贵山,译.北京:中国人民大学出版社,2006.

[69]托马斯·沃尔.为赢利而出版[M].第二版.杨贵山,译.北京:中国人民大学出版社,2005.

[70]菲利普·科特勒,加里·阿姆斯特朗.市场营销教程[M].第六版.北京:华夏出版社,2004.

[71]小林一博.出版大崩溃[M].甄西,译.上海:三联书店上海分店,2004.

[72]保罗·萨缪尔森,威廉·诺德豪斯.经济学[M].第十七版.萧琛,译.北京:人民邮电出版社,2004.

[73] ROBERT E. BAENSCH. The Publishing Industryin China[M]. New Brunswick:Transaction Publishers,2003.

[74]BILL COPE,DEAN MASON. Digital book production and supply chain management[M]. Altona Vic:Common Ground Publishing Pty Ltd,2001.

[75]汉斯—赫尔穆特·勒林,著.邓西录,等.译[M].现代图书出版导论.北京:商务印书馆,1998.

[76] DOUGLAS M. EISENHART. Publishing in the Information Age:A New Management Framework for the Digital Era[M].Westport:Praeger Publishers,1996.

[77]小赫伯特.S·贝利,著.王益,译.图书出版的艺术与科学[M].北京:中国书籍出版社,1995.

[78]达塔斯·斯密斯.图书出版指南[M].北京:北京大学出版社,1994.

二、论文

[1]崔斌箴.德国出版"走出去"正在重铸辉煌[J].出版参考,2012(7)上.

[2]方卿,王清越.关于数字出版模式的思考——内容资源主导模式[J].中国出版,2011(17).

[3]南婷,张丽娜,王飞.半月谈:网络文学向盗版暴利宣战[J].半月谈内部版,2011.

[4]方卿.资源、技术与共享:数字出版的三种基本模式.出版科学,2011(1).

[5]刘灿姣,董光磊.出版企业实施数字内容生命周期管理研究[J].中国出版,2011(1).

[6]侯耀东.数字出版新时代下人才建设的几点建议[J].出版发行研究,2011(1).

[7]丁桂芳.有效利用出版资源[J].编辑学刊,2011(1).

[8]董言笑,周澍民.出版社内容资源数字化管理及应用[J].青年记者,2010(30).

[9]沈菲菲.媒介融合对我国出版产业价值链构建的影响[J].新闻世界,2010(8).

[10]刘灿姣,董光磊.出版企业数字内容管理问题与对策[J].出版发行研究,2010(7).

[11]杨惠明,王志刚.数字出版企业版权管理策略研究——基于盛大文学的实证考察[J].中州大学学报,2010(5).

[12]张博,张卫,杨立东,等.浅析数字出版版权保护现状及其对策[J].出版发行研究,2010(4).

[13]邓晓磊.内容资源提供商的"利器"——协同编纂平台[J].出版参考,2009(34).

[14]杨壮振,舒三友.商业逻辑下的生存智慧与博弈策略[J].出版广角,2009(5).

[15]文心.如何构建统一开放的出版物市场体系[J].出版参考,2009(8)下.

[16]徐丽芳.出版产业链延伸策略[J].出版发行研究,2008(8).

[17]史海娜.国外出版产业价值链转型模式分析[J].编辑之友,2008(3).

[18]姬沈育.当前我国版权贸易存在的问题与对策[J].国际经贸探索,2008(3).

[19]刘伯根.出版创新的路径与文化软实力的提升[J].编辑之友,2008(3).

[20]张伟民.文化软实力与出版体制机制创新[J].出版发行研究,2007(12).

[21]杨涛.关于出版企业建立竞争优势的思考[J].武汉理工大学学报(社会科学版),2007(8).

[22]李苓.外国出版集团发展透视[J].编辑之友,2007(3).

[23]邱云莉.浅议出版信息化[J].现代商贸工业,2007(1).

[24]胡大立.基于价值网模型的企业竞争战略研究[J].中国工业经济,2006(9).

[25]方卿.论出版产业链建设[J].图书情报知识,2006(9).

[26]王宇明.内容资源管理系统概述[J].广播与电视技术,2006(7).

[27]张凤千.论现代出版资源的优化整合[J].现代经济信息,2006(7).

[28]庄智象,刘华初.开发海外出版资源的原则和策略[J].编辑学刊,2006(2).

[29]高永清.发展我国现代图书物流之管见[J].企业经济,2006(8).

[30]罗紫初,徐进.论出版资源及其配置[J].出版人,2005(11).

[31]罗紫初.论出版资源的优化配置[J].出版发行研究,2005(10).

[32]钱宗华.全球化、信息化对我国出版企业发展战略影响分析[J].广西大学学报,2005(6).

[33]姚德海,刘丽华.出版业价值链的管理与整合[J].出版科学,2004(4).

[35]李继峰.经济效益是编辑出版的基本目标[J].编辑之友,2004(2).

[36]罗良忠."企业'归核化'战略及其实现途径"[J].西南交通大学学报,2003(3).

[37]周蔚华.建立有效的出版竞争机制[J].编辑学刊,2002(4).

[38]张燕.价值网——种新的战略思维组合[J].价值工程,2002(2).

[39]任新建,赵炳新.虚拟价值链的理论与应用[J].山东省工会管理干部学院学报,2002(2).

[40]王清.技术因素对现代出版起源的作用于评价[J].新闻出版交流,2001(2).

[41]魏龙泉.善于交替使用出版资源和选择媒体[J].编辑学刊,1999(5).

[42]朱胜龙.出版资源特点析[J].编辑之友,1999(4).

[43]梁春芳.知识经济形态下出版资源的战略开发[J].新闻出版交流,1999(1).

[44]胡福生.出版资源开发研究——从出版资源的运用论当前出版物的质量及对策[J].出版发行研究,1997(6).

[45]宋富盛.培育和建立出版市场体系的战略思索[J].编辑之友,1997(2).

[46]胡昀.我国数字出版产业发展现状及策略分析[D].河北大学,2011.

[47]谢执.论政府对出版物市场的监管——以湖南省为例[D].中南大学硕士论文,2009.

[48]孙莹丽.基于模块化理论的产业价值链重构研究[D].西安电子科技大学,2009.

[49]魏国江.价值链分工与我国产业结构优化研究[D].福建师范大学,2008.

[50]张哲铭.吉林省图书出版产业研究[D].吉林大学硕士论文.2008.

[51]张志华.出版信息化建设探讨[D].华中科技大学硕士论文,2006.

[52]胡磊.我国出版物市场管理研究[D].武汉大学硕士论文,2005.

[53]曾庆宾.中国出版产业发展研究[D].暨南大学博士论文,2003.

三、报纸

[1]王乐.盈利维艰 出版行业谋求业务多元化[N].第一财经日报,2013-12-18.

[2]张景华.北京鼓励民间资本投资文化创意产业加大资金支持[N].光明日报,2013-10-22.

[3]王淳,张宇.电商搅局 电子书免费是自戕之举?[N].重庆商报,2013-9-3.

[4]英国出版科技集团为中国出版社定制数字技术服务[N].中国出版传媒商报,2013-9-3.

[5]出版业:加快技术与出版融合[N].中国新闻出版报,2013-7-16.

[6]南婷,张丽娜,王飞.网络文学反盗版:形势好转[N].中国文化报,2013-1-14.

[7]郭敬明新书《爵迹》第二部未上市 10万伪书已横行[N].北京青年报,2012-6-9.

[8]范建华.对建设现代文化市场体系的思考[N].经济日报,2011-12-26.

[9]蓝献华.漫谈现代文化市场体系建设[N].丽水日报,2011-11-21.

[10]庞沁文.数字出版的七大商业模式[N].中国新闻出版报,2011-10-19.

[11]周一夫."十二五"末中国城市化率将超51%[N].中华工商时报,2011-9-28.

[12]我国图书出版品种和总印数、日报总发行量居世界首位[N].中华读书报,2011-3-16.

[13]朱伟峰.建国际一流传媒集团迫在眉睫[N].中国新闻出版报,2009-10-28.

[14]陈昕.从美国数字出版现状看产业未来走向[N].中国知识产权报,2010-10-11.

[15]黄凯卿.加快出版社信息化建设刻不容缓[N].中国计算机报,2006-1-9.

[16]鲁伯特·默多克.文化产业的价值——新闻集团董事长兼首席执行官鲁伯特·默多克在中共中央党校的演讲[N].学习时报,2003-10-20.

[17]程三国.理解现代出版业[N].中国图书商报,2002-10-11.

四、网络资源

[1]Max Nisen,美国工资涨得最快的18个行业 媒体出版业排第一[EB/OL].百道网,2013-10-14.

[2]驻英使馆经商处.英国出版业调研[EB/OL].2012-2-14.

[3]张宏伟.云出版与数字出版产业化[EB/OL].中国新闻出版网,2011-7-7.

[4]新闻出版业"十二五"时期发展规划[EB/OL].新华社网站,2011-4-20.

[5]2012新闻出版产业分析报告[EB/OL].http://www.360doc.com/content/13/1004/00/7499155_318865120.shtml.

[6]2010年新闻出版产业分析报告[EB/OL].http://www.gapp.gov.cn/cbfzs/oldcbcyfzs/contents/3758/143470.html.

[7]第六次人口普查数据公报[EB/OL].中华人民共和国统计局网站.

[8]马赫夫德.伽洛.欧洲的出版趋势[EB/OL].罗雁,译.人民网电子出版,2000-8-17.http://www.people.com.cn/electric/200817/h10.html.

[9]常震波.出版业人才供需现状分析与预测.[EB/OL].中华新闻报,2007-8-14.

[10]奉清清.李长春考察湖南时寄语:让文化产业成为新经济增长点[EB/OL].中国图书出版网.

[11]中华人民共和国统计局网站.http://www.stats.gov.cn.

[12]全国新闻出版统计局. http://www.ppsc.gov.cn.
[13]中国新闻出版研究院. http://cips.chinapublish.com.cn.
[14]艾瑞咨询. http://www.iresearch.cn/news/airuizixun.
[15]中华人民共和国科学技术部网站. http://www.most.gov.cn.
[16]中国互联网络信息中心. http://www.cnnic.net.cn.
[17]中国新闻出版网. http://www.chinaxwcb.com.
[18]大佳网. http://www.dajianet.com.
[19]百道网. http://www.bookdao.com.
[20]数字出版在线. http://www.epuber.com.
[21]盛大文学官方网站. http://www.sd-wx.com.cn.
[22]培生集团官方网站. www.pearson.com.

图书在版编目(CIP)数据

我国出版物市场体系建设研究/秦洁雯著.—厦门:厦门大学出版社,2018.5
(暨南大学人文学院人文社科文库)
ISBN 978-7-5615-6878-1

Ⅰ.①我… Ⅱ.①秦… Ⅲ.①出版物-市场体系建设-研究-中国 Ⅳ.①G239.2

中国版本图书馆 CIP 数据核字(2018)第 042731 号

出版人	郑文礼
责任编辑	李 宁
封面设计	李嘉彬
技术编辑	许克华

出版发行 *厦门大学出版社*

社　　址	厦门市软件园二期望海路 39 号
邮政编码	361008
总编办	0592-2182177　0592-2181406(传真)
营销中心	0592-2184458　0592-2181365
网　　址	http://www.xmupress.com
邮　　箱	xmup@xmupress.com
印　　刷	厦门市万美兴印刷设计有限公司

开本　787mm×1092mm　1/16
印张　10
插页　2
字数　230 千字
版次　2018 年 5 月第 1 版
印次　2018 年 5 月第 1 次印刷
定价　45.00 元

本书如有印装质量问题请直接寄承印厂调换

厦门大学出版社
微信二维码

厦门大学出版社
微博二维码